面向21世纪课程教材

高等学校劳动与社会保障专业主干课程教材

人力资源开发与管理

Development and Administration of Human Resources

（第四版）

主　编　赵　曼　陈全明
副主编　顾永红

中国劳动社会保障出版社

图书在版编目(CIP)数据

人力资源开发与管理/赵曼,陈全明主编;顾永红副主编. -- 4版. -- 北京:中国劳动社会保障出版社,2024

高等学校劳动与社会保障专业主干课程教材　面向21世纪课程教材

ISBN 978-7-5167-6126-7

Ⅰ.①人… Ⅱ.①赵…②陈…③顾… Ⅲ.①人力资源开发-高等学校-教材②人力资源管理-高等学校-教材　Ⅳ.①F241

中国国家版本馆CIP数据核字(2023)第230990号

中国劳动社会保障出版社出版发行

(北京市惠新东街1号　邮政编码:100029)

*

北京市科星印刷有限责任公司印刷装订　新华书店经销

787毫米×1092毫米　16开本　17.25印张　292千字

2024年1月第4版　2024年1月第1次印刷

定价:62.00元

营销中心电话:400-606-6496

出版社网址:http://www.class.com.cn

版权专有　侵权必究

如有印装差错,请与本社联系调换:(010)81211666

我社将与版权执法机关配合,大力打击盗印、销售和使用盗版图书活动,敬请广大读者协助举报,经查实将给予举报者奖励。

举报电话:(010)64954652

第四版总前言

第四版的《社会保险》《社会保障理论》《社会保障国际比较》《社会保险基金管理》《劳动经济学》和《人力资源开发与管理》是在"面向21世纪课程教材"、"高等学校劳动与社会保障专业主干课程教材"、教育部普通高等教育"十一五"国家级规划教材的基础上(《人力资源开发与管理》除外),再次修订出版的一套供劳动与社会保障专业选用的主干课程教材。

"面向21世纪课程教材""高等学校劳动与社会保障专业主干课程教材"是教育部立项项目"劳动与社会保障专业课程结构、主干课程及其主要教学内容研究"的开创性成果,它的出版不仅填补了当时我国高等学校劳动与社会保障专业主干课程体系建设的空白,而且对这一专业的健康发展、学科建设以及专业人才培养起到了重要作用。2012年,《社会保险(第三版)》还被列为教育部普通高等教育"十二五"国家级规划教材。经过对原教材结构体系的调整和内容的修订与充实,再版后供各高校选用至今。

"面向21世纪课程教材""高等学校劳动与社会保障专业主干课程教材"第三版自2013年陆续出版至今,中国的社会经济发展取得了一系列成就,也是就业和社会保障制度改革力度大、发展迅速的时期。以习近平同志为核心的党中央协调推进"四个全面"战略布局,坚持以人民为中心的发展思想,高度重视民生建设,做出一系列重大决策部署,采取一系列政策措施,推动我国就业和社会保障工作取得重大进展,发生了一系列历史性变化。坚持实施就业优先战略和更加积极的就业政策,就业规模持续扩大;就业结构更加优化,就业形式更加多元;创业带动就业效应进一步发挥;高校毕业生等重点群体就业保持平稳,公共就业服务不断加强。以增强公平性、适应流动性、保证可持续性为重点,社会保障制度建设取得突破,世界上规模最大的多层次社会保障体系逐步健全,越来越多的群众享有基本保障;社会保障水平稳步提高,促进经济社会发展成果共享;基金规模不断扩大,安全水平进一步提高;经办管理服务体系基本形成,服务更加方便、快捷、高效。我国就业和社会保障事业的社会化发展,不仅有效保障和改善了民生,使人民群众从国家的发展进步中享受到更多的物质文明成果,同时也对改革发展稳定大局发挥了积极作用。

与此同时,国内外劳动与社会保障理论与实践涌现出许多新成果、新问题,为了吸纳这些最新理论和实践成果,有必要根据新的发展形势及时对本套主干课程系列教材进行调整、补充和完善。根据劳动与社会保障学科建设和专业教学需要,经公共管理类专业教学指导委员会劳动与社会保障专业教学指导委员会分会研究决定,在原6本教材的基础上增加两本，分别是《社会保险精算》和《社会保障法》。

这一版教材的修订编写，继续贯彻"面向21世纪课程教材""高等学校劳动与社会保障专业主干课程教材"第一版、第二版、第三版的指导精神，把质量放在第一位，坚持先进性、科学性和适用性的基本原则。首先，要求教材广泛吸纳最新的优秀学术成果，注重学术规范，正确处理好继承与发展的关系，突出教材内容的创新价值。其次，要求教材中涉及的重要观点和分析得出的结论要有科学依据，教材内容和章节安排应符合教学规律和有利于教书育人。最后，要求教材既蕴涵丰富的基础理论知识，又嵌入必要的基本技能与人文因素内容，将理论、知识、能力和素质融为一体。

与"面向21世纪课程教材""高等学校劳动与社会保障专业主干课程教材"第三版相比，这一版教材在保留原有的结构和框架的基础上，吸收了一线教师的意见，对原有的内容进行了精简和压缩，力求言简意赅，简单即是美；同时又吸收了该领域最新的理论动态、实践动态和研究成果，并将党的二十大报告精神引入教材，使教材内容与时俱进，更加新颖、合理和完善；此外，按照编写体例要求，使教材形式更加生动活泼，增强可读性、启发性和引导性，为学习者做了必要的启迪。

总之，"面向21世纪课程教材""高等学校劳动与社会保障专业主干课程教材"的出版，得到教育部高教司有关领导、劳动与社会保障领域专家学者、广大一线教师以及中国劳动社会保障出版社的大力支持和厚爱，在此，我们表示衷心感谢！同时，因修订时间仓促，加之我们编写水平有限，本套教材中的疏漏和不足之处在所难免，欢迎广大读者批评指正！

教育部21世纪劳动与社会保障专业主干课程教材编写组
2022年12月

第四版前言

本教材的第四次修订出版，与第三版相比有较大的变化，体现在以下两个方面。

第一，更新"深度阅读"专栏。增加第一章、第二章、第三章、第四章、第五章、第六章及第八章的深度阅读书目。

第二，精简了文字描述内容，对陈旧的内容和案例进行了删除和更新。更新的内容包括：第五章删除了原第一节中有关员工招聘的内容；第六章的第一节更改为培训需求分析与培训规划，第二节更改为培训的实施和管理，删除了原第三节中有关培训实施模式的内容；第七章中的第一节更改为绩效管理概述，第二节更改为绩效管理体系；第八章删除了原第二节中有关非货币性薪酬的内容；第九章合并原第一节和原第二节，并命名为职业生涯概述，第三节改为组织的职业生涯规划，删除了原第四节中关于个人与组织职业生涯规划的兼容性评价；第十章删除了原第二节中有关组织道德建设的内容，新增互联网时代下的员工关系管理；第十一章中精简了原第二节的理论部分，删除了有关哲学与文化、经济和事故致因理论的内容；第十二章删除了原第二节中有关组织文化演化的内容。更新了第三章至第六章中的案例。

本教材此次修订出版，由赵曼、陈全明担任主编，新增顾永红担任副主编。赵曼、陈全明负责总体设计并负责总纂，顾永红全程参与各章的修订工作。武汉大学博士研究生邢怡青协助做了大量的技术性工作。

书中有诸多不足之处，敬请学界同仁和教材使用者批评指正。

编者

2022 年 9 月

第三版前言

本教材的第三次修订出版，其与第二版相比有较大的变化，具体体现在以下五个方面。

1. 在每一章开篇增加"引导案例"专栏。

2. 精简每一章节的文字描述内容。

3. 删除书中较旧的案例，代之以新案例。更新了第三章第一节和第二节的案例，第四章第三节工作分析案例，第五章内部招聘案例，第六章培训实施案例。

4. 更改部分章节的框架。第五章删除了原第一节下的第一部分中有关员工招聘的内容；第六章的第一节更改为培训与培训规划，第二节更改为培训需求分析和培训计划制定；第七章中第二节更改为员工绩效管理理念演进；第八章第三节改为职业生涯规划；第十章合并第一节下面的三、四、五部分为相关利益主体关系，删除了第二节第五部分员工关系中有关组织道德建设的内容；第十一章中精简了第二节理论部分；第十二章中删除了原第二节有关组织文化演化的内容。

5. 更新"深度阅读"专栏。

书中有诸多不足之处，敬请学界同仁批评指正。

编者

2013 年 9 月

第二版前言

教育部"面向21世纪课程教材""高等学校劳动与社会保障专业主干课程教材"《人力资源开发与管理》正式出版已有五年。五年间，我们广泛搜集全国不同高校使用者对本教材的意见，结合人力资源领域理论和实务方面新的进展以及我们对该学科认识的深化，对《人力资源开发与管理》进行重新修改并再次出版。

本书在知识结构、写作内容、风格和体例上对原教材做了较大修改。全书由原教材的十八章精简为十二章。章节的结构与内容亦有较大幅度变动，力求全书脉络清晰、前后贯通，以反映出一个完整、通畅的人力资源管理系统的全貌和重点。大部分章均增加了即时案例、深度阅读及讨论题，在重点阐释人力资源管理的基本理论、基本概念、基本方法的同时，突出人力资源管理各流程的实用性和可操作性。此外，本书补充了人力资源领域新的理念和技术，注重知识的系统性和前沿性。

本书共分理论与实务两大部分。理论部分涵盖第一章、第二章，重点阐述人力资源开发、人力资本投资的基本概念、理论发展，并从总体上概览了人力资源开发与管理的主要内容。实务部分涵盖第三章至第十二章，主要阐述人力资源管理系统的构建，以及各专业模块间内在的关联与衔接点。其中又可分为两部分，第一部分涵盖第三章、第四章、第五章、第六章、第七章、第八章，从战略性人力资源规划出发，以工作分析为基础，论述了员工的招聘与素质测评、绩效考评与培训，以及薪酬体系设计；第二部分涵盖第九章、第十章、第十一章、第十二章，从员工职业成长和组织绩效良性互动的角度，阐述了员工职业生涯规划、员工安全与福利、组织文化的构建等人力资源有效管理的企业和社会因素，以及相关法律背景。

参与本书写作的有：中南财经政法大学赵曼、陈全明、蒋文莉、王长城、陈芳、乐章、李波、喻良涛、周红云、张广科、熊卫、邓汉慧。他们的分工是：第一章，陈全明；第二章，蒋文莉；第三章，喻良涛；第四章，周红云；第五章，陈芳；第六章，乐章；第七章，张广科；第八章，王长城；第九章，赵曼；第十章，熊卫；第十一章，李波；第十二章，邓汉慧。全书由赵曼、陈全明总体设计并负责总纂。此外，中南财经政法大学2006级硕士研究生顾永红协助主编做了许多编纂方面的重要工作。

本教材借鉴了国内外学者的大量研究成果。在此一并致以衷心的感谢。

书中错误与不妥之处，敬请学术同仁与读者不吝赐教。

赵曼　陈全明

2007 年 3 月于武汉

第一版前言

本书是教育部"高等教育面向21世纪教学内容和课程体系改革计划"的研究成果，是全国高校劳动与社会保障专业的主干课教材之一。

本书坚持面向21世纪、面向世界经济一体化、面向我国现代化，力求反映人力资源开发与管理自身发展的规律、趋势和特点。它以人力资源开发与管理的基础理论为基石，以人力资源管理的实物为主体，重点阐释以人力资源管理的基本理论、基本概念、基本技能为核心的知识点，渗透了宽厚的人文精神；突出人力资源管理方法论的普遍性，强化人力资源管理技能的实用性和可操作性；注重全书各章节之间的结构性、功能性联系，使之成为一个脉络较为清晰、大体融会贯通的管理流程。本教材注重阐释基本理论、基本概念、基本技能，定性分析与定量分析相结合。

在本教材的初稿审定过程中，主审专家南开大学邱立成教授，武汉大学邓大松教授、李珍教授，辽宁大学穆怀中教授，西南财经大学林义教授，山西财经大学马培生教授，中国社会科学院郑秉文教授，北京大学郭崇德教授，清华大学杨燕绥教授，首都经贸大学杨河清教授等知名专家学者，就本书的体系和内容提出了许多真知灼见，对本书的修改和完善起到了非常重要的作用。中南财经政法大学副校长赵凌云教授和校科研处同仁对本教材的编写提供了许多支持。本教材借鉴了大量国内外学者的研究成果。在此一并致以衷心的感谢。

参与本书写作的有：中南财经政法大学赵曼、陈全明、蒋文丽、王长城、陈芳、乐章、李波、杨海文，中国人民大学劳动人事学院姚裕群，北京大学赵琛徽，华中科技大学蒋天文，武汉大学李艳萍，山西财经大学王玉珍，辽宁大学武萍，中国人民解放军装甲兵工程学院王树礼。他们的分工是：第一章，陈全明、武萍；第二章，陈芳；第三章、第十五章，蒋文丽；第四章、第十七章，蒋天文；第五章，李艳萍；第六章，王玉珍；第七章、第十一章，赵琛徽；第八章，乐章；第九章，姚裕群、赵曼；第十章、第十三章、第十四章，赵曼、王树礼；第十二章，王长城；第十六章，陈全明；第十八章，李波、杨海文。全书由赵曼、陈全明总体设计并负责总纂。此外，中南财经政法大学99级硕士研究生赵小仕协助主编做了许多编纂方面的重要工作。

书中错误与不妥之处，敬请学术同仁与读者不吝赐教。

赵曼　陈全明
2001年11月于武汉

主编和副主编简介

  赵　曼　中南财经政法大学教授、博士生导师，享受国务院政府特殊津贴。现任城乡社区社会治理湖北省协同创新中心主任、中共湖北省委改革智库"湖北社会建设与社会治理研究中心"主任、民政部和中南财经政法大学"部校共建"民政部政策理论研究基地主任、中南财经政法大学国家智能社会治理实验特色基地（养老）社会实验负责人。兼任中国社会治理研究会副会长、湖北省养老机构协会会长。主持完成国家自然科学基金项目2项、国家社会科学基金重点项目和一般项目2项、教育部哲学社会科学重大攻关项目1项、世界银行合作项目2项，出版专著10余部，公开发表论文50余篇，获省部级以上政府奖励10余项。

  陈全明　中南财经政法大学教授、博士生导师，享受国务院政府特殊津贴。曾任中南财经政法大学MPA教育中心主任、公共管理学院副院长、人力资源研究中心主任，在多家大中型企业担任人力资源管理咨询顾问。主要研究方向为人力资源管理。近年来出版教材、专著6部，公开发表学术论文60余篇，多项科研成果获省部级奖励。

  顾永红　华中师范大学社会学院副教授，博士。首批国家级一流本科课程负责人，主持国家社会科学基金项目、教育部人文社会科学基金项目、民政部项目、湖北省社会科学基金项目等10余项，公开发表核心期刊论文20余篇，出版学术专著5部，合著（编）著作10余部。主讲国家级一流本科课程《家庭社会工作》，参编国家精品课程统编教材3部。2015年入选武汉市黄鹤英才（社会工作）计划，2016—2017年赴美国伊利诺伊州立大学做访问学者，2022年获湖北省高校教师教学创新大赛二等奖。

内 容 提 要

《人力资源开发与管理（第四版）》教材的内容与第三版教材相比有较大的修改。修改的依据有三点：来自全国多所高校使用本教材的教师提出的修改意见；人力资源管理相关理论和实践的新进展；编写组对该学科认识的深化。

本书的内容分为理论与实务两个部分。

理论部分涵盖第一章和第二章，包括绪论和人力资本投资与人力资源开发。重点论述人力资本投资、人力资源开发的基本概念和理论发展，并从总体上阐述了人力资源开发与管理的主要内容。

实务部分涵盖第三章至第十二章，重点阐述人力资源管理系统的构建，以及各专业模块之间的内在关联与衔接点。这一部分又可以进一步划分为两方面的内容：第三章至第八章从企业战略和人力资源规划出发，以工作分析为基础，论述了人力资源管理的几大模块内容，包括员工的招聘与素质测评、绩效测评与培训，以及薪酬体系设计等；第九章至第十二章则是从员工职业成长和组织绩效良性互动的角度，阐述了职业生涯规划、员工关系、职业安全与健康管理、组织文化构建等。

目 录

第一章　绪论

第一节　人力资源与经济增长　/001
一、人力资源的内涵与特征　/001
二、人力资源是经济和社会发展的第一资源　/002
三、人力资源与企业价值链创造　/002

第二节　人力资源管理的发展与演变　/002
一、产业革命阶段（18世纪末至19世纪末）　/002
二、科学管理阶段（19世纪末至1920年）　/003
三、人际关系阶段（1920年至第二次世界大战）　/003
四、行为科学阶段（第二次世界大战至20世纪70年代）　/004
五、人力资本管理阶段（20世纪70年代至20世纪末期）　/004
六、信息技术深度应用阶段（21世纪以来）　/004

第三节　人力资源开发与管理系统　/006
一、人力资源开发与管理的内容　/006
二、人力资源开发与管理的系统模型　/006
三、人力资源开发与管理的目标系统　/009
四、人力资源开发与管理的要素系统　/009

案例分析　/013
深度阅读　/013
本章小结　/013
重要概念　/014
复习思考题　/014

第二章　人力资本投资与人力资源开发

第一节　人力资本理论　/015
一、人力资本理论及其发展　/015

二、人力资本理论与人力资源管理　/018

第二节　人力资本投资　/019

　　一、人力资本投资概述　/019

　　二、人力资本投资决策　/022

第三节　人力资源开发　/027

　　一、人力资源开发的内容　/027

　　二、人力资源开发的方法　/027

　案例分析　/029

　深度阅读　/030

　本章小结　/030

　重要概念　/031

　复习思考题　/031

第三章　企业战略与人力资源规划

第一节　企业组织变革及结构调整　/033

　　一、人力资源对企业战略的推进　/033

　　二、战略性人力资源规划的作用　/034

　　三、人力资源管理在企业不同发展阶段的功能　/034

　　四、人力资源管理者的角色定位　/035

第二节　人力资源环境分析　/035

　　一、外部环境分析　/035

　　二、内部环境分析　/036

　　三、员工需求分析　/037

第三节　企业规划内人力资源的最佳配置　/038

　　一、人力资源供求平衡分析的步骤　/038

　　二、人力资源存量诊断　/038

　　三、人力资源需求动态预测方法　/040

　　四、人力资源供给动态预测方法　/041

　　五、人力资源供需动态综合平衡　/044

　案例分析　/046

深度阅读 /046

本章小结 /047

重要概念 /047

复习思考题 /047

第四章　工作分析与职位评价

第一节　工作分析概述 /048

一、工作分析的内涵及相关术语 /048

二、工作分析的功能 /049

第二节　工作分析流程和方法 /050

一、工作分析信息的收集、处理与应用 /050

二、任务分析 /055

三、人员分析 /057

四、工作分析方法的综合运用 /061

第三节　职位评价 /062

一、职位评价的内涵与原则 /062

二、职位评价的常用指标 /063

三、职位评价的方法和流程 /064

案例分析 /067

深度阅读 /068

本章小结 /069

重要概念 /069

复习思考题 /069

第五章　招聘与选聘

第一节　招聘与选聘管理体系 /070

一、企业选人用人之道 /070

二、招聘与选聘策划方案 /071

三、招聘与选聘面试设计 /071

四、招聘与选聘的操作方法及技巧 /072

第二节 人员素质测评指标体系 /075

一、人员素质测评指标体系确立 /075

二、测评指标体系的设计原则和程序 /076

三、确定测评要素的基本方法 /078

第三节 能力素质为导向的员工招聘 /080

一、能力素质测评与员工绩效 /080

二、能力素质测评甄选员工的方法和程序 /081

三、心理甄选测评技术及运用 /087

案例分析 /088

深度阅读 /089

本章小结 /089

重要概念 /090

复习思考题 /090

第六章 员工培训

第一节 培训需求分析和培训规划 /091

一、培训需求分析 /091

二、培训规划的类型及培训计划的制订 /092

第二节 培训的实施和管理 /095

一、培训前的准备与组织 /095

二、培训实施的具体方法 /097

三、培训过程管理 /099

第三节 培训效果评估 /101

一、培训评估模型 /101

二、柯氏培训效果评估模式 /103

三、培训成果转化及机制 /103

案例分析 /105

深度阅读 /106

本章小结 /107

重要概念 /108

复习思考题 /108

第七章 绩效管理

第一节 绩效管理概述 /109
一、绩效的内涵与表现形式 /109
二、绩效的层次性和影响因素 /110
三、绩效考评和战略性绩效管理 /110

第二节 绩效管理体系 /114
一、现代企业绩效管理的系统性 /114
二、绩效管理主体 /114
三、绩效考评方法体系 /115
四、绩效考评指标体系 /121
五、绩效考评标准 /125
六、绩效管理的实施流程 /126

第三节 绩效管理有效性诊断 /129
一、影响激励有效性的内部变量 /129
二、环境因素与激励有效性情景分析 /130
三、群体动力与产量目标规范 /132
四、绩效考评与目标管理的契合 /134

案例分析 /135

深度阅读 /137

本章小结 /137

重要概念 /138

复习思考题 /138

第八章 薪酬体系设计与管理

第一节 薪酬体系激励有效性诊断 /139
一、薪酬的功能和形态 /139
二、薪酬体系 /140
三、薪酬水平 /141

四、薪酬结构 /144

五、薪酬战略和薪酬策略 /147

第二节 激励性薪酬体系框架和设计思路 /148

一、生产营销类人员薪酬方案设计 /148

二、企业高管激励与约束 /150

三、股权激励方案设计 /152

第三节 薪酬福利的预算、控制与管理 /153

一、法定福利与非法定福利 /153

二、非法定福利方案设计 /155

三、薪酬预算和薪酬福利全成本控制 /156

案例分析 /157

深度阅读 /158

本章小结 /159

重要概念 /159

复习思考题 /159

第九章 职业生涯开发与管理

第一节 职业生涯概述 /160

一、职业、职业生涯及其开发与管理 /160

二、职业生涯周期理论 /161

三、员工职业生涯开发与企业战略的互动 /163

第二节 职业生涯规划 /164

一、职业生涯规划的内容 /164

二、员工职业生涯规划的影响因素 /165

三、个人职业生涯选择中的人职匹配 /166

四、员工职业生涯规划实施步骤 /168

五、职业发展道路 /170

第三节 组织的职业生涯规划 /172

一、职业生涯开发与管理中多方主体的职责 /172

二、组织的职业生涯规划管理系统 /172

三、职业生涯发展途径及选择 /172

四、职业生涯周期的管理 /175

案例分析 /176

深度阅读 /177

本章小结 /177

重要概念 /177

复习思考题 /177

第十章 员工关系管理

第一节 新劳动法下的劳动用工 /179

一、员工关系管理原则 /179

二、员工参与管理 /181

三、主动性的员工调配管理 /183

四、纪律管理与员工申诉管理 /186

第二节 互联网时代下的员工关系管理 /192

一、互联网时代员工关系管理特征 /192

二、互联网时代员工关系管理改革的必要性 /194

三、互联网时代员工关系管理内容 /195

第三节 劳动用工管理操作实务 /198

一、员工手册和规章制度制定 /198

二、员工奖惩制度 /201

三、企业用工风险规避 /202

第四节 劳资协商、谈判与第三方调解 /204

一、劳资协商和集体谈判 /204

二、员工关系的第三方调解 /205

三、劳动争议仲裁 /207

四、劳动争议诉讼 /208

案例分析 /209

深度阅读 /210

本章小结 /210

重要概念 /211

复习思考题 /211

第十一章 职业安全与健康管理

第一节 职业安全与健康管理的演变趋势 /212

一、职业伤害及其危害 /212

二、职业安全与健康管理的对象与主体 /213

三、企业社会责任与安全健康管理 /214

四、职业安全与健康管理的发展趋势 /216

第二节 职业安全与健康管理理论 /217

一、职业安全与健康管理的系统理论 /217

二、职业安全与健康管理的控制机制 /218

三、职业安全与健康管理的行为理论 /218

第三节 职业安全健康管理体系及其特点 /221

一、职业安全健康管理方案设计 /221

二、职业安全健康管理体系认证 /224

三、职业安全事故的预防与事故处理 /226

案例分析 /228

深度阅读 /228

本章小结 /229

重要概念 /230

复习思考题 /230

第十二章 组织文化建设与组织变革

第一节 组织文化与组织有效性 /231

一、组织文化的内涵与结构层次 /231

二、组织文化与企业绩效的关系 /236

三、信息时代组织文化建设的改变 /239

四、领导者自我变革与组织文化建设 /241

第二节　组织文化诊断与评估 /244

　　一、OCP 量表 /244

　　二、OCQ 量表 /245

第三节　团队建设 /246

　　一、扁平化组织结构和团队建设 /246

　　二、网络化组织结构与团队建设 /247

　　案例分析 /248

　　深度阅读 /249

　　本章小结 /249

　　重要概念 /250

　　复习思考题 /250

第一章
绪　论

第一节　人力资源与经济增长

一、人力资源的内涵与特征

人力资源是指能够推动整个社会和经济发展，能够为社会创造财富的具有智力劳动能力和体力劳动能力的人的总和，包括数量和质量两个方面。人力资源作为生产要素，既是生产的承担者，又是生产发展目的的实现者。

人力资源具有四个基本特征。

第一，人力资源在经济活动中是居于主导地位的能动性资源。这是人力资源的首要特征。与自然界其他生物不同，人类具有目的性、主观能动性和社会意识。人类在从事经济活动中，能动地运用外部资源，调节与外部的关系。

第二，人力资源是一种可再生的生物性资源。人力资源以人为天然载体，是一种"活"的资源，并与人的自然生理特征相联系。人口和劳动力的再生产，通过人口总体和劳动力总体内各个个体的不断替换、更新和恢复的过程得以实现。

第三，人力资源是有生命周期的有时效性的资源。人力资源的形成、开发、配置、使用都具有时间方面的制约性。从个体的角度看，人作为生物有机体，有其生命周期，在不同时期个体的劳动能力不同。从社会的角度看，各年龄组人口的数量以及他们之间的联系，存在着时效性问题。由此需要考虑动态条件下人力资源的形成、开发、配置、使用的相对稳定性。

第四，人力资源是依赖群体组织的社会性资源。个体生活在社会与团体之间，每个个体素质的提高都有利于提高人力资源的质量。同时，个体需要通过一定的群体来发挥作用，科学的群体组织结构有利于个体更好地发挥作用，而群体组织结构在很大程度上取决于社会环境。由此，人力资源的形成、开发、配置、使用都离不开社会环境。

二、人力资源是经济和社会发展的第一资源

"人力资源是经济和社会发展的第一资源"的理念和价值取向，明确体现了人力资源是一切资源要素中的能动性资源，构成经济和社会发展的第一动力。这种理念是科学人才观中"四个尊重"的基础，也是人才体制和人才管理体制改革的基础。

人力资源作为一种经济要素，并非从一开始就是第一资源。在不同的发展阶段，社会生产力对生产要素的重视程度也是不同的。传统农业社会，自然资源是生产要素中的第一资源；现代工业社会，物质资本变成生产要素的第一资源；知识经济时代以开发人类智力作为科学利用自然资源的基础，所以作为知识载体的人力资源就成为生产要素的第一资源。当今社会的人力资源已经成为先进生产力的集中体现。

三、人力资源与企业价值链创造

人力资源管理是价值链管理的核心。具体体现在价值创造、价值评价与价值分配等三个环节。企业价值创造理念注重创造要素的吸纳与开发，往往通过20%的高层次人力资源创造企业80%以上的价值。

人力资源通过"张力效应"对物质资源加以运用和推动。"张力效应"主要是指人力资本自我增值、自我扩张的能力，是人力资本存量转化为人力资本价值的能力。人力资源价值是一个流量的概念，它是人力资本存量在实践中将知识群化、外化、融合和内化，最终将个人知识转化为生产力的过程。

第二节 人力资源管理的发展与演变

一、产业革命阶段（18世纪末至19世纪末）

产业革命阶段是人力资源管理的萌芽时期。它是在工业革命的背景下产生的，称为"人事管理"。工业革命导致大机器生产方式的产生，从而出现大规模的劳动力雇佣。这一时期人力资源的特点是：把人看作机器，忽视人性的存在，将劳动或生产看作一切工作的中心，绝大多数劳动者领取低廉的劳动报酬，工作条件恶劣。这一时期对人力资源

的管理方式是以强权管理为主，后期有所松动。

二、科学管理阶段（19世纪末至1920年）

20世纪初，以泰勒为代表的科学管理理论学派，推动了科学管理实践的开展与推广。科学管理的基本假设是在客观上存在着一种最合理、最有效的完成工作的方式。为此，泰勒等提出需要按照科学的方法，将工作内容分为若干基本元素并进行分析，再将它们以最有效的方式重新组合。泰勒还认为，应该通过对工人操作和劳动时间的分析，制定出标准操作流程和劳动时间定额，并按照标准化工作方法对工人进行培训；实行有差别的计件工资制，激励工人有效率地工作。

以泰勒为代表的科学管理学派创造了以科学调查研究指导管理活动的理论，开辟了不依赖传统经验和直观判断、运用科学方法进行管理的新纪元。科学管理实验成为人力资源管理史上具有里程碑意义的科学实验，它将人力资源管理从自发管理变为自觉管理和科学管理，极大地促进了生产力的发展。

三、人际关系阶段（1920年至第二次世界大战）

人力资源管理的人际关系阶段开始的标志是霍桑实验。20世纪二三十年代，美国哈佛大学教授梅奥与他的助手在美国西屋电器公司霍桑工厂进行实验，实验内容主要是工作条件、社会因素与生产效率之间的关系。在霍桑实验的基础上，梅奥创立了早期的行为科学——人际关系学说。

梅奥通过霍桑实验发现，企业中存在着非正式组织，其与正式组织的行动标准不同。正式组织的行动标准是效率逻辑，非正式组织的行动标准是感情逻辑。霍桑实验的结论认为，企业的生产效率主要取决于员工对工作和企业的态度，以及员工和周围人的关系。之后，哈佛商学院的怀特等在20世纪30年代初进一步研究发现，影响生产效率的直接因素是员工的集体合作及协调程度，这又取决于主管人员对组织员工的重视程度、员工参与企业变革的程度以及非强制改善生产效率的方法。

霍桑实验是人力资源管理发展史上的又一里程碑。这一实验通过研究组织员工行为背后的动力，进一步提升企业生产效率。这使人力资源管理在方法上从技术管理转向社会管理，内容上从员工动作管理走向行为管理，形式上由有形管理走向无形管理。这一实验结果启发组织关注员工的需要，通过提高员工满意度，以提高生产效率。

四、行为科学阶段（第二次世界大战至20世纪70年代）

行为科学阶段的代表人物和理论主要有马斯洛的"人类需要层次论"、麦格雷戈的"x-y理论"、阿吉里斯的"成熟-不成熟理论"、赫茨伯格的"激励因素-保健因素理论"、利克特的"支持关系理论"等。

行为科学理论主张以人为中心，突出人的因素和对人的研究，其基本内容主要包括四个方面。第一，个体行为研究。主要运用心理学的理论和方法，研究影响个体行为的心理因素和关于个体的人性假说。第二，动机与激励理论研究。行为科学理论认为人的行为都是由动机产生的，而动机来源于人们的内在需求。第三，群体行为研究。主要探讨群体的非正式组织、群体凝聚力作用。第四，组织行为研究。主要从组织的整体行为来探讨组织的人事管理，激励员工参与管理。

行为科学阶段的管理理念和方式，促使人事管理由对员工的制裁转向对员工的激励，由单向领导转向民主式管理，由信息自上而下地传递转向双向沟通，由对员工的索取性使用转向注重培训与开发。

五、人力资本管理阶段（20世纪70年代至20世纪末期）

这一阶段在发达国家由工业社会转向信息社会的背景下产生，人力资源管理理念和方法出现新飞跃。一是由传统人事管理中的以物为中心转向以人为中心；二是人力资本理论成为人力资源管理的基础，并被全面应用于企业管理。

第一，现代人力资源管理的核心是人力资本经营和投资。信息社会背景下，通过对人力资本的合理开发、配置与经营，可以实现企业资本增值，从而实现企业增值的目的。

第二，现代人力资源管理的根本理念是"以人为本"。通过实现组织员工的自我价值与个人目标，满足其个人需求，从而激发员工的工作创造力，提升员工和企业的工作效率。由此，人力资源管理应着重探讨如何促进物质资本和人力资本的最佳匹配，从而最大限度地实现人力资本的价值。

六、信息技术深度应用阶段（21世纪以来）

在互联网、人工智能技术等深度应用的信息技术时代，传统商业模式发生变化，对企业的人力资源管理模式产生革命性影响。正如松下电器的创始人松下幸之助对员工所说:"你们到外面去若被别人问,你们企业生产什么?你们应该回答,松下企业是造就人才的,也是生产电器产品的,但首先是造就人才的,并且造物之前先造人。"

企业组织结构的扁平化和虚拟企业(动态联盟)的到来,使企业人力资源战略与规划、人员激励体系、组织及个体的行为等发生巨大变化。例如,海尔互联工厂按"单"聚散模式,正是运用信息技术对企业人力资源管理模式的调整和创新。具体做法是围绕订单,聚合生产资源、人力资源等,并将按"单"聚散与按"单"预酬和按"单"发展有机结合,旨在打破组织边界,让外部优秀的人力资源无障碍地进入,保持组织的活力。

传统人事管理与互联网时代人力资源管理的区别有三个方面。

第一,基本概念不同。传统人事管理以劳动人事部门为核心,包括"进、管、出"三个环节,个人处于服从与被动的位置。而互联网时代的人力资源管理重视整合企业社会资源的供需平衡,强调以员工为中心,除了具备传统人事管理的基本内容外,还包括工作设计、协调工作关系、规划工作流程等职能。

第二,招聘方式不同。传统人事管理是一种业务管理,其招聘的决策权集中在人事部门,用人部门在员工招聘方面的自主权有限。而互联网时代的招聘主要通过网上信息发布、网上人才测评与分类、电子邮件等方式完成,不受地域、时间的限制,使人才通过互联网平台真正流动起来。

第三,培训方式不同。传统人事管理人员多是行政人员或是技术人员,在对员工进行培训时多根据当前的需要,而没有考虑企业的长远发展。且受到时间、交通的限制,一般多选定一段时间,采取集中线下培训的方式,这种培训形式有利于保证员工学习的集中程度。而互联网时代的人力资源管理培训多利用计算机网络进行线上培训,突破时间和地点的限制,可以通过在网站上公布培训内容,企业内部的员工即可根据需求自主学习。企业和员工也都可以及时得到培训绩效的反馈,有利于及时改进培训内容和方式,促使员工成为终身学习的个体。

传统人事管理与互联网时代人力资源管理的比较见表1-1。

表1-1 传统人事管理与互联网时代人力资源管理的比较

	传统人事管理	互联网时代人力资源管理
基本概念	以劳动人事部门为核心	以员工为中心
招聘方式	线下招聘,自主权有限	线上、线下招聘方式结合
培训方式	线下集中培训	线上培训为主

第三节　人力资源开发与管理系统

一、人力资源开发与管理的内容

（一）人力资源开发的内容

人力资源作为一种生产要素，与现金转化为资本的途径有类似之处，要经过储蓄积累和投入使用两个阶段，而前一个阶段是指提供一定数量与质量的人力资源，即人力资源的开发。

人力资源开发有五种方式：一是提供医疗和保健服务；二是获得正规的学校教育；三是接受在职培训；四是国家对全社会开展启智教育；五是经济性人口迁移。其中第一种方式的作用是改善人力资源的体质和降低人口死亡率，提高预期寿命，从而延长工作周期，并保证其体能符合工作的需求；第二至第四种方式的作用是通过教育和培训，提高人力资源的知识和专业技术水平，以适应不同职位对人力资源的非体力需求；第五种方式的作用是通过人力资源在企业内部、本地区企业之间、行业之间以及地区或国家之间的流动，优化人力资源与物质资源的配置。

人力资源开发不仅内容广泛，而且贯穿人力资源管理的全过程。提高人的素质是人力资源开发的基本任务，其中最重要的是教育和医疗保健。教育和医疗保健的发展水平直接决定了一个国家人力资源知识存量的多少和国民素质的高低。

（二）人力资源管理的内容

人力资源管理包括一系列的管理过程和环节，主要包括人力资源规划、工作分析、员工素质测评、招聘与选拔、培训与开发、职业发展、晋升与调配、绩效考评、报酬与激励、工资与福利、工作场所的安全与健康、人力资源信息和诊断系统的管理。这些人力资源管理过程和环节主要涉及文化与地理因素、政治法律因素、社会因素等。人力资源管理的内容如图1-1所示。

二、人力资源开发与管理的系统模型

不同的组织战略和组织结构要求有具体的模型与之相适应。人力资源开发与管理的系统模型主要包括四个组成部分：人力资源的外部环境、人力资源的内部环境、人力资

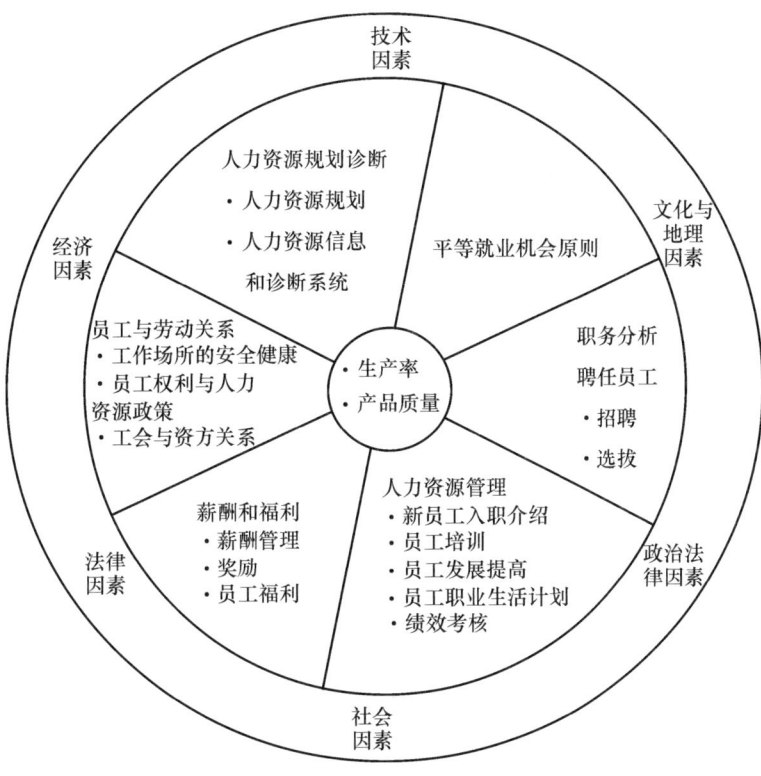

图1-1 人力资源管理的内容

资料来源：［美］罗伯特·L.马希斯，约翰·H.杰克逊.人力资源管理教程［M］.北京：机械工业出版社，1993：13.

源开发与管理活动、人力资源开发与管理的结果，如图1-2所示。

（一）人力资源的外部环境

影响人力资源开发与管理活动的组织外部环境因素主要有政治、经济、劳动力市场、科学技术及社会文化等因素。

1. 政治法律因素

人力资源开发与管理作为一种社会行为，是在一定的政治法律环境中发生的。包括人力资源市场管理条例，有关劳动法、职业法、专利法、知识产权法等方面的立法等。

2. 经济因素

在市场经济条件下，就业状况、货币利率、通货膨胀、税收政策，甚至股票市场行情都有可能对人力资源开发与管理活动产生影响。例如，失业率直接影响组织的人员招聘战略，通货膨胀会影响到员工的工资福利待遇。

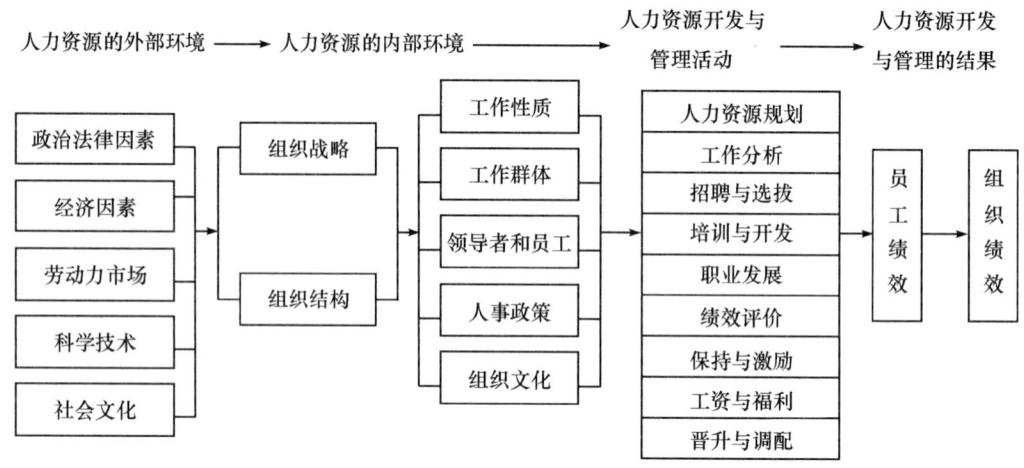

图 1-2　人力资源开发与管理的系统模型

3. 劳动力市场因素

组织依托劳动力市场获取人力资源。依据劳动力市场存量分析，可以尽可能准确地估计和预测组织寻找所需人员的方向和提高获得所需人员的可能性。

4. 科学技术因素

现代科学技术的发展迅速改变着组织的业务活动，人工智能代替大量劳动力的趋势越发明显。因此，人力资源开发与管理者要密切关注科学技术发展方向，预测本组织业务及工作岗位对工作技能需求的变化，及时制订和实施有效的人才培训计划。

5. 社会文化因素

社会文化在一定的历史条件下通过社会实践所形成，表现为全体成员共同遵循的意识、价值观念、职业道德、行为规范和准则的总和，影响着人力资源的心理活动和行为。

（二）人力资源的内部环境

人力资源开发与管理的内部环境包括两个层次：一是整体的组织战略与组织结构；二是更为具体的主体和影响因素。主要包括以下五方面内容。

1. 工作性质

组织类型和生产经营性质决定了工作性质。工作性质可以分为操作类、管理类、商务类、知识类等不同形式，不同类型的工作对人力资源开发与管理活动的要求不同。

2. 工作群体

在工作群体中，员工与其工作伙伴之间人际关系状况会直接影响员工的工作效率。

团队是工作群体的一种，组织在建立团队的过程中，人力资源开发与管理职能起着极为重要的作用。例如，为配合团队发展的需要所采取的以团队绩效为基础的激励措施。

3. 领导者和员工

人力资源开发与管理强调监督和控制的作用，进而要求领导的有效性。每位员工都是具有需求、动机、价值观和态度的个体，员工需求是人力资源工作的导向之一，人力资源开发与管理活动始终要考虑员工的需求。

4. 人事政策

人事政策是一个组织人力资源开发与管理观念的集中体现，直接反映公司的用人观念和价值取向。具体的人事政策必须依托适当的工作设计和组织结构才能实现。

5. 组织文化

组织文化是组织内部环境的综合表现。组织文化对组织成员的态度和行为具有深远影响，使人们形成总体的行为倾向，因此，它也被称为"企业之魂""动力之源"。

三、人力资源开发与管理的目标系统

人力资源开发与管理的目标是指进行人力资源开发与管理活动所争取达到的一种未来状态，它是开展各项人力资源开发与管理活动的依据和动力，如图1-3所示。

图1-3的左侧是组织的人力资源开发与管理过程即组织目标，右侧是个人的职业生涯发展过程即个人目标，中间是匹配过程。组织的人力资源开发与管理和个人的职业生涯都要受社会环境的激励和约束。同时，组织的人力资源开发与管理既要考虑员工的职业生涯发展周期，也要重视组织效益。特别是对于高层管理者和稀缺人才，应制订详细的培养和发展计划。

总之，一个完整而有效的人力资源开发与管理目标系统的发展模型的功能在于，当个人和组织双方的需求随着外部环境和内在发展而改变时，能够维持一种合理的匹配度。

四、人力资源开发与管理的要素系统

人力资源开发与管理系统的组成要素及其相互关系如图1-4所示。图的左侧是组织活动，右侧是个人活动，中间是两者的匹配过程。系统中的反馈回路表示同时参与多个活动。

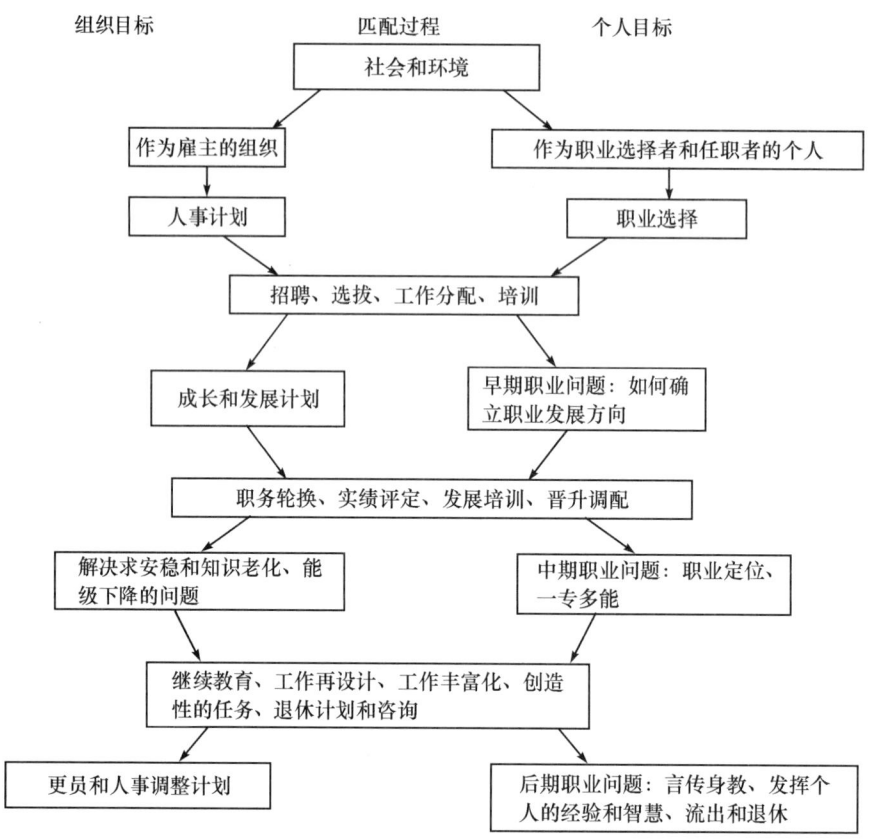

图1-3 人力资源开发与管理目标系统的发展模型

资料来源：[美] E.H.施恩. 职业的有效管理 [M]. 仇海清，译. 北京：生活·读书·新知三联书店，1992：7.

（一）组织计划和人力资源计划（方框A和方框B）

一个有效的人力资源开发与管理系统必须明确地把组织计划和人力资源计划结合起来。组织计划决定了将来需要何种技术、何种工作以及需要补充的人员和数量；反过来，组织计划的可行性也要接受人力资源计划的检验。

（二）实绩评定和人力资源现状（方框C和方框D）

为了有效地制订计划，组织必须掌握人力资源现状和其他相关的信息，包括：现有实绩，技能和才干，在技术、职能领域以及不同类型综合管理中的成长潜力，在职员工的职业阶段及其与职业相关的需要和动机。这类信息通常是通过实绩评定系统收集到的。

信息收集的困难在于，一开始就要决定收集何种信息，并找到相应的收集方法，确认这种方法能够提供有效的信息而不会产生副作用。

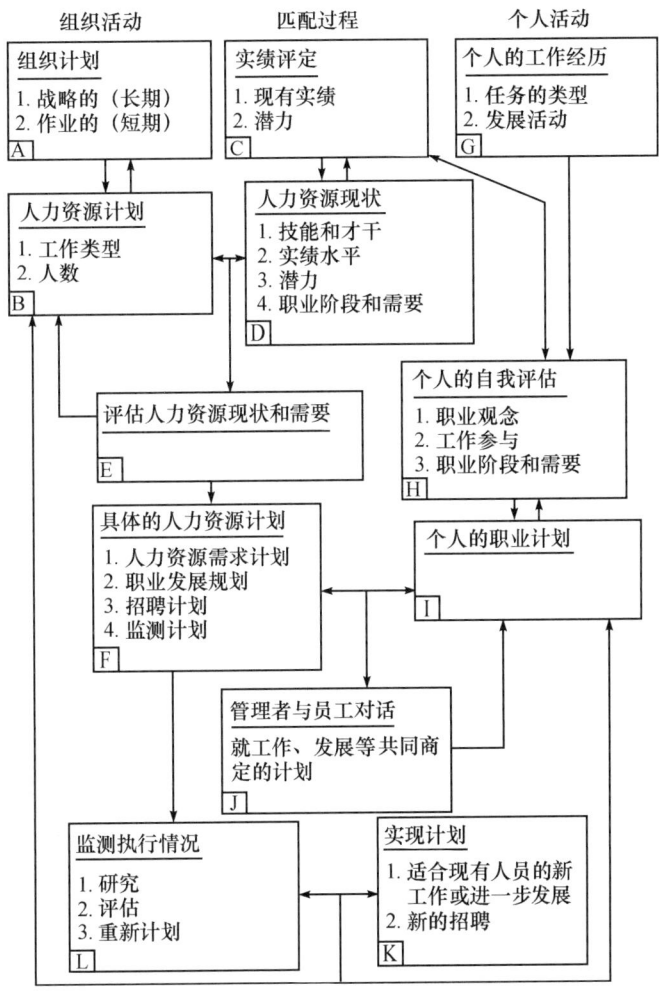

图 1-4 人力资源开发与管理系统的组成要素及其相互关系

资料来源：[美] E.H. 施恩. 职业的有效管理 [M]. 仇海清, 译. 北京：生活·读书·新知三联书店, 1992: 197.

(三) 评估人力资源现状和需要 (方框E)

对人力资源现状和需要进行评估，可能会识别出人力资源的临界约束，促使修订组织的计划和目标，或者是进一步完善人力资源计划。评估的质量取决于评估机制，即参与评估的人员、评估的依据以及评估的程序。实践中，仅凭计划测评人员利用书面材料进行评估是不够的，必须和有关人员进行对话，对各种假设和看法做出评价和检验，然后再对组织的人力资源状况做出评估结论。

(四) 具体的人力资源计划 (方框F)

根据工作需要，制定出人力资源需求规划和适合现有各类人员的职业发展方案，针对人员短缺的领域开展招聘活动，建立监测系统以保证这些活动取得理想的结果。在许多组织中，具体的计划活动成为人力资源开发与管理系统唯一的工作内容，而很少监测动态环境中组织与员工在职业阶段、职业观等个人问题的相互协调。

(五) 个人的工作经历、自我评估和职业计划 (方框G、方框H、方框I)

一个完整的人力资源开发与管理系统，必须为每一位员工形成更强的职业意识提供支持，包括提供目标、讨论会、测试和咨询等。这里所谓每一位员工，是包括高层管理者在内的。因为只有对自己的职业发展有所领悟的上司，才能和下属就职业问题进行对话。组织中的管理人员必须认识到，创造一种上下一致、有利于职业发展的气氛，不仅是对个人的重视，更是构建完整的人力资源开发与管理系统的决定性要素。

(六) 管理者与员工的对话 (方框J)

在一定意义上，管理者与员工的对话是人力资源开发与管理系统的临界连接点。个人需要和组织需要在此产生轨迹交叉，最终达成某种临界匹配。对话应建立在双方都有所准备的基础上，并且以交换信息为目的。通常的情况是，当出现职位空缺，人员需要流动、提升或轮换的时候，会促使管理者与员工进行对话。管理者与员工的对话过程应是平等地讨论，使员工有机会表达自己的需要，有机会自行评估拟议的流动是否对组织和个人都有利。此外，还要对未来的职业流动取得共识，使组织需要和个人需要相配合。

(七) 实现计划 (方框K)

无论是调动还是派人参与一项发展计划，或开展一场招聘活动，都必须有实现计划的操作系统，以免有价值的意见被忽视或共同商定的决定被束之高阁。为此，应该把人力资源开发与管理活动与组织中有权分配资金和调动人员的机构相结合，有效发挥其功能。

(八) 监测执行情况 (方框L)

完整的人力资源开发与管理周期是对组织活动进行监测，对照活动目标评估其结果，并把评估信息反馈到有关组织和个人。实际的评估工作由个人、直接主管和人事部门共同进行。其困难在于，要有人了解相关信息的价值，善于把信息集中并做出判断。

案例分析

人工智能会代替人力吗？

2017年7月，数据分析师王某和老东家就解除合同赔偿问题对簿公堂——他从事了13年的工作被一套智能系统取代。

2004年，王某入职上海某知名百货公司，工作内容包括数据收集和分析工作。2014年，10年工作期满后，公司与他签订了无固定期限劳动合同。2016年春节前后，公司的智能ERP管理系统上线。按照公司的说法，这一系统上线后，数据收集的这部分工作完全可以实现智能化。

在仲裁庭审现场，王某所在的公司认为，上述岗位智能化后没有人工岗位存在的意义："从时间的对比来看，本身这项工作完全人工操作需要8小时，系统上线后，可能只需花10分钟。"

2017年1月，公司正式取消了王某所在的岗位。2017年5月，公司以调岗协商无法达成一致为由，解除了与王某之间的劳动合同，并支付了解除劳动合同的经济补偿及代通知金。

资料来源：https://www.sohu.com/a/193044656_525627.

讨论题：人工智能技术将取代哪类人工劳动？与人工劳动的冲突如何应对？

深度阅读

赵曙明，张正堂，程德俊. 人力资源管理与开发 [M]. 2版. 北京：高等教育出版社，2018.

该书结合中国人力资源管理的实践，做到前沿性与应用性、国际性与本土性相结合，具有前瞻性、实践性、系统性、实用性的特点。该书包括人力资源管理概述、战略人力资源管理、工作分析与设计、人力资源规划、招聘与挑选、培训与开发、职业生涯管理、绩效管理、薪酬管理、福利、劳动关系、安全与健康、全球企业的人力资源管理等内容。

本章小结

人力资源是经济和社会发展的第一资源，是能够为社会创造财富的具有智力劳动能力和体力劳动能力的人的总和，包括数量和质量两个方面。

人力资源与其他资源相比，具有如下特征：第一，人力资源在经济活动中是居于主导地位的能动性资源；第二，人力资源是一种可再生的生物性资源；第三，人力资源是有生命周期的有时效性的资源；第四，人力资源是依赖群体组织的社会性资源。

人力资源管理的发展与演变分为六个阶段，即产业革命阶段、科学管理阶段、人际关系阶段、行为科学阶段、人力资本管理阶段、信息技术深度应用阶段。

人力资源开发与人力资源管理既紧密联系，又有一定区别。人力资源开发的方式主要包括提供医疗和保健服务、获得正规的学校教育、接受在职培训、国家对全社会开展启智教育、经济性人口迁移。人力资源管理的内容主要包括人力资源规划、工作分析、招聘与选拔、培训与开发、职业发展、晋升与调配、绩效考评、报酬与激励等。

人力资源开发与管理的系统模型由人力资源的外部环境、内部环境、人力资源开发与管理活动及其结果构成。使社会、组织、个人的目标实现协调发展是人力资源开发与管理的目标系统；组织计划、人力资源计划、实绩评定、人力资源现状等构成人力资源开发与管理的要素系统。

重要概念

人力资源　人力资源数量　人力资源质量　人力资源开发　人力资源管理　传统人事管理　互联网时代人力资源管理

复习思考题

1. 简述人力资源的内涵与特征。
2. 简述人力资源开发与人力资源管理的内容。
3. 如何理解人力资源开发与管理的要素系统和目标系统？

第二章
人力资本投资与人力资源开发

第一节 人力资本理论

一、人力资本理论及其发展

(一)早期人力资本理论

英国古典经济学的创始人威廉·配第最早提出劳动创造价值的思想。他的经典名言是"土地是财富之母,劳动是财富之父"。他认为,人的素质不同会导致个体之间劳动能力的差异:"有的人,由于他的技艺,一个人就能够做许多没有本领的人所不能做的工作。"威廉·配第勾勒了一条明确的线索,即素质不同,劳动能力就有所不同;劳动能力不同,创造的价值有差异。

亚当·斯密继承和发展了威廉·配第劳动价值论的主要观点,并将人力资本视为一种经济资本,进一步肯定了劳动创造价值以及劳动在各种资源中的特殊地位。同时明确提出,劳动技巧的熟练程度和判断能力源于人的劳动能力和水平。技巧的熟练程度是需要经过教育培训才能获得的,教育培训又需要花费时间和金钱。他还认为,经济增长主要表现在国民财富或社会财富的增长上,财富增长又取决于两个条件,一是专业分工促使生产率提高,二是劳动者数量的增加和质量的提高。因此,人获得的技巧与才能是可以得到补偿并获取利润的。亚当·斯密关于人力资本投资的思想至今仍有重要的学术价值和实践意义。

大卫·李嘉图进一步发展了劳动创造价值的理论,坚持商品价值决定于劳动时间的原理。他认为,自然资源,如矿产、阳光、空气,以及用来生产产品的机器,尽管都可以增加商品的使用价值,却不能增加商品的价值,只有劳动才能使商品的价值增值。李嘉图强调人的劳动是创造价值及使价值增值的源泉。他比较细致地分析了复杂劳动和简单劳动的差别，并用宝石匠一天的劳动与普通劳动者一天的劳动的价值差异，论证了复杂劳动可以创造更高的价值。实际上，复杂劳动与简单劳动从本质上反映了人们在个人才能上的差异。

穆勒继承和发展了劳动创造价值的理论，认为技能与知识都是对劳动生产率产生重要影响的因素，强调劳动取得的能力应当与机器、工具一样被视为国民财富的一部分。穆勒提出了富有创造性的观点，他从传统经济增长与资源配置的生产性取向出发，指出教育支出将会带来更多的国民财富。

萨伊将人们花费在教育和培训方面的费用总和称为"累积资本"。他认为，受过教育与培训的人的工作报酬，不仅包括劳动的一般工资，还应包括培训时所垫付的资本及其利息，皆因"教育是资本"，这种资本应当产生与一般劳动报酬没有什么关系的利息。萨伊的观点对人力资源管理理论的形成具有重要作用。

古典经济学的集大成者马歇尔也提出，组织和知识是资本的重要组成部分，是最有力的生产力。他认为，"生产的发动机有两样东西：一个是知识，一个是组织，而不是土地和种子"。他在《经济学原理》一书中除提出土地、劳动、资本三种因素外，还有人的健康程度和产业训练，即把人的能力因素同人的健康程度、产业训练问题联系起来。马歇尔的"国民教育投资论"对人力资本理论的形成产生了很大的影响。

（二）现代人力资本理论

20世纪50年代后期，科学技术、社会生产力以空前的速度向前发展，经济活动的结果很难用传统的经济学理论说明。因此，许多学者开始对人力资本进行系统研究。美国经济学家舒尔茨和贝克尔是现代人力资本理论的创始人，明塞尔对人力资本投资率做出贡献。

1. 西奥多·舒尔茨的人力资本理论

西奥多·舒尔茨是美国芝加哥大学的教授。他在一系列研究人力资本的著作和论文中，全面地论述了人力资本投资及其与经济增长、教育、人才的有效配置的关系以及人力资源迁徙、劳动者的健康等问题。他在1960年美国经济学会年会上，系统地阐述了人力资本理论，推动了这一领域的研究。由于舒尔茨在人力资本理论方面开创性和系统性的研究及贡献，他获得1997年诺贝尔经济学奖，成为西方经济学界公认的"人力资本理论之父"。

舒尔茨对人力资本理论的最大贡献在于他第一次系统地提出了人力资本理论，并使其成为经济学的一门新分支。他认为，单纯从自然资源、实物资本和劳动力的角度，不能完全解释生产力提高的现象，所以，除了已知的要素外，一定还有重要的要素被"遗漏"掉了，这个要素就是人力资本。人力资本是与物质资本相对应的一种资本形式，人力能够带来经济的增长，但也要有相应的资本投资。对人力进行投资，形成了人的知识和技能，从而形成人力资本。正是人的这种知识和技能，才产生促进经济增长的重要力量。

舒尔茨人力资本理论的核心观点主要有以下六点。（1）人的知识和技能是资本的一种形态。舒尔茨强调，资本概念既包含物质资本，也包含人力资本。（2）人力资本投资增长水平决定人类经济和社会发展的未来。（3）人力资本的投资收益率远高于物质资本的投资收益率。（4）人力资本投资核心是提高人口质量，教育投资是人力资本投资的主要方式。（5）教育投资应以市场供求关系为依据，以人力价格的浮动为衡量标准。（6）国家摆脱贫困状态的关键是致力于人力资本投资，提高人口质量。

2. 加里·贝克尔的人力资本理论

加里·贝克尔教授是芝加哥学派的主要代表人物之一，诺贝尔经济学奖获得者。贝克尔的人力资本理论研究成果中最有代表性的是《生育率的经济分析》《家庭论》和《人力资本》。贝克尔的贡献突出表现在对人力资本的微观分析上，研究人力资本与个人收入分配的关系。他在人力资本教育、培训和其他人力资本投资过程研究方面取得的成果，也都具有开拓意义。

3. 雅各布·明塞尔的人力资本理论

雅各布·明塞尔的研究集中在人力资本与劳动力市场的关系上，他首次将人力资本投资与收入分配联系起来，并建立完整的人力资本收益模型，从而开创了人力资本研究的另一个分支。明塞尔通过他的人力资本投资收益模型，清楚地表达了人力资本投资收益率的经济含义，即人力资本投资收益不仅包括亚当·斯密所说的"补偿费用"，而且包括时间成本和机会成本。明塞尔运用数学和经济计量模型，分析了年收入随年龄变化而变动的轨迹，并分别估计学校教育和在职培训的投资收益，及其在不同年龄段人群收入中的作用。

（三）人力资本理论的新发展

20世纪60年代初期，继舒尔茨和贝克尔等完成人力资本理论的创建工作之后，人力资本理论的研究进入了深化与完善时期。具体表现在如下方面。

1. 人力资本投资研究

人力资本投资研究主要包括两个方面：对人力资本投资形式与途径的研究和对人力资本投资收益函数模型的研究。其一，在舒尔茨所建立的人力资本投资理论框架基础上，进一步深入研究了学校正规教育、在职培训、"干中学"和"用中学"、卫生保健、劳动力流动与迁徙移民等形式的人力资本投资。其二，进一步认识到人力资本投资收益中还包括非货币化的心理收益，因此，有些经济学家开始注意对人力资本投资非经济方面，特别是有关人口质量、家庭、婚姻和生育等方面影响的研究。

2. 对人力资本投资与经济增长关系的深入研究

一方面是人力资本投资对经济增长的作用机制，主要结论是人力资本投资，尤其是教育提高了人的知识与技能，其"知识效应"和"能力效应"又提高了资源配置效率，促进了经济增长；另一方面是把人力资本视为经济增长最重要的内生变量，特别强调了人力资本存量和人力资本投资在内生性经济增长以及从不发达经济向发达经济转变过程中的重要作用，建立以人力资本为"增长发动机"的经济增长模型。

3. 对人力资本与个人收入分配关系的深入研究

个人收入分配差距与贫富分化问题一直是经济学家所关注的热点问题，从人力资本角度分析个人收入分配差别的研究文献十分丰富。这方面的研究与人力资本投资收益的研究紧密联系。具体表现在，生命周期与年龄收益曲线关系的分析、职业选择影响、能力偏差分析、劳动力市场歧视、家庭财富代际传递等。明塞尔一直追踪研究个人收入分配差距问题，他提出的"赶超"模型，能够较好地预测人力资本投资水平的不同导致的个人收入之间的差距。

4. 人力资本理论研究的扩展

人力资本理论并不仅仅是一种理论，还是一种有力的分析工具。正是由于这一特点，人力资本理论确立以后，甚至在其形成过程中，就开始向其他研究领域迅速扩展，并大大促进了相应领域研究的发展。正是人力资本理论使经济学迅速向过去被认为不是经济学研究的领域扩张，并取得了显著成果。

二、人力资本理论与人力资源管理

20世纪90年代以来，西方发达国家知识经济兴起的趋势已日渐明朗，企业的外部竞争环境发生了重大变化，企业的生存模式也随之转变，企业人力资源管理思想和方法出现了新的飞跃。其一，人力资源管理重心不断转移，即由以物为中心向以人为中心转移；其二，人力资本理论成为人力资源管理的基础理论，并开始全面介入企业管理。

（一）激励机制的重塑

人力资本理论视员工为投资者，认为企业由人力资本与非人力资本构成。员工和企业除了聘用关系外，还存在投资合作关系。因此，激励机制的重塑面临如下问题：如何有效地处理人力资本所有者与物质资本所有者之间的关系，使双方的合作成本最低；如何使人力资本所有者因其拥有的人力资本而获得最大化收益，从而达到企业治理的最优化设计；等等。显然，为解决以上问题，要求在激励机制中对员工分享企业剩余价值做出制度安排。

（二）企业管理重心的转移

人力资本所具有的潜在增值性在于人力资本所有者所拥有的并不是可以明确定价的知识，而是鲜活的新知识和加工知识的能力，构成知识经济中企业竞争力的源泉。员工之所以重要，不是因为他们已经掌握了某些秘密的知识，而是因为他们具有不断创新的能力。因此，如何有效开发管理这种对企业竞争力至关重要的能力就成为企业管理内容的核心。

（三）管理内容的变化

人力资本理论在企业管理中的运用，使得人力资源管理具有新的功能和视角——人力资本管理。人力资本管理就是要在组织中形成一种对话机制，通过文化管理、员工潜能管理、人力资产管理，达到组织和员工双赢的结果。

第二节　人力资本投资

一、人力资本投资概述

（一）人力资本投资的概念与特征

人力资本投资是指施加在劳动者身上的、能提高劳动者知识与技能，并能影响劳动者未来收入的各种投入。与物质资本投资相比，人力资本投资具有如下特征。

1. 未来导向性

人力资本投资如同其他任何形式的投资一样，都是投资成本在先、投资收益在后，但这种投资活动不同于收益和成本都在同一时间发生的服务消费活动，其投资成本与投资收益之间往往有着很长的时间跨度。

2. 长期性

人力资本投资既包括人在就业前从幼儿时开始的医疗保健与教育费用，也包括人在就业后健康的继续投入与继续接受教育培训的费用。

3. 生产性

人力资本投资是一种生产性投资，它使隐藏在人体内部的能力得以增长。通过人力资本投资，可以获得一种生产性"存量"。这种"存量"包含在人体中，能够在现在和将来提供各种服务。

总之，人力资本投资在一定程度上可以看作是个人和企业双方的投资行为。从个人作为劳动的供给者、企业作为劳动的需求者两方面来考虑，个人投资趋向于正规教育，而企业投资则侧重于职业培训。

（二）人力资本投资的形式

人力资本投资主要有以下四种形式。

1. 卫生保健投资

卫生保健的投资指的是人们为了获得健康而消费食品、衣物、健身时间和医疗服务，从而改善个人获得收入的能力。从这个意义上讲，家庭或个人既是消费者又是投资者，健康是投资的结果。此外，教育、职业、住房和生活环境等因素都对健康产生重大影响。在其他条件相同的情况下，健康还取决于个人行为，如吸烟、饮酒、心理调节和作息习惯等。

2. 教育投资

舒尔茨指出，教育可以带来文化和经济的双重效益，不能把教育完全当作"消费"，应当看到教育的投资价值。教育在经济上的效益有三种：现在的直接消费收益，将来的消费收益，生产者将来的能力。

3. 在职培训投资

在职培训是指为提高工作岗位的知识技能所进行的培养和训练。其特征在于：被培训者已经就业，并有自己的工作，这与就业前的职业培训不同；培训的目的是明确的，即改进被培训者的工作效率；培训的主体机构主要是企业，某些国家行业协会或政府有关管理部门也会对某些特殊行业的从业人员实施在职培训；培训的投资费用由企业或被培训者承担，或者企业与被培训者分担。由此把其他为促进就业而实施的培训与在职培训区别开来。

4. 迁徙流动投资

迁徙流动改变了人的经济机会、决策方式，直接增进人们的获益能力和抵抗能力，迁徙流动中也使整体的资源配置得到优化，由此增进了人力资本。衡量市场是否完善，一个重要方面就是通过流动性来考察。正是因为迁徙流动具有人力资本改进效应，所以它成了人力资本投资成本的一部分。

迁徙流动的成本包括以下几个方面。

（1）区域移动。直接的交通、衣食住行等成本支出，它与移动距离有关；重新适应当地规划和风土人情，它与制度相似性和社会相似性相关；放弃的当下机会收益被称为机会成本，放弃的时间损失称为时间成本，这两种成本与现期当地的收入机会相关；背井离乡、远离朋友、心理孤独，是放弃既有生产生活方式的心理成本；区际移动会使个人风险增加，而由此造成的风险则为风险成本。

（2）职业流动。职业变换往往增加了相应的培训支出和区际迁移费用支出；职业流动增加信息费用，如各种信息的搜寻、参加面试、培训、公共关系费用等；职业流动会损失原来的工资收入与福利，熟悉的工作环境和可能的职业升迁机会。

（3）社会流动。社会流动中的身份变迁会发生成本支出。由于人总是生活在社会中，身份是一种相对地位的信号，它决定了人的经济机会和认同感，而身份是作为一种激励手段而给予的，它往往代表着某些实际内容；身份显示了人的职业能力特征，这些特征很容易为雇主所注意，因而在市场中会减少搜寻费用。同时，显赫的身份会增进人的市场价值、声誉，因而交易发生的概率上升。凡此种种，人们会为此而发生成本支出。

（三）人力资本投资的主体

人力资本投资的主体主要包括家庭和个人、企业、政府等。

1. 家庭和个人主体

要理解家庭在人力资本投资中的重要作用，必须重新认识家庭的功能。贝克尔批评了传统经济学理论割裂生产与消费以及由此把家庭只看作消费单位的观点。他在《时间配置》一文中重新描述了家庭理论，该理论的核心是假定家庭既是生产者又是消费者。在《家庭论》一文中，贝克尔进一步分析了家庭生产的问题，将家庭的重要职能归纳为生产人力资本。家庭的分工、收入以及对未来的预期是人力资本投资水平和形式的重要决定因素。

家庭和个人人力资本投资包括了所有形式的人力资本投资。家庭人力资本投资与个人人力资本投资是互相作用的，家庭人力资本投资不仅是为了获得收入、职业保障、职位升迁和就业机会、消费效用等经济效益，更是为了获得家庭生活质量的提高；而个人进行人力资本投资的最终目的是提高自己及家人的生活质量。家庭人力资本投资和个人人力资本投资的需求受到两方面条件的约束：一是市场的供求条件，如教育、职业训练等供给条件，就业需求和未来收益预期等；二是投资资源条件，如已有的人力资本水平、收入水平和时间等。

2. 企业主体

企业进行人力资本投资最终是以营利为目的、以利润最大化为原则。企业作为人力资本投资主体主要出于两个基本经济动因：一是通过对员工的技术培训可以提高员工的劳动生产率，从而带来更多的利润；二是由于人力资本与物质资本互补，人力资本的增加可以提高物质资本的边际产出，进而带来企业规模和利润的增长。企业人力资本投资的主要形式是在职培训和"干中学"。企业不仅是人力资本的投资者，还是人力资本的直接需求者，企业通过这种投资所获得的人力资本更符合企业的特殊需要，即按需培训。

3. 政府主体

在传统经济学理论中，提供国民卫生与健康等公共产品是政府的基本职能之一。在现代经济学理论中，国民基础教育和公共卫生等公共产品具有较大的经济外部性，政府应当承担平衡经济外部性的社会职能。其中，国民基础教育和健康人力资本投资所具有的较大的经济外部性，是个人或企业力所不及的，因此要求政府进行投资。政府对人力资本投资的形式是广泛的，涉及教育、卫生保健、培训、社会保障和公共信息等方面。

二、人力资本投资决策

（一）影响人力资本投资的因素

人力资本投资不仅取决于市场条件，还取决于投资主体与被投资对象。

1. 个体因素

个体作为有意识的主体，与其相关的各种因素都会对人力资本投资产生影响。这些因素不仅包括经济方面的因素，如个人收入、固定资产等，还包括个人及其家庭的社会、文化背景，以及个人先天素质、时间偏好、喜好、行为与性格特征等，特别是个体能力的差异。明塞尔指出，由于人力资本投资计量的不精确性，能力与机会之间的正相关性越强，能力变量在解释人力资本投资收益回报现象中就具有更重要的意义。

2. 时间因素

时间成本是人力资本投资的主要成本，既包括投资者的时间，又包括被投资者的时间。人的年龄及其生命状态的变化都对人力资本投资有决定性的影响，人力资本投资时间因素的边际成本和边际收益变化较大。

3. 家庭因素

富有的家庭在人力资本生产效率和总量上占有优势，人力资本投资会带来较高的收益，将再次以较大比例投入人力资本的再生产。对于投入要素相对不足的贫穷家庭来说，由于人力资本产权和人力资本市场的局限性，无法把人力资本用于抵押担保来获取更多的人力资本投资，由此导致其在人力资本占有和收益获取上处于不利地位。这样，在贫富家庭之间就会发生反馈机制的"马太效应"。

4. 社会因素

社会因素对人力资本投资的影响，主要表现在一个国家或社会是否存在人力资本投资市场，是否存在对人力资本投资市场的超经济垄断，是否存在社会歧视和不平等现象等。在一个人力资本投资市场发达，全体社会成员在接受教育、就业和收入等方面拥有平等权利的社会中，人力资本投资需求会更大。由于人力资本投资主体的多元化，政府以及各种社会团体在人力资本投资中具有重要地位和作用。

5. 市场因素

人力资本投资收益率对人力资本产生正向影响。越高的人力资本投资收益率越能促使人们进行人力资本投资。人力资本投资主要取决于市场条件，不仅包括人力资本的市场价格水平、人力资本投资品的价格，还包括人力资本投资的市场风险和人力资本的市场规模。其中，人力资本市场投资风险不仅来自市场因素，还有个人因素和用人单位因素。

（二）人力资本投资决策的分析方法

人力资本投资决策的分析方法之一是成本收益分析法，它一般用于家庭（个人）、企业人力资本投资决策。假设一切发生在人力资本投资上的支出和收益都可以按某种比价关系转换为货币或资本，那么就得到了两个现金流量，一个是支出流量，另一个是收入流量，两者之差称之为净现金流量。投资者的投资决策就是通过两个流量对比来进行取舍的。当净现金流量为正时进行投资，净现金流量为负时放弃投资。

人力资本投资决策的另一种分析方法是收入（或报酬）分析法，在这一方法中，个人收入或报酬（W）与一系列个人特征相关，如教育水平、健康状况等。更正式地说，前者是后者的函数。令 x 代表这一系列特征，则：

$$W = f(x) + \varepsilon$$

这一方法的优点是明显的。首先，不管人力资本的报酬是由什么原因产生的，但肯定与个人能力、教育年限、身体等因素相关，剩下的一个随机因素，包括了运气、风险及其他未解释的所有因素。这样就可以把所有的人力资本与非人力资本因素分开而单独考察其收益能力。其次，由于这类方法需要获取充分的数据（时间序列或截面数据）进行回归分析，所得到的结果具有代表意义，可以作为对企业、产业甚至国家的人力资本决策的参数。最后，企业也可以仿照此模型进行人力资本管理。

1. 成本收益法

（1）货币的时间价值与资金等值。将货币作为某项投资，由于资金运动可以获得收益或利润，因而资金会随着时间变化而增值，这就是货币的时间价值。货币的时间价值也可以从机会成本角度来理解。如果放弃货币的使用权利而进行人力资本投资，就相当于失去了获取其他更好的投资收益机会，这种代价就是时间价值。

货币存在时间价值表明，发生在不同时期的等额现金流，它们的内在价值是不同的。在同一投资系统中，处于不同时刻数额不同的两笔或两笔以上的相关资金，按照一定的利率和计息方式，折算到某一相同时刻所得到的资金数额是相等的，则称这两笔或多笔资金是等值的。计算等值资金有两个相反的办法：把将来时点上的资金换算成与现在时点等值的金额的换算过程称为"折现"，经过折现后的资金叫资金现值，相反操作得到的资金称未来值或终值。记一笔金额为 C 的资金的现值为 PV，按折现率为 r，那么折现现金流（PV）公式为：

$$PV = \sum_{t=1}^{n} \frac{C_t}{(1+r)^t}$$

式中，C_t 为第 t 期的成本支出，t 为时期。

如果按连续时间计算：

$$PV = \int_0^n e^{-nt} C_t \, dt$$

由于市场环境变化，r 并不是一致的，如果令 r_i 为 i 期人们对货币（或资产）的预期收益率，那么

$$PV = \frac{C_1}{1+r_1} + \frac{C_2}{(1+r_2)^2} + \cdots + \frac{C_n}{(1+r_n)^n}$$

（2）人力资本投资的成本与收益分析。把上面公式中 C_i 看作是人力资本投资的成

本，同时记 R_i 为各期的人力资本收益，把两个现金流同时折现到初期，可以得到人力资本投资的成本和收益的现值 $PV(C_0)$ 和 $PV(R_0)$：

$$PV(C_0) = \sum_{n=0}^{t} \frac{C_i}{(1+r_i)^n}$$

$$PV(R_0) = \sum_{n=0}^{t} \frac{R_i}{(1+r_i)^n}$$

式中，C_i 可以是教育投资、培训投资等发生在一切人力资本方面投资的成本，在上式中我们取两个贴现率相等，但事实上，一般都不相同。

记 NPV 为人力资本投资的净现值，它表示收入扣除成本后的净收益，这部分收益是对人力资本风险收益、资本溢价（通货膨胀）等的补偿，NPV 的计算方法为：

$$NPV = \sum_{n=0}^{t} \frac{R_i - C_i}{(1+r_i)^n}$$

很明显，企业投资决策的依据是 $NPV \geq 0$，即预期收入流量的现值大于成本流量的现值。当净现值为零时，确定的 r 是 r_i 的某种"均值"，这时 r 被叫作内部收益率，它表示人力资本投资的总收益率。

内部收益率的计算公式为：

$$r = r_1 + (r_2 - r_1) \frac{|NPV_1|}{|NPV_1| + |NPV_2|}$$

其中，r 为内部收益率，r_1 为试算的低收益率，r_2 为试算的高收益率。NPV_1、NPV_2 为 r_1、r_2 对应净现值，两者符号相反，r_1 与 r_2 之差不应超过5%。

（3）人力资本投资收益计算中应注意的问题。人力资本投资的成本是在即期发生的，而收益是发生在未来的现金流量，因而它只是一个预期收益。它由资本市场收益及总体经济形式决定。由于存在着许多难以预料的不确定性和风险，人们总是不能够准确地估计而只能得出某种近似结果。同时，收益流量和成本流量分别或同时由劳动力市场、资本市场共同决定，投资者的投资决策必须对比其他市场的收益大小才能做出正确的收益评价。另外，时间 n 的长短和时期问题，究竟以多长时间来进行人力资本投资，一般受个人主观因素影响，由于个人的不同时间偏好，往往会得出完全不同的结果。此外，净现值评价方法存在一些不现实的假定，即投资决策是一次性完成的，且投资是完全可逆的。这意味放弃投资项目不花费任何成本，事实上，由于沉没成本的存在和人力资本的资产专用性特征，投资者退出成本往往相当高。

2. 报酬函数法

人力资本收益函数，通常也叫作人力资本报酬函数，其一般形式是：

$$w = \beta_0 + \beta_1 x_1 + \beta_2 x_2 + \cdots + \varepsilon = \beta_0 + \sum_{i=1}^{n} \beta_i x_i + \varepsilon$$

式中，x_i 是人力资本的某些特征，如教育年限、工作经历、健康状况等，β_i 表示的是人力资本投资的边际收入，如多接受一年教育的报酬效应，多工作一年的报酬效应等。

人力资本报酬函数有许多变种，并且该方法还在不断变化之中。但通过以上的函数形式，我们可以发现许多用于人力资本管理的参数，因此该方法在企业人力资本管理中经常被使用。

（1）对报酬函数求偏导，可以得到人力资本投资的边际收益：$\frac{dw}{dx_i} = \beta_i$，利用这个参数可以直接为企业决策服务。例如，用边际生产力来判断企业人力资本存量的结构合理性，从而设计人力资本的报酬结构。

（2）令 $x_i = 0$，得到 $w = \beta_0 + \varepsilon$。这是排除了人力资本后的平均报酬，可以作为国家确定最低工资、社会保障水平，以及对人力资本投资补贴等的依据。同时，企业也可以据此进行人力资本管理，识别出人力资本和非人力资本的差别。

（3）通过对误差项的观察，可以发现一些新的影响人力资本报酬的特征。例如，当我们发现误差不是随机的时候，可以判断还有一些重要的人力资本特征在影响收入，而模型中并未考虑到。同时，误差项代表收入的风险状况，它是现代人力资本风险管理的重要内容。

（4）公司人员的配置。当识别出某个员工的人力资本特征后，如专业化管理能力，这时可令其他的 $x_i = 0$，这意味着应按最大生产力标准把某人派到相应岗位，用人所长。

报酬函数法要求使用者具有人力资本管理专业知识和计量经济学背景。在使用中需要注意三方面的问题：一是与人力资本特征相关的处理技巧，如如何把各种特征转化为可以计量的数据，这是一个与人力资源专业非常相关的问题；二是对模型的正确设定，上面的模型只是最简单的一种形式，在实际应用中必须根据具体情况来正确设定；三是对模型的结果的创造性使用，模型得到的数据不会自己说话，也不会自动对管理产生影响，这要求使用人员利用模型中得到的有用信息进行创造性分析，才能够为决策提供支持。

成本收益法和报酬函数法各有所长、各有所短。成本收益法的分析原理及计算都较简单，但参数可以自我设定；报酬函数法对数据要求较高，取得的客观参数具有重要参考意义。一般来说，在利用成本收益法时，可以以报酬函数法的参数作为决策依据之一。

第三节 人力资源开发

一、人力资源开发的内容

广义的人力资源开发是以国家为主体，对所涉及范围内的所有人员进行正规教育、智力开发、职业培训和全社会性的启智服务，即培养人的知识、技能、经营管理水平和价值观念，并使其潜能不断发展和充分发挥的过程。其目的是提高全社会人员的整体素质和技能水平。

狭义的人力资源开发的主体是组织，通过向员工提供各种学习机会和活动，提升员工能力水平和组织业绩的一种有计划的、连续的工作，通常是一种微观的人力资源开发。

无论是广义的人力资源开发还是狭义的人力资源开发，都具有两个基本特征：一是具有人力资本投资的基本性质，任何人力资源开发活动都要有成本支出，即投资性支出；二是人力资源开发的结果是员工和组织以及全社会的人力资本水平或存量的提高。

二、人力资源开发的方法

（一）职业开发

职业开发是指以员工的职业生涯为对象的人力资源开发活动。它包括以下三个方面的内容。

1. 改进个人职业生涯规划

个人要密切关注职业和教育计划，职业、家庭和自我的均衡发展，关注对自己具有长期可行性的生活方式，并以自我和机会的评估为依据，安排个人的职业选择和职业生涯规划，有效地应对工作环境。

2. 改善职业阶段的匹配过程

这个匹配过程涵盖了招聘、选拔、绩效和评价，旨在满足个人和组织的需要，而不只是组织的需要。包括使那些有显著贡献但无意沿组织阶梯攀升的员工保持生产率和动力，从而使组织和个人都能受益。

3. 正确处理员工的职业危机

员工在其职业生涯的中晚期往往会出现落伍退化、激情消失和求安稳的倾向。组织要密切关注社会经济状况、技术进步、劳动立法、劳动力市场的特点，制订相应的处理上述问题的人力资源计划，使员工在其职业生涯的不同阶段，都能够取得家庭和工作的平衡。

（二）管理开发

管理开发的内容包括人员的招聘与选拔、人员配置、人员培训、人员激励、人员测评、人员报酬。管理开发的基本手段包括法纪手段、行政手段、经济手段、宣传教育手段等。

1. 法纪手段

法律由国家依法定程序制定、颁布和实施，纪律则由国家机关、企事业单位和其他社会组织在其权力范围内制定和执行，两者都具有规范行为的作用，统称法纪手段。法纪手段具有普遍性、规范性、稳定性和行为结果的可预测性等特点。

2. 行政手段

行政手段是指依靠组织和领导者的权威，运用强制性的命令和措施，通过组织自上而下的行政层次贯彻执行，直接对下属人员进行管理的手段。其主要特点是权威性、强制性、垂直性。

3. 经济手段

经济手段是指通过把个人行为与行为导致的经济利益联系起来，从而调节员工行为的一种管理手段。与行政手段不同，经济手段不对员工的行为进行强制性的干涉，其主要特点是非强制性和间接性。

4. 宣传教育手段

宣传教育手段是指通过宣传法律、政策、规章制度和思想道德教育提高员工的认识水平和思想水平，使其自觉为实现组织目标而努力的一种管理手段。其特点是具有目的性、启发性和长期性。

（三）组织开发

组织开发是提高组织能力的一套技术措施。组织开发计划与管理开发计划的主要区别是：组织开发注重的是组织及其工作环境，管理开发则注重对个人行为的激励和规范。组织开发的基本目标是提高组织能力，改善组织行为方式，营造有利于组织发展的组织氛围、组织环境和组织文化。每个组织都有自己的目标，这些目标都是通过对外部环境的观察，针对客户的需要来制定的。

组织开发的重点是组织的协作能力，以期解决组织内部的冲突和矛盾，建立合作的目标，改善组织价值观和组织文化，提高组织的生产效率。组织的成功与否在很大程度上取决于如何对员工进行选择、培训、管理，使每个员工都能充分发挥自己的作用。

（四）环境开发

人力资源活动的环境开发包括社会环境、自然环境、工作环境和国际环境。其中，社会环境从宏观上制约着人力资源的开发活动；自然环境作为一种客观存在，人们只能将其对人力资源开发活动的负效应降低到最小，而无法消除；工作环境直接影响人力资源积极性的提高及其能力的发挥；国际环境则从世界范围对国内的人力资源开发产生影响。

案例分析

企业人力资本投资与开发如何应对信息技术变化？

中国深圳一家集团公司在1995年时，预测信息技术将会彻底改变传统的生活模式和业务经营模式，因而战略性地进入互联网业务。在当时，中国互联网消费市场以及相关的要素市场（资本市场、信息市场、技术市场和人才市场）都还没有做好迎接新业务的准备，但这个"新生儿"已经呱呱坠地了。特别是人才市场上，根本不能雇用到大批高质量且符合独特业务需求的网络人才。为业务前景所诱惑，该公司送出50名技术人员到国外接受专业性训练，包括网络管理及相关技术人员。

1997年前后，电子商务成为一个发烫的字眼，然而，该公司的核心业务如电子邮件、虚拟网络、电子交易始终不能为公司赢得足够的利润，困境由此而生。第一，该公司培训的业务人员已经成为中国一流的网络方面技术人员，又掌握着公司的核心技术，因而公司命运系于其身，他们有理由索要更高的工资。第二，公司投入的大量资本都与人力资本有关，如果人走了，只剩下一堆破旧的计算机和并不能自动产生利润的高级服务器。第三，新招聘来的人员都惊叹公司设备的先进性，这里有大学时所不能提供的学习条件。然而，半年后他们的"胃口"也格外高。

外部变化更激化了这一问题。1997年后，银行及后起的公司纷纷进入网络产业市场。经过几年的探索，网络产业这座冰山已经部分露出了它的面目，相应的市场也逐渐配套成熟。后来者进入市场的第一步就是：挖人！而早期成立的公司如果能提供足够的工资或职业前途激励，一切问题都不会发生。但是，外部有高工资诱惑，内部又没有足够利润支付高工资，要想留人除非能把他们"捆起来"。

1998年，该网络公司出现了真正的危机：高技术人才走了，低素质的却没有走；公司的核心技术也跟着走了。为了缓解危机，公司下调了一般人员的工资以保证高技术人员的工资。于是"多米诺骨牌"被推倒了，高级管理人员（非网络技术人员）也因此离开了。1998年年底，该公司"含恨"退出了互联网产业，关闭了主服务器，公司业务收缩到传统产业。有几个有趣的问题是：（1）该公司成为一个为市场和对手培养人才的培训机构，它为许多公司培养了高技术人才，但自己却被自己人打倒；（2）人员流动带来的公司核心技术流动，并且防不胜防；（3）工资是一种筛选机制，它不是一种正常的淘汰机制，反而"逆向淘汰"了好的，留下了自己不需要的；（4）在资本高度依赖相关人力资本的时代，如何评估并建立人力资本的激励与约束机制；（5）人力资本外部性问题，还有其他的问题，如"干中学"、人力资本的整合等，都值得深入探讨。

资料来源：https://www.docin.com/p-838955112.html.

讨论题：公司在制度方面该如何应对这一实质性的变化？

深度阅读

［美］加里·贝克尔. 人力资本理论：关于教育的理论和实证分析［M］. 郭虹，译. 北京：中信出版社，2007.

该书全面介绍了人力资本理论的创始人、诺贝尔经济学奖得主加里·贝克尔有关人力资本的系统理论、观点和研究方法。书中运用成本-收益法对教育投资进行了分析，作者认为对个人教育的投资和普通的商业投资类似，在决策时同样需要将成本与收益进行比较分析。该书还从经济学的角度对歧视、婚姻、家庭和教育之间的关系进行了剖析，让读者从一个全新的角度去了解自己的日常行为。这种人力资本的研究角度也为管理学开辟了新的视角，原来单纯的企业人员管理变成了与教育、培训、激励机制设计等相结合的人力资本管理。

本章小结

人力资本是指人们以某种代价获得在劳动力市场上具有一定价格的能力或技能。人力资本是继工业经济之后，与新的社会形态相对应的新的资本形式，它意味着向人的投资而不是向资本的投资成为社会经济领域的主导现象。

经过早期的思想萌芽，舒尔茨和贝克尔等完成了人力资本理论的创建，人力资本理论的研究进入了深化与完善时期，并成为一个有力的分析工具，向其他研究领域迅速扩展。

20世纪90年代以来，伴随着西方发达国家知识经济的兴起，人力资本理论成为人力资源管理的基础理论，它开始全面介入企业管理，引发激励机制的重塑、企业管理重心的转移和管理内容的变化。

人力资本投资是指投入劳动者身上的、能提高劳动者知识与技能，并能影响劳动者未来收入的各种投入。人力资本投资的形式主要有教育、在职培训、卫生保健和人力资本流动。

影响人力资本投资的因素主要有个体因素、时间因素、家庭因素、社会因素和市场因素。

人力资源开发有广义和狭义之分。广义的人力资源开发是指国家对所涉及范围内的所有人员进行正规教育、智力开发、职业培训和全社会性的启智服务，即培养人的知识、技能、经营管理水平和价值观念，并使其潜能不断发展和充分发挥的过程。狭义的人力资源开发专指组织的人力资源开发，是指组织通过向员工提供各种学习机会和活动，改进员工能力水平和组织业绩的一种有计划的、连续的工作。

人力资源开发的内容包括生理素质开发、心理素质开发、思想品德素质开发、职业能力开发。

人力资源开发的方法有职业开发、管理开发、组织开发和环境开发。

重要概念

人力资本理论　人力资本投资　人力资源开发　人力资本投资决策　教育投资　在职培训　职业开发　管理开发　组织开发　环境开发

复习思考题

1. 结合实际说明人力资本理论在企业人力资源管理中的应用。
2. 结合实际说明如何进行人力资本投资决策。
3. 高等学校专业性教育投资是人力资本投资的典型形式。目前理论界普遍的看法是，高等教育应该主要由个人承担相应的投资成本。但是，个人支出面临以下几个问题：一是如果把教育看作投资或消费行为，决策者就应该具有自主选择学校、专业、老师的权利，这是个人投资和消费决策的基础；二是教育投资的集中支出、分期受益特性带来的某些困难，如不管未来预期收益有多大，这笔初始支出都可能受个人收入约束而被迫放弃；三是人力资本与人的不可分割性带来许多问题，如交易问题、流动问题、风险问题、代理问题等。以上这些问题，有些是与物质资本投资相同的，有些是人力资本投资特有的。面对以上情况，我们应从哪些方面进行创新来改进教育投资中存在的问题？

第三章
企业战略与人力资源规划

第一节　企业组织变革及结构调整

一、人力资源对企业战略的推进

企业战略是在充分分析企业内外部环境的基础上做出的一系列带有全局性、长远性、纲领性、竞争性、观念性的谋划与方略。企业战略的实质是谋求外部环境、内部资源与战略目标三者之间的动态平衡。企业通过构建战略性人力资源，从而获得竞争优势。

第一，推进以人力资源为第一战略资源的管理理念。企业管理者通过绩效管理、薪酬管理等激励机制，引导员工参与决策，推动企业以人力资源为第一战略资源管理目标的实现。

第二，推动人力资源管理角色的战略转变。企业实行战略性人力资源后，人力资源管理部门的角色由原来非主流的功能性部门，转变成企业经营业务部门的战略伙伴，从企业战略的反映者转变成企业战略的制定者和执行者。通过直接参与企业战略的制定和实行，推动企业经营目标的实现。

第三，推动人力资源的战略整合。其中，外部整合主要是指人力资源战略不仅要和企业战略一致，还要和企业发展阶段一致，从而构建具有动态性的战略整合；内部整合指的是通过人力资源管理，使各个环节保持战略一致，从而达到相互强化的目的，进一步提升企业战略的执行能力。

二、战略性人力资源规划的作用

（一）为企业战略的制定提供信息

战略性人力资源规划提供的信息主要包括内部情报和外部情报两类。内部情报包括人力资源的素质、人力资源的供需状况、人力资源的工作绩效与改进、培训与开发的效果等；外部情报包括劳动力供给状况、竞争对手所采用的激励或薪酬计划的情况，以及一些关于劳动法等法律方面的信息。

（二）规划人力资源发展

人力资源发展包括人力资源预测、人力资源增补及人员培训。它既对目前人力资源现状予以分析，了解人力资源动态，也对未来人力资源需求做出预测，以便对企业人力资源的增减进行整体考虑，再据以制订人员增补和培训计划。

（三）促进人力资源的合理运用

通过人力资源规划，可以有效解决因人员离职而带来的日常经营管理中断的问题，避免人员流动导致的风险，通过估算企业未来人员过剩和短缺状况，合理分配资源，降低人力资源在总成本中所占的比重。

三、人力资源管理在企业不同发展阶段的功能

（一）企业创业阶段

创业阶段企业经济实力较为薄弱，各项规章制度尚未健全，可能还具有较浓厚的"人治"色彩。人力资源管理的核心是根据企业发展阶段的特点，吸引企业所需的关键人才，营造有利于关键人才发展的工作环境。

（二）企业成长阶段

成长阶段企业规章制度逐渐完善，企业竞争性增强。人力资源管理的核心主要有：预测人力资源需求，制定人力资源发展规划；开展工作分析，建立企业岗位规范标准；完善企业培训、考评和薪酬机制；建立与人力资源市场广泛而灵活的联系，多渠道获取企业所需的人力资源。

（三）企业成熟阶段

成熟阶段企业的成长性与灵活性达到均衡状态，人力资源管理的关键是延长繁荣

期，力争使企业进入一个新的增长期间。人力资源管理的主要策略有：调整人员进入标准和人力资源管理政策；完善绩效考评制度，增加考评指标中创新指标的权重；开展危机教育，塑造企业文化。[①]

(四) 企业衰落阶段

衰落阶段企业整体获取利润的能力下降，资金链紧张。人力资源管理的核心是寻求企业的重塑和再造，使企业获得新生。包括：妥善实施裁员计划，严格控制企业人工成本，实行高弹性薪酬模式，提高对关键人才的吸引力等。

四、人力资源管理者的角色定位

角色定位是指在一定的系统环境下，人力资源管理者在一个组织中拥有的位置，并在这个位置上发挥应有的作用。戴维·沃尔里奇在《人力资源教程》一书中，较为全面地提出了当代人力资源管理者主要承担的四种角色职能：战略性人力资源、管理组织的机制结构、管理员工的贡献程度、管理转型和变化。又将其概括为四种角色：战略伙伴、职能专家、员工的支持者、变革的倡导者。我国学者彭剑锋认为，现代人力资源管理者在组织中主要扮演专家、业务伙伴、员工服务者、变革推动者、知识管理者和领导者六大角色。

第二节 人力资源环境分析

一、外部环境分析

(一) 政治法律环境

有关劳动保护等方面的法律建设将越来越健全，企业不可能再通过加大劳动强度、延长工作时间的方式提高产出，只能设法挖掘和开发人力资源的潜力以增加单位劳动的产出量。

(二) 经济环境

经济环境分为宏观经济环境和微观经济环境。宏观经济环境主要是指一个国家的人

---

① 吴晓荣，王少东，贾虎. 基于生命周期视角下的企业战略人力资源管理 [J]. 企业经济，2011，30（4）：78-82.

口数量及其未来增长趋势、国民收入、国民生产总值等经济发展的整体特征。微观经济环境是指一个具体的组织所面临的与组织运行相关的特殊的经济环境,如资本市场、商品市场的状况、相关行业的竞争强度、组织竞争对手的人力资源状况等。

(三) 劳动力市场环境

劳动力市场环境包括劳动力数量、劳动力质量和劳动力结构,劳动力的供需状况及其趋势,经济发展速度与劳动力供需间的关系,政府和企业对于劳动力素质提高的投入等。

(四) 科学技术环境

科学技术对人力资源战略的影响是多重的。第一,高度的自动化和机械化使劳动变得单调乏味,组织员工易产生疲惫和枯燥感,从而影响其工作效率。对此,企业应采用绩效考评、岗位轮换、激励等多种措施提高工作的丰富化程度,以提升员工的工作积极性。第二,科技的进步使原有的生产作业人员的操作技能和知识结构老化,需要持续地提高和更新。第三,科技进步加深了企业对作为科技载体的人力资源的依赖。

(五) 社会文化环境

社会文化环境是指劳动者的文化水平、价值观念、宗教信仰、风俗习惯等。劳动者的文化水平影响劳动者的素质,劳动者的价值观念会影响企业文化的形成,特别的宗教信仰和风俗习惯对企业的人力资源管理有特殊的要求。

二、内部环境分析

按照组织的成长过程,组织内部环境分析又可以分为成长阶段分析、纵向历史分析和横向比较分析等。

(一) 成长阶段分析

成长阶段分析应重点分析组织处于成长阶段模型的哪一个阶段,然后有针对性地制定企业发展战略。哈佛大学教授拉瑞·葛雷纳提出了五阶段模型,将企业的成长发展分为创业阶段、集体化阶段、规范化阶段、精细化阶段、合作阶段。在不同的阶段,高层管理的风格、组织结构、企业管理的重点、控制体系和管理人员的报酬重点也有所不同。

(二) 纵向历史分析

纵向历史分析主要涉及人力资源的取得成本、使用成本、开发成本和离职成本的历史分析等。据此了解企业成本构成中人工成本所占的比例，预测人力资源成本的发展趋势。

（三）横向比较分析

横向比较分析主要是将企业现行的经营战略和目标、企业文化、企业规章制度、人力资源状况、财务状况、企业研发能力、设备状况、产品的市场竞争地位、市场营销能力等情况与行业平均水平做比较，发现企业在行业中的相对优势和劣势。

三、员工需求分析

（一）福利计划

一个有效的福利计划具有以下优点：能够吸引和留住人才；可以激励员工、提高员工的满意度并以此提高员工的工作业绩；为员工提供安全感；在员工和组织之间树立一种合作关系意识；奖励高绩效的员工；提高员工的士气。

（二）激励机制

美国哈佛大学管理学家威廉·詹姆斯研究发现，对于员工激励的不同会导致员工实际工作能力的不同，其中在缺乏激励的一般岗位上，员工仅能发挥其实际工作能力的20%~30%，而那些得到充分激励的员工，其工作潜能可以发挥出80%左右。

（三）培训机会

员工通过教育培训，发掘自己的潜力，提高自己的素质和才能，去从事一些具有挑战性和竞争性的工作，从而得到更多的发展机会，实现自我价值。

（四）管理参与机会

员工参与管理的方式主要有三类：一是咨询，即员工对经营活动提出意见和建议，这是参与管理的低级形式；二是员工直接被纳入管理机构，包括拥有建议权、部分决定权和监督权；三是自主管理，即员工在划定的职权范围内，有较大的自主权和决议权，如建立质量控制小组，工作小组通过举行定期和不定期的分析讨论会，解决设备损坏和维护、浪费等质量控制问题。

（五）企业文化

优秀的企业文化会给企业员工带来和谐、富有激情的工作环境，有助于激发员工的创造热情，促使员工专心提高自己的工作能力和素质，达到个人行为与企业目标的统一。

第三节 企业规划内人力资源的最佳配置

一、人力资源供求平衡分析的步骤

人力资源供求平衡分析主要有五个步骤,包括收集资料、人力资源存量诊断、人力资源需求动态预测、人力资源供给动态预测、人力资源供需动态综合平衡。

(一) 收集资料

调查分析阶段的主要任务就是广泛收集组织内外部的各种有关信息并进行分析整理,为后续阶段确定实务方法做准备。

(二) 人力资源存量诊断

除了分析组织现有的人力资源的数量、质量、类型、年龄外,还要研究员工的需求变化、工作情绪等情况。

(三) 人力资源需求动态预测

在分析所收集的人力资源信息的基础上,采用定性与定量相结合、以定量为基础的各种统计方法和预测模型,对组织未来的人力资源状况进行预测。

(四) 人力资源供给动态预测

针对组织人力资源动态需求,对人力资源市场的人员供给数量和质量进行动态预测。

(五) 人力资源供需动态综合平衡

将组织人力资源需求的预测数与在同期内组织本身可供给的人力资源预测数进行对比分析,计算出各类人员的净需求。净需求如果是正的,则表明组织有人员缺口,需要通过招聘、组织内部晋升、调配等方式进行补充;净需求如果是负的,则表明组织人员过剩,需要采取裁员、缩短劳动时间等方式进行精简。不同的供需预测结果,需要制定不同的人力资源总体规划以及相应的业务计划。

二、人力资源存量诊断

(一) 人力资源存量诊断的内容

人力资源存量诊断项目是从人员数量、类型、年龄和素质四个维度对组织内部的人力资源状况进行诊断。(1) 人力资源数量诊断，即现有的人力资源数量是否与企业各部分的业务量吻合，或者说，现有的人力资源配置是否最佳。(2) 人员类型诊断，通过对组织技术人员、管理人员和业务人员数量及占比的分析，了解是否存在某类人员配置不足或过剩的问题。(3) 年龄结构诊断，包括组织成员总体年龄结构分析和个体年龄与其职业发展阶段的分析。(4) 素质诊断，即针对组织员工的心理健康、思想素质、技能水平的分析。

(二) 人力资源存量诊断的方法

人力资源存量诊断实际上是一个人员编制再确定的过程，并且与工作分析、编制确定甚至组织结构调整有紧密联系，还内含了业务流程分析、人岗素质匹配和冗员分析的内容。具体分析方法包括岗位职责分析法、动作研究法、绩效记录分析法等。

1. 岗位职责分析法

岗位职责分析法针对具体的岗位，以工作职责描述和工作规范为基础，按照公司总业务量计算不同岗位各自工作的内容，按发生频率、处理时间等进行调查。在此基础上计算各类岗位的实际工作量，确定需要人员的数量和素质，并且对当前在岗人员的工作饱和度作出具体的判断。在进行工作分析时，工作量的计算一般以月为单位，发生频率按年、月、日分别做记录。

岗位职责分析法的优点是适用面广，即使是较难确定工作饱和度的管理性职位也能够适用。但是岗位职责分析法在实际应用中也会产生如下问题：岗位工作名实不匹配，岗位职责出现调整，职责交叉和衔接部分难以确定工作强度等，并且员工普遍存在夸大自身职责和工作强度的倾向。以上因素会影响实际诊断效果。

2. 动作研究法

动作研究法是在工作地点测量员工做某项工作或某一操作单元所需的时间，较适合于操作型工种，并且需要分析者具备较强的专业能力，实际操作非常耗时，应精选典型的、工作强度大的作业进行分析。动作研究法需要对员工的工作技能、努力程度及工作环境等因素进行评价，同时还需考虑员工的私事、疲劳和延误等情况，从而求出此项工作在正常的技能、努力程度与工作环境等状况下完成的标准时间，然后以此计算标准的人员数量。

3. 绩效记录分析法

绩效记录分析法是记录员工在1~2个月内，每人每日工作的名称、工作时间和工作量。根据记录可以客观了解到某项业务的实际耗时性和工作难度，并且能够提供全面和权威的数量依据。进而依据分析结果设定工作定额和绩效考评标准，确定人员编制。这种方法在实际操作中耗时较久，必须系统展开。此方法不适用于非操作性工作，主要是界定工作结果较为困难，从而导致实际效果较难保证。

实际操作中，要根据具体分析诊断对象来选用相关的分析方法。一是因为不同的方法针对不同的岗位的效用不同；二是诊断过程汇总需要采用多种方法，有利于相互印证和勾稽核对，从而保证信息的真实性和权威性。

三、人力资源需求动态预测方法

（一）零基预测法

零基预测法是一种不断优化调整的人力资源需求动态预测模式。实质上是假定推翻之前的一切，在新的组织战略的基础上制定全新的人力资源规划，现有人员规模、质量结构等都只是作为参考。最后的结果可能是公司规模没有大的变化，但是其内部的组织结构、职责分配和人员素质要求会有大幅度的调整和提升，这种方法的工作量较大。

（二）德尔菲法

德尔菲法也称为专家评估法。首先，确定专家组，并将所需预测的内容编写成若干个简明扼要的问题，以问卷的形式列出；其次，将问卷寄给所选定的专家，请专家在背对背、相互独立的方式下完成答卷；再次，归纳分析专家的意见，并将结果反馈给每位专家，请他们修改自己的答卷，再将修改后的意见寄回；最后，经过3~4次修改，在最后一轮统计资料的基础上，得出所要的结果。德尔菲法的难点在于提出的问题必须精确恰当，专家的回答要有基本的信度和效度。

（三）微观集成法

微观集成法是组织的各个部门根据本部门需要预测将来某时期内对各种人员的需求量，上级再综合各部门的预测形成总体的预测方案。它适用于短期预测和组织的生产或服务比较稳定的情况，并且往往需要上级的把关和修正。

（四）趋势预测法

趋势预测法是根据过去的人事记录，找出过去若干年员工数量的变动趋势，从而预测未来的人员需求。这种方法比较简单，易于操作。但实际上影响人力资源需求的因素是不断变化的，如果仍然采用原有的趋势进行预测，往往难以保证结果的正确性。

（五）劳动定额法

劳动定额是对员工在单位时间内应完成工作量的规定。在已知组织计划任务总量并制定了科学合理的劳动定额的基础上，运用劳动定额法能较准确地预测人力资源需求量。其公式为：

人力资源需求量=计划期内任务总量÷［企业现行定额×（1+由企业技术进步引起的劳动生产率提高系数+由经验积累导致的生产率提高系数−由于年龄增大及某些社会因素引起的生产率降低系数）］

（六）回归分析法

回归分析法首先要找出对组织中员工的数量和构成影响最大的一种因素，如产量、销售额等，然后再分析过去几年组织员工随着这种因素变化的趋势，再根据这种趋势对未来组织员工的需求进行预测。

（七）计算机模拟法

计算机模拟法是指在计算机中运用数学模型，按描述法中假定的几种情况对人力资源需求进行模拟测试，并通过这种模拟测试确定人力资源需求预测方案的方法。当然，也可以使用这种方法对某一种情况的几种备选方案进行模拟测试。由于各种组织的规模和所处环境不尽一致，需求预测方法也有差异。

四、人力资源供给动态预测方法

（一）组织内部人力资源供给预测方法

1. 技能清单法

技能清单是记录员工的教育水平、培训背景、以往的经历、技能特长以及主管的评价等一系列信息的资料，是一张反映员工工作能力和竞争力的表格。人力资源规划人员可以依据技能清单的内容来预测有哪些员工可以补充可能出现的空缺岗位，从而保证每个岗位都有合适的员工。由于员工的工作兴趣、发展目标、绩效水平是不断变化的，因此，在首次收集资料的基础上，应每年进行更新和补充。

2. 员工替换法

员工替换法是通过职位置换图来预测组织内部人力资源需求的一种简单而有效的方法。职位置换图以员工目前的绩效水平为依据，显示组织中潜在的职位空缺和可能出现的替换。

潜在的空缺源于两种情况，一种是当员工绩效十分优秀时，将会被提升到更高的岗位；另一种是当员工绩效降低时，有可能被调离现任岗位甚至被辞退。空出的岗位将由职位候选人替代。如图3-1所示，在人事副经理这一职位上，K. Gonznlez工作绩效突出，有提升可能，其职位便存在潜在的空缺，将由C. Huscr和S. French两位候选人通过进一步的培训，选取其中绩效优秀者进行补充。通过职位置换图，可以清楚地看到组织内各岗位的空缺及员工候补的情况，为组织内部人力资源供给预测提供了依据。

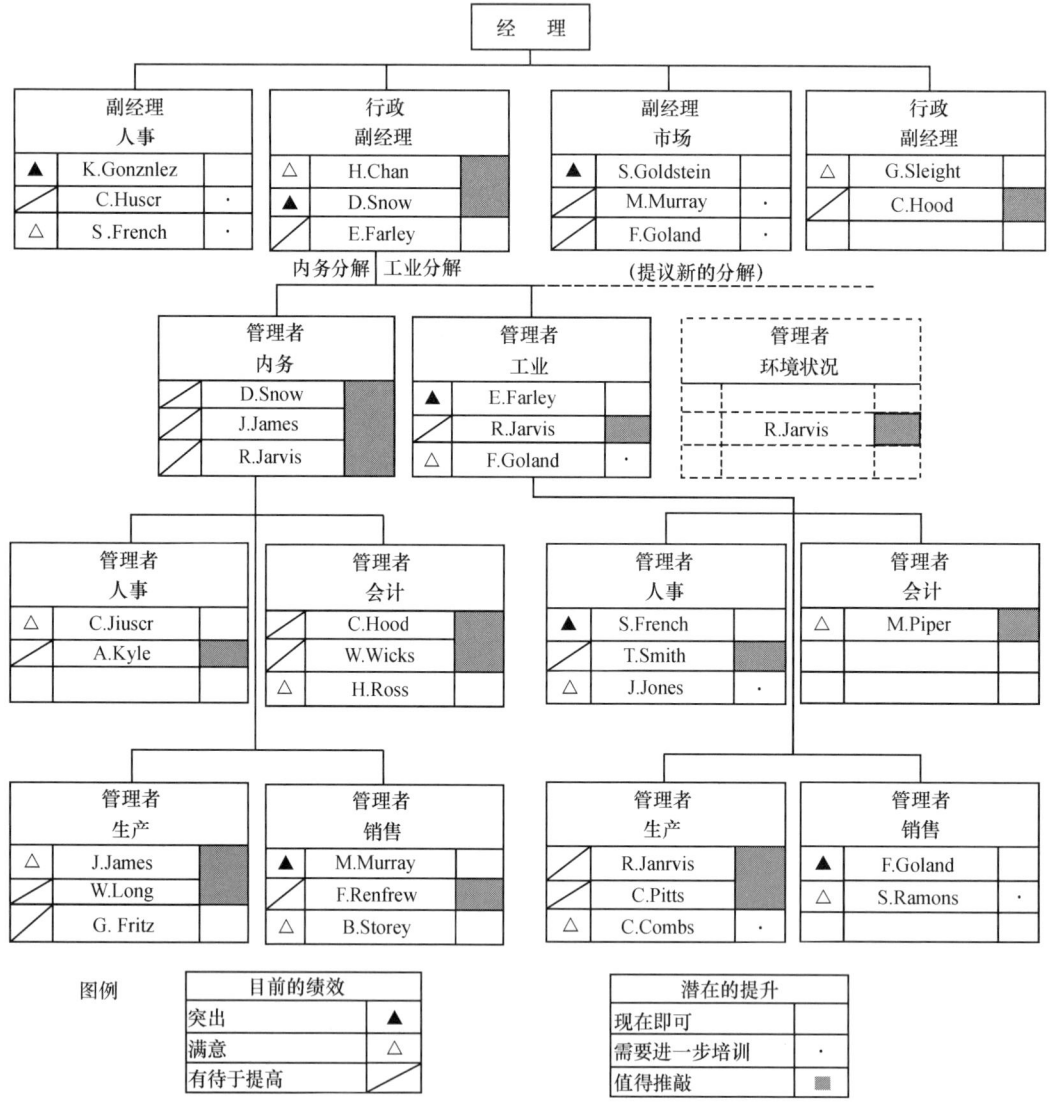

图 3-1 职位置换图

资料来源：DESSLER G. Human resource management [M]. 北京：清华大学出版社，1998：125.

3. 马尔可夫转换矩阵法

马尔可夫转换矩阵法的假定前提是组织内部员工的流动模式与流动概率有一定规律，且该规律在规划期内不会发生变化。因此，可以找出过去员工流动的规律，并以此来推测组织员工未来的变动趋势。

下面以某组织的员工变动为例加以说明。

表3-1中，该组织的工作级别分为A~F，其中A为最高级别，F为最低级别，表中的每一个元素表示从一个时期到另一个时期（如从某一年到下一年），从某个岗位转移到另一个岗位的人数比例（以小数表示）。例如，第一行表示在任何一年内，90%的A岗位员工仍留在A岗位，而有10%的员工离开该组织；第二行表示在任何一年内，10%的B岗位员工晋升到A岗位，75%的B岗位员工仍留在原岗位，另有15%的员工离职；以此类推。

表3-1　　　　　　　　　马尔可夫分析矩阵（A）

工作级别	人员流动的概率						
	A	B	C	D	E	F	离职
A	0.90						0.10
B	0.10	0.75					0.15
C		0.15	0.65				0.20
D			0.15	0.70	0.05		0.10
E				0.20	0.65	0.05	0.10
F					0.15	0.65	0.20

通过各岗位员工流动的概率和规划初期每个岗位员工的数量，就可以预测出组织未来员工的供给量。将规划初期每个岗位员工的数量与相应的员工变动概率相乘，然后纵向相加，即可得到组织内部员工的净供给量。表3-2中，可以预测下一年A岗位供给量为22人，B岗位供给量为42人，C岗位供给量为70人，D岗位供给量为116人，E岗位供给量为140人，F岗位供给量为138人。

表3-2　　　　　　　　　马尔可夫分析矩阵（B）

工作级别	原有工作人数	A	B	C	D	E	F	离职
A	20	18						2
B	40	4	30					6

续表

工作级别	原有工作人数	A	B	C	D	E	F	离职
C	80		12	52				16
D	120			18	84	6		12
E	160				32	104	8	16
F	200					30	130	40
预测的员工供给量		22	42	70	116	140	138	92

（二）组织外部人力资源供给预测方法

当组织内部员工的晋升或替换等流动方式不足以弥补岗位空缺的时候，就需要从组织外招聘和录用新员工，以补充或扩充组织的员工队伍。对组织外部人力资源的供给预测，要结合宏观形势、专业人员供给和地区人员供给三个方面综合进行。其中宏观形势主要是全国人力资源的供给状况，包括各类学校应届毕业生、退伍转业军人、失业人员的比重及分布等；专业人员供给主要是指本行业人员的供给状况，尤其是某些特殊技能人员的供给情况；地区人员供给主要是组织所在地的人力资源供给情况，包括当地人力资源的数量、质量以及其他结构特征。

五、人力资源供需动态综合平衡

人力资源规划的目的是根据供需预测的情况，调整组织现有人力资源状况，实现组织员工的供需平衡。组织人力资源供需预测中，员工供需平衡的情况是暂时的，在一般情况下，人力资源的供需总是处于失衡状态，表现为：第一，人力资源供给大于需求；第二，人力资源供给小于需求；第三，人力资源供需结构失衡。组织需根据不同情况，编制相应的人力资源规划。

（一）人力资源供给大于需求

组织人力资源供给大于需求，出现员工过剩时，一般应采取以下措施。

（1）限制雇用。当组织内部出现职位空缺时，一般不再对外雇用新员工，而是采用转岗等方式进行补充。只有在组织的整体工作可能受到影响时，才录用新员工。

（2）解雇员工。这是解决组织员工过剩的最直接的方法，尤其是对那些工作态度差、劳动技能低的员工，可实行永久性的辞退。

（3）提前退休。通过制定一些政策措施，如给予上涨一级到二级工资等，吸引那些工作年限满足要求、接近退休年龄的员工提前退休。

（4）减少员工工作时间。特别是那些采用计时工资制的员工，减少其工作时间，并随之降低其工资水平，是解决组织临时性人力资源过剩的有效方式。

（5）加强培训。提高员工的素质和生产技能，增强员工再就业能力，同时也为组织发展储备人才。

更为治本的方法是通过扩大业务量、提高组织经营业绩等方式以增加新职位，力求供需平衡。

（二）人力资源供给小于需求

组织人力资源供给小于需求，出现员工短缺时，一般应采取以下措施。

（1）根据组织的具体情况，面向社会招聘所需人员，可以聘用一些正式员工，或是兼职人员。

（2）对一些高级管理岗位或技术岗位的空缺，可以采取对组织内员工培训晋升的方式，选拔优秀员工进行补充；对一些技术含量不太高的岗位空缺，可以对处于相对富余状态的员工进行简单的岗前培训并调配补缺。

（3）在不违背法律法规有关规定，且组织员工愿意的情况下，可以适当延长员工的工作时间，并给予相应报酬，以应对人力资源的短期不足。

（4）对组织现有员工进行技能培训，使其不仅能适应当前的工作，还能适应更高要求的工作，为职务的升迁做好准备。

（5）制订有效的激励计划，调动员工的生产积极性，提高劳动生产率，降低对人力资源的数量需求。

（三）人力资源供需结构失衡

员工供需结构失衡的表现为组织中有些部门或岗位出现员工过剩，而另一些部门或岗位存在员工短缺，在这种情况下，可以对过剩员工进行一定的上岗培训，使他们转移到员工不足的岗位上，以实现供需平衡。

总之，组织人力资源的供需平衡，不仅要使员工在需求和供给的总量上保持平衡，更重要的是要使员工在质量、层次、类别等供需结构上实现平衡。因此，应通过员工培训、绩效激励等方式，最大限度地开发利用人力资源的潜力，实现人力资源的最佳配置，使组织和员工的需要在互动中得到充分满足。

案例分析

A公司渡过发展困境的"秘诀"

近年来A公司陷入一个困境：人员空缺，特别是经理层次人员的空缺。对此，该公司进行了人力资源规划。公司具体的举措是，首先由四名人事部的管理人员负责收集和分析目前公司对生产部、市场部、销售部、人事部等四个职能部门的管理人员和专业人员的需求情况，并估计预测年度内各职能部门可能出现的关键职位空缺数量。

A公司将这个结果作为公司人力资源规划的基础，同时也作为直线管理人员制定行动方案的基础。但是在这四个职能部门里，由于涉及不同的部门，需要各部门的通力合作，所以制定和实施行动方案的过程比较复杂。例如，生产部经理为制定将本部门B员工的工作轮换到市场与销售部的方案，需要市场与销售部提供合适的岗位，人事部做好相应的人事服务，如财务结算、资金调拨等。职能部门制定和实施行动方案过程的复杂性给人事部门进行人力资源规划增添了难度，将直接影响到预测结果的准确性。

A公司的四名人事管理人员克服种种困难，对经理层的管理人员的职位空缺作出了预测，制定了详细的人力资源规划，使得该层次上的人员空缺减少了50%，跨地区的人员调动也大大减少。另外，从内部选拔工作任职者的时间也减少了50%，并且保证了人选的质量，大大降低了合格人员的漏选率，节约了企业的人力成本。

资料来源：网上资料收集整理。

讨论题：A公司渡过公司危机主要的原因是什么？

深度阅读

1. 赵曙明. 人力资源战略与规划 [M]. 3版. 北京：中国人民大学出版社，2012.

该书尝试将人力资源战略与人力资源规划联系起来，从人力资源环境分析、制定人力资源战略、进行人力资源供给和需求预测、制定人力资源规划方案，以及人力资源战略与规划的评价和控制等方面，构建一个统一的人力资源战略与规划体系。

2. 侯光明. 人力资源战略与规划 [M]. 北京：科学出版社，2009.

该书将人力资源战略与人力资源规划紧密联系起来，构建知识体系和管理体系相结合的人力资源战略与规划新体系，内容架构包括三个层次，即引领人力资源战略与规划的企业战略、人力资源战略与规划的分析制定、人力资源战略与规划的实施控制。该书强调理论联系实际，坚持以实际操作应用为导向，重视实战环节，突出中国特色和实践特点，并特别策划了"中国企业的人力资源战略与规划"和"综合案例研讨"等内容。

本章小结

战略性人力资源规划是企业战略制定和实施的关键和保障，战略性人力资源规划以企业战略为依据，同时又影响着企业战略的制定和执行。

与人力资源战略相关的外部环境主要包括：政治法律环境、经济环境、劳动力市场环境、科学技术环境、社会文化环境因素等。企业内部环境分析的方法多种多样，如成长阶段分析、纵向历史分析、横向比较分析。了解员工需要也是战略性人力资源规划的一项重要内容。

对人力资源供求平衡进行诊断和综合平衡的程序包括收集资料、人力资源存量诊断、人力资源需求动态预测、人力资源供给动态预测、人力资源供需动态综合平衡五个阶段，最后应当形成具体而系统的人力资源规划体系。

重要概念

战略性人力资源规划　人力资源外部环境　人力资源内部环境　岗位职责分析法　动作研究法　绩效记录分析法　零基预测法　德尔菲法　微观集成法　趋势预测法　劳动定额法　回归分析法　计算机模拟法　马尔可夫转换矩阵法

复习思考题

1. 什么是战略性人力资源规划？它与人力资源战略之间有何关联？
2. 如何进行人力资源环境分析？环境因素如何影响战略性人力资源规划？
3. 如何进行组织调整和设计？需要考量哪些因素？
4. 如何运用岗位职责分析法进行人力资源存量诊断？
5. 如何运用零基预测法进行人力资源需求动态预测？零基预测法有何战略意义？
6. 试结合我国企业的人力资源现状，讨论如何通过制定战略性人力资源规划来提高企业的竞争力。
7. 运用本章理论分析我国公共部门人力资源状况，探讨提升公共部门效率的人力资源规划要点。

第四章 工作分析与职位评价

第一节 工作分析概述

一、工作分析的内涵及相关术语

（一）工作分析的内涵

工作分析又称职位分析、职位说明，是指通过一系列的程序和方法，收集有关工作岗位的工作性质、任务、职责以及完成工作所需的知识和技能的过程。其目的是解决六个重要问题。第一，工作的完成需要什么样的体力和脑力活动？第二，工作将在什么时候完成？第三，工作将在哪里完成？第四，员工如何完成此项工作？第五，为什么要完成此项工作？第六，完成此项工作需要哪些条件？

（二）工作分析的相关术语

1. 要素

要素是工作活动中不方便再继续分解的最小单位，是工作流程中不能再分解的最小动作。例如，电焊工焊材料之前从工具箱中拿出器具、开动机器、取出工具，速记人员正确书写的各种速记符号等。

2. 任务

任务是达成某一特殊目的所从事的一系列具体活动，它可以由一个或多个工作要素组成。例如，员工加工零件、将数据录入计算机、打字员打印文件，员工将物料运输到指定地点等。

3. 职责

职责是指特定的工作岗位所承担的某些工作任务的集合。例如，市场调查员的职责包括设计市场调查问卷、发放调查问卷、对调查问卷进行必要的解释和说明、回收调查问卷、对调查问卷进行汇总整理、撰写调查报告等多项任务。

4. 岗位

岗位是指组织中特定人员所承担的一项或多项职责的集合。一般来说，岗位和工作人员是一一对应的，即组织中的每个员工都有其相应的岗位，如主任、助理、秘书。

5. 工作

工作是一组主要职责相近的岗位的总称。在组织中一般是由若干个员工从事同一项工作。

6. 职业

职业是指个人在社会中所从事的作为主要生活来源的某种工作。工作和职业的主要区别在于其范围不同，前者范围较窄，一般限于某一组织内部，而后者是跨组织、跨行业、跨部门的，如律师、医生、教师等。

二、工作分析的功能

（一）工作分析是人力资源规划的基础

在企业发展过程中，企业内部环境和外部环境的变化、组织战略目标的调整等必然会引起组织结构、业务和人员数量的变化，为了保证企业有充足的工作人员来完成企业的任务，必须通过工作分析进行人力资源规划，以预测企业未来人力资源的需求以及供给状况。

（二）工作分析对员工的招聘具有指导作用

工作分析可以确定组织空缺职位所需承担的工作任务，进而确定所需招聘员工的选拔标准和测评方法，为组织招聘新员工提供客观依据，避免经验主义和录用中的盲目性，从而使甄选录用工作科学化、规范化和正规化。

（三）工作分析使员工培训更为有效

工作分析为员工的培训需求提供了可靠的依据，按照不同岗位的工作任务、工作能力和工作技能的要求设计培训内容和培训方法，使培训更具针对性，从而提高员工培训的效果。

（四）工作分析为员工绩效考评提供客观依据

工作分析可以提供各个工作岗位的工作任务、工作职责以及任职资格等相关信息，这些信息为企业科学地确定绩效考评的主体、指标体系和考评标准提供了客观的依据。

（五）工作分析有助于实现公平的薪酬体系

工作分析能从劳动责任、劳动技能、劳动强度、劳动环境等方面对各工作岗位的相对价值进行评价和确定，以此为依据制定的薪酬体系容易实现组织内部和组织之间薪酬的相对公平。

（六）工作分析有利于劳动关系的和谐

通过工作分析不断优化企业的组织结构和业务流程，对各类岗位进行工作设计和再设计，以改善员工工作的内部、外部环境和条件，逐步减轻员工的体力和脑力消耗，有利于提高员工的工作满意度，形成和谐的劳动关系。

第二节 工作分析流程和方法

一、工作分析信息的收集、处理与应用

（一）工作分析信息的收集

1. 工作分析信息的内容——6W2H

闫彩琴、秦书华在《如何做好职务分析》一文中提出了八个要素（6W2H）的工作分析方式，即做什么（What）、为什么做（Why）、谁来做（Who）、何时做（When）、在哪里做（Where）、为谁做（Whom）、如何做（How）、做的费用（How much）。

（1）做什么是指所从事的工作活动，即本职工作和工作内容是什么，应当负什么责任。

（2）为什么做是指任职者的工作意义所在，也就是该项工作在整个组织中的作用，工作在组织中与其他工作之间的联系与互相影响的关系。

（3）谁来做是指对从事该项工作的人员的要求，主要包括人员的学历及文化程度、知识技能要求、经验要求、职业素质要求、个性特征要求等。

（4）何时做是指该项工作活动进行的时间要求，主要包括工作时间安排是否固定、工作活动的开展频度区分等。

（5）在哪里做是指工作进行的地点、环境，主要包括工作的自然环境、社会环境、心理环境等。

（6）为谁做是指工作的对象，即与其他职位发生的关系及相互的影响，主要包括工作的请示汇报对象、信息提供对象或工作结果提交对象、监控与指挥对象。

（7）如何做是指任职者从事工作的程序、流程与规范，包括涉及的工具与机器设备、文件记录、关键控制点等。

（8）做的费用是指任职者在从事工作中需要支付的成本、费用与报酬等。

2. 工作分析信息的收集方法

（1）观察法。观察法一般由有经验的工作分析人员通过对员工工作状态直接观察的方法，记录某一时期内工作的内容、方法与形式，并在此基础上分析、比较、汇总有关的工作要素，以达到提取有效工作信息的目的。

观察法主要用于大量的、短时期的、较为简单的、容易观察的、不断重复的工作。由于不同观察对象的工作周期和工作突发性有所不同，所以观察法具体可分为直接观察法、阶段观察法和工作表演法。

（2）问卷调查法。问卷调查法是由工作分析者设计出的一套工作分析的问卷，把要收集的信息以问题的形式提出，由有关工作人员回答填写，再将问卷加以归纳、分析、整理，得到有关工作信息的分析方法。

问卷调查法能快速、高效地从众多员工中获取标准化的工作信息，可用于定量统计分析和为各种人力资源管理目标提供支持。其缺点是工作信息的采集受到问卷设计水平的影响较大，对被调查者的知识水平要求较高。因此，问卷调查法多适用于规模大、职位设置复杂、工作分析结果应用要求高的组织。

（3）工作日志法。工作日志法一般由员工本人自行记录，按照标准格式将自己每天工作的内容与个人感受及时进行记录。主要包括工作活动名称、工作内容、工作职责、工作方法、工作结果及花费时间等。工作日志实例见表4-1。

表4-1　　　　　　　　　　公司员工工作日志实例

工作日志填写说明：
1. 请您在每天工作开始前将工作日志放在手边，按工作活动发生的顺序及时填写，切忌在一天工作结束后一并填写。
2. 要严格按照表格要求填写，不要遗漏那些细节的工作活动，以保证信息的完整性。
3. 请您提供真实的个人信息，以免损害您的利益。
4. 请您注意保留，防止遗失。
感谢您的真诚合作！

续表

工作日志

姓名：
年龄：
岗位名称：
所属部门：
直接上级：
从事本业务的时长：
填写日期：自___月___日至___月___日

序号	工作活动名称	工作活动内容	工作活动结果	时间消耗	备注
1	复印	协议文件	4页	6分钟	存档
2	起草公文	贸易代理委托书	8页	1小时14分钟	审批
3	贸易洽谈	玩具出口	1次	40分钟	承办
4	布置工作	对日出口业务	1次	20分钟	指示
5	会议	讨论东欧贸易	1次	1小时30分钟	参与
……	……	……	……	……	……
16	请示	贷款数额	1次	20分钟	报批
17	计算机录入	经营数据	2屏	1小时	承办
18	接待	参观	3人	35分钟	承办

资料来源：李中斌．工作分析理论与实务［M］．2版．大连：东北财经大学出版社，2016：157.
注：工作开始时间8：30，工作结束时间17：30。

工作日志法提供的信息完整详细，且客观性较强，适用于对管理工作或其他随意性大、内容复杂的工作。但是这种方法可能存在一定的记录误差，记录者或多或少会带有自己的主观色彩，因此要求事后对记录分析结果进行必要的检查矫正，可以由工作者的直接上级来实施。

（4）访谈法。访谈法又称面谈法，是通过工作分析者与被访谈人员就工作相关内容进行面对面沟通来获得工作信息的方法。访谈法对工作分析人员的语言表达能力和逻辑思维能力有较高的要求，适合于脑力劳动者，如高层管理人员、设计人员、开发人员等。根据访谈的不同对象，可以分为个别访谈法、群体访谈法和主管人员访谈法。

访谈法的优点在于能相对迅速地收集信息，并为组织提供了一个良好的机会，能够向任职者解释职位分析的必要性，使他们更容易接受工作分析的结果。缺点在于容易受到个人因素的影响，收集到的信息易失真，往往会夸大自己的某些工作职责和难度，且工作成本较高，对访谈主体的要求也较高。

（二）工作分析信息的处理与应用

1. 职位描述

工作分析的结果一般为职位描述，它是以书面的形式描述、整理关于工作是什么以及工作任职者具备的资格。职位描述是工作分析的直接结果展示形式，其并没有一个标准化的格式，但大多数的职位描述主要包括工作识别、工作概要、工作职责与任务、工作环境和工作规范。

（1）工作识别。工作识别是将工作与企业其他工作进行区分的显著标志，包括工作名称、所属部门、工作地点、工作编号、直接上级主管及其他工作识别标志。例如，职位描述编制日期、撰写人、审核人、员工薪酬等级，提供这些特殊的类属信息，以便于企业的管理。

（2）工作概要。工作概要是总体上对工作性质、内容和目的进行的简要描述。工作概要一般陈述工作岗位如何促进组织业务计划的实现，常以动词开头进行描述，并且只需列出工作的主要活动，无须细分工作职责与工作任务。

（3）工作职责与任务。工作职责与任务主要表明任职者所从事的工作在该组织中承担的责任以及所需完成的具体工作内容。与工作概要相比，工作职责与任务提供的是关于工作职责的细节描述。在有些职位描述中，工作职责与任务还可以分开来写，其中工作职责指的是对工作行为结果应当负的责任，而工作任务则是对工作行为的具体描述。

（4）工作环境。工作环境主要指任职者工作的条件，不仅包括自然环境，如工作场所、工作环境的危险性和舒适度、职业病、工作时间，还包括任职者的社会环境和组织形式。

（5）工作规范。工作规范是对任职者应当完成各项工作任务的说明，即应当具备的知识技能要求、体能素质要求、工作经历要求、职业道德要求等。

2. 工作设计

工作设计是指为有效地达到组织目标和满足员工的需要，而对有关的工作内容、工作职能和工作关系进行的设计。工作设计分为两类，一是对企业中新设置的工作岗位进行设计；二是对已经存在的缺乏激励效果的工作进行重新设计，也称为工作再设计。[①] 通常，工作设计的方法有工作专业化、工作轮换、工作扩大化和工作丰富化四种。

（1）工作专业化。工作专业化是一种传统的工作设计方法，也是在流水生产线上应

---

① 付亚和. 工作分析［M］. 上海：复旦大学出版社，2009：70.

用最广泛的方法。它通过动作和时间研究，把工作分解为许多很小的单一化、标准化和专业化的操作内容及操作程序，并对工人进行培训和激励，使工作保持高效率。

（2）工作轮换。工作轮换是定期把员工从一个岗位换到另一个岗位。这样做有四个好处：一是能避免员工日复一日地重复同样的工作，使之保持对工作的兴趣和新鲜感；二是能加强员工对其他部门和岗位的认识和了解，增强组织内部的凝聚力；三是增加员工对自己最终成果的认识，提高自我成就感；四是使员工从原先只能做一项工作的专业人员转变为能做许多工作的多面手，从而具有更强的适应力。

（3）工作扩大化。工作扩大化是指在横向水平上增加工作任务的数目或变化，使工作多样化，但工作的难度和复杂程度并不增加。例如，邮政部门的员工从原来只负责分拣邮件增加到负责将邮件分送到各个邮政部门。工作扩大化在一定程度上可以增加员工的工作满意度，提升工作质量。

（4）工作丰富化。工作丰富化是指纵向扩大工作内容，赋予员工更多的自主权和控制权，从而使员工感觉到工作有意义。工作丰富化与工作扩大化的区别在于，后者是横向扩大工作的范围，而前者是工作的纵向深化。

根据赫茨伯格的双因素理论，能使员工真正满意和产生激励的关键在于激励因素。工作丰富化的核心就是体现激励因素的作用，其基本措施有：重组任务、加大责任、重建员工客户关系、纵向扩权与直接反馈。

3. 流程优化

流程优化是根据工作分析的结果，对原有业务流程中不合理的地方进行重新设计，以及安排企业的整个生产、服务和经营过程，使之合理化。流程优化包括三个方面的内容，即原有业务流程本身的调整、流程的延伸和流程实现方式的转变。

（1）原有业务流程本身的调整。通过对组织原来生产经营过程的各个环节进行全面的调查研究和细致分析，对不合理、不必要的环节进行彻底变革，以设计新的流程。具体可以考虑以下几方面内容：将现在的多项业务或工作组合，合并为一；业务流程的各个步骤按其自然顺序进行；压缩管理层次，给予员工参与决策的权利；为同一种工作流程设置若干种进行方式；工作应当超越组织的界限，在最适当的场所进行；变事后管理为事前管理，尽量减少检查、控制、调整等管理工作。

（2）流程的延伸。流程的特点在于它的完整性。在对流程进行分析和设计时，组织应建立一种思想：业务流程过程中的岗位，处于流程后面的岗位都是前面岗位的客户，而前面岗位都是后面岗位的供应商，他们既是工作盟友，也存在服务与被服务的关系。同时，流程也要延伸到企业外部，如供货商、销售商、客户，因为他们也是价值链的有机构成。流程再造之后，组织的框架被打破，流程延伸至供货商、销售商和客户，企业可以通过这些利益相关者获取有用信息，如市场需求和材料供应等，从而形成利益统一体。

（3）流程实现方式的转变。流程实现方式的转变是现代企业流程设计的一种发展趋势，其实质是流程信息化。迈克尔·哈默认为，信息技术是业务流程再造的必要条件，如果没有信息技术，要谈再造，无异于痴人说梦。信息技术与流程再造之间是一种互动关系，两者有机结合才能产生最佳的效果。流程的信息化有利于实现信息共享，加快流程速度，提高工作的准确性，从而提高整个流程的工作效率。

二、任务分析

（一）任务分析的内涵

任务指的是在工作活动中一组具有特定目标的活动组合。例如，发动汽车、穿衣服、打字等都是任务。任务既可能涉及一些较为复杂的设备使用，也涉及对一些较为简单的书面材料的使用。任务分析指的是在工作分析中，通过目标分解、调查和观察等基本方法，对构成岗位职责的各种任务要素进行归纳与整理，使之系统化的过程。

（二）任务分析的方法

任务分析的基本方法主要有五种。具体采取哪一种方法，应当有评判标准，包括可信度、统一描述标准、全面的分析性指导、行为描述中对个人能动性的控制等。

1. 决策表

决策表主要是对工作活动中的条件与行动对策进行区分，根据不同的条件采取不同的行动对策，并以表格形式展示出来，见表4-2。

表4-2　　　　　　　　　　加油工作的决策分析表

条件	A：需要加油	Y	Y	Y	N	N	Y=条件具备 N=条件不具备
	B：油没加满	N	Y	N	Y	N	
	C：需要擦挡风玻璃	N	N	Y	N	N	
行动对策	对策1：加油	√	2				进行"√"的行动或按号码顺序行动
	对策2：检查油是否加满		3				
	对策3：询问油是否加满		4		√		
	对策4：擦洗			2			
	对策5：收费	√	1	1			
	对策6：无行动					√	

2. 流程图

流程图又称为逻辑树，是以工作流程图的形式来展示工作任务的操作要素与流向，图 4-1 是流程图的一般形式。

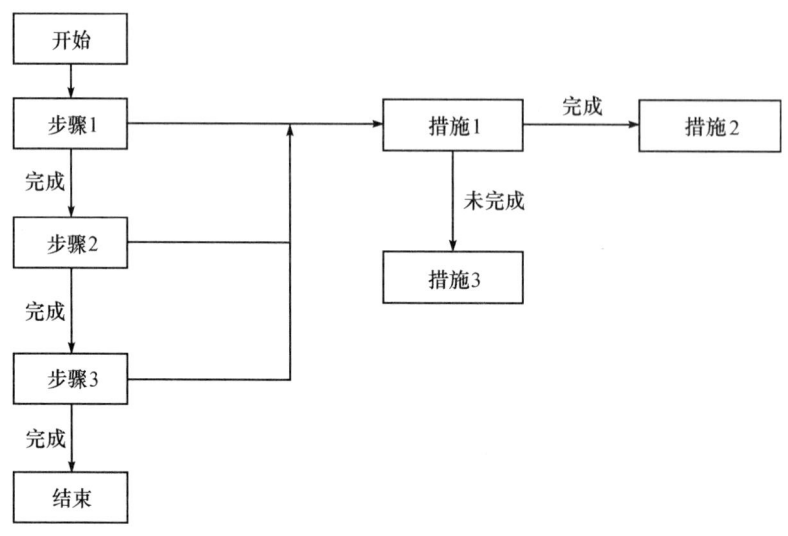

图 4-1　工作流程分析示例图

3. 语句描述

主要通过语言描述工作任务中的要素、关系及其运作要求。语句描述要注意：一是尽量用主动句式，主动句式结构为"行动者—行为—行为目标"；二是一项任务叙述中，只能包含一个行动和一个目标；三是尽量用定量化语句，例如"搬走重量 25～50 kg 的货物"。

4. 时间列

时间列是根据工作时间的长短与顺序来展示整个工作过程中各任务的轻重与关系的形式。表 4-3 是某会议负责人完成工作任务的时间列示例，主要涉及所花费时间和发生次数。

表 4-3　某会议负责人工作任务时间列

任务	花费时间（分钟）	发生次数
打字、复印、装订等	41	5
电话	22	8
寻找档案等	28	5
接受指令等	18	2
发出指令和计划	13	4

续表

任务	花费时间（分钟）	发生次数
处理来信、文件	8	1
帮办事员工作	8	2
找人	7	2
写材料	4	1
迎接参观者	3	1
总计	152	31

5. 任务清单

逐一列出岗位工作活动中的所有任务，让任职者选择并标明前后顺序、重要程度或困难程度等。表4-4是某公司网络信息部经理工作任务清单。

表4-4　　　　　　　　某公司网络信息部经理工作任务清单

某公司网络信息部经理工作任务 （下面所列的是某公司网络信息部经理的职责与任务，请逐一核对，在符合本职任务的项目上画"√"，并说明其重要性）	检查（确认后画"√"）	重要性 （1＝很低；2＝一般；3＝高；4＝很高）
1. 主持拟订公司网络建设规划和年度计划，提出建议提交总裁	√	4
2. 进行信息技术开发方案的可行性分析，并向总裁提交分析报告	√	3
3. 主持召开网络工作会议	√	2
4. 组织安排公司计算机信息网络的建立与推行	√	2
5. 在专业领域内，负责对重大经营活动提出建议，并提交总裁	√	3
6. 审定下属部门年度工作计划，定期向总裁汇报下属部门的工作情况，提交工作报告	√	3

以上五种方法是任务分析中常用的基本方法。其中，决策表和流程图较为适合那些工作任务之间存在顺序或逻辑关系的流水作业岗位，而语句描述、时间列和任务清单适用于那些缺乏顺序或逻辑关系的流水作业岗位。

三、人员分析

（一）人员分析的内涵

人员分析是指对相关工作人员的个性特征进行分析和描述。一般来说，这种描述也是对工作的描述。但由于描述对象是工作人员，为防止与"工作描述"混淆，因此称为人员分析。

(二) 人员分析的内容

人员分析就是寻找成功从事某项工作的个人特征,包括表象的个人特征和潜在的个人特征两个方面,它们共同影响员工的工作绩效。表象的个人特征是指那些比较容易观察和测量的特征,主要为 KSAO,即知识(Knowledge)、技能(Skill)、能力(Ability)和其他与工作有关的个性特征(Others)。潜在的个人特征主要包括工作经历、个性、态度、价值观、兴趣、动机等,如图 4-2 所示。

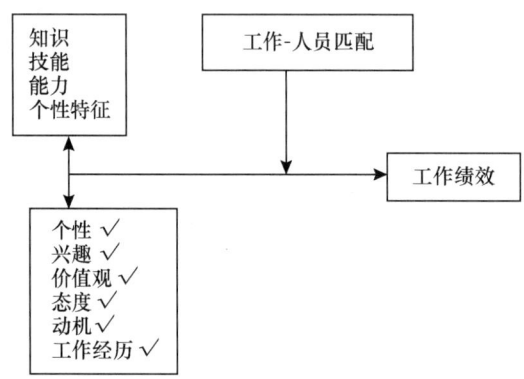

图 4-2 人员分析内容与工作绩效的关系图

(三) 人员分析的方法①

1. DOL 系统

DOL 系统是美国劳工部开发的一个职位定向的分析系统,它将人员分析的内容以工作描述的形式表现出来。标准的工作描述包括工作概况、工作任务、工作的等级量化三个部分。此外,该系统还要对各相关因素进行叙述性说明,提炼出岗位所需的个人特征,主要包括六项:教育与培训、才能、气质、兴趣、身体要求和环境条件。

2. 职位分析调查问卷

职位分析调查问卷(PAQ)是美国普渡大学的研究员麦科米克等研究出的一套量化的工作分析技术,它是一种高度结构化的工作分析问卷,共包括 194 个问项。这些问项被划分为信息输入、智力过程、体力活动、人际关系、工作环境和其他工作特征六个部分,见表 4-5。

---

① 萧鸣政. 工作分析的方法与技术 [M]. 4 版. 北京:中国人民大学出版社,2016:138-157.

表 4-5　　　　　　　　　用于职位分析调查问卷的员工活动类型

类型	工作描述	实例	工作元素项目
信息输入	员工从哪里和怎样获得工作所需的信息	书面材料使用，近距离直接观测	35
智力过程	在完成工作任务的过程中涉及哪些推理、决策、计划以及信息处理活动	解决问题时的推理水平，编码、解码	14
体力活动	员工要进行哪些体力活动，需要使用哪些工具和设备	键盘设备的使用，装配和分解	49
人际关系	在执行任务过程中需要与他人建立什么样的关系	指导，与公众的接触	36
工作环境	工作在什么样的物理环境或社会环境中进行	高温、强辐射，人际冲突情况	19
其他工作特征	除上面的描述以外，与这项工作有关的还有哪些活动、条件或特征	具体的工作速度，工作结构量	41

3. 管理职位描述问卷

管理职位描述问卷由托纳和平托在 1976 年提出，它是为分析管理者的工作而专门设计的高度结构化的问卷，包括与管理责任、约束、要求和其他多方面职位特征有关的 208 个项目。这些项目被分成以下 13 种类型：产品、市场和财务计划；与组织中其他部门及人员的协调；内部事务控制；产品和服务责任；公众和客户关系；高层次的咨询指导；行动自主性；财务计划批准；员工服务；监督；复杂性和压力；重要财务责任；广义的人力资源责任。

4. 临界特质分析系统

临界特质分析系统（TTAS）是完全以个人特质为导向的工作分析系统，其设计目的是提供标准化的信息以辨别人们为基本完成和高效完成某类工作分别至少需要具备哪些品质、特征，这些品质、特征被称为临界特质。罗派兹通过对工作分析资料以及有关特质的资料进行因素分析，得出了工作分为身体特质、智力特质、学识特质、动机特质、社交特质 5 个主要的范畴。在此基础上，麦科米克等人提炼了 12 种工作职能和 33 种特质因素。这些特质力图涵盖从事任何一项工作所需要的所有特质，见表 4-6。

表 4-6　　　　　　　　　　　　　　TTAS 特质表

工作范畴	工作职能	特质因素	描述
身体特质	体力	1. 力量	能举、拉和推较重的物体
		2. 耐力	能长时间持续地耗费体力
	身体活动性	3. 敏捷性	反应迅速、灵巧、协调性好
	感官	4. 视力	视觉和色觉
		5. 听力	能够辨别各种声响
智力特质	感知能力	6. 感觉、知觉	能观察、辨别细微的事物
		7. 注意力	在精力不集中的情况下仍能观察入微
		8. 记忆力	能持久记忆需要的信息
	信息处理的能力	9. 理解力	能理解口头表达或书面表达的各种信息
		10. 解决问题的能力	能演绎和分析各种抽象信息
		11. 创造性	能产生新的想法或开发新的事物
学识特质	数学能力	12. 计算能力	能解决与数学相关的问题
	交流	13. 口头表达能力	口头表达清楚、简练
		14. 书面表达能力	书面表达清楚、简练
	行动力	15. 计划性	能合理安排活动日程
		16. 决策能力	能果断选择行动方案
	信息与技能的应用	17. 专业知识	能处理各种专业信息
		18. 专业技能	能进行一系列复杂的专业活动
动机特质	适应能力	19. 适应变化的能力	能自我调整、适应变化
		20. 适应重复	能忍受重复性的活动
		21. 应对压力的能力	能承担关键性、压力大的任务
		22. 对孤独的适应能力	能独立工作或忍受较少的人际交往
		23. 对恶劣环境的适应能力	能在炎热、严寒或嘈杂的环境下工作
		24. 对危险的适应能力	能在危险的环境下工作
	控制能力	25. 独立性	能在较少的指导下完成工作
		26. 毅力	能坚持一项工作任务直到完成
		27. 主动性	主动工作并能在需要时承担责任
		28. 诚实	遵守常规的道德与规范
		29. 激情	有适当的上进心
社交特质	人际交往	30. 仪表	衣着外貌达到适当的标准
		31. 忍耐力	在紧张的气氛下也能和人和睦相处
		32. 影响力	能影响别人
		33. 合作力	能适应团队作业

资料来源：KESSELMAN G A, LOPEZ F M A. Empirical test of a trait-oriented job analysis technique. Personnel Psychology, 1981 (34): 479-502.

5. 工作要素分析法

工作要素分析法（JEM）是由美国联邦人事管理署开发的一种典型的开放式的人员导向型的工作分析系统。在使用该方法时，首先要成立分析小组，根据某个职位，选定管理者、任职者、个性专家和其他工作分析人员来提供工作素质，再把选定的工作分析者分派到分析小组进行3~4次讨论，对工作素质进行分析和提取。该工作分析系统的目的在于确定对成功完成特定领域的工作有显著作用的行为及此行为的依据。工作要素分析法所关注的工作要素包括知识、技能、能力、愿望、兴趣和个性特点等（见表4-7）。

表4-7　　　　　　　　　　　　　　JEM 工作要素

工作要素	举例
知识	如专业知识的掌握程度、外语水平、知识面的宽窄等
技能	如计算机运用、驾驶技术、叉车操作技术等
能力	如口头表达能力、判断能力、管理能力等
愿望	如承担超负荷工作的意愿、做简单重复工作的意愿等
兴趣	如对学习新技术的兴趣、对新的工作环境的兴趣等
个性特点	如自信、主动性、独立性、外向、内向等

四、工作分析方法的综合运用

（一）工作分析方法是整个人力资源管理的基础

工作分析的目标是为人力资源管理规划、招聘与选拔、绩效评价、培训与开发、薪酬设计及职业生涯规划服务。一般而言，工作分析者在工作实践中并不仅仅使用一种方法，将各种方法结合起来，综合使用效果会更好。例如，在分析生产性工作中，可能将观察法和访谈法结合起来使用，以获得最好的效果。由于工作性质的不断变化，对任职者的知识技能提出了更高的要求。因为，未来工作分析方法的发展趋势是综合考虑影响工作的诸多因素，实现多种方法的有机结合。

（二）注重工作分析方法的适用性

选择工作分析方法时需要考虑的因素众多，主要包括工作分析方法与目的的匹配程度、成本可行性以及该方法对研究情况的适用性。例如，就成本角度而言，问卷调查法的成本最低；就工作情况的适用性而言，职位分析调查问卷最适合分析较高层次的工作。此外，还需要进行工作类型、适用的人力资源领域以及关注点的比较。首先是工作类型的比较。观察法适用于那些工作简单、标准化、重复性的操作类工人以及基层文员；工作日志法和访谈法则适用于各类工作。其次是人力资源管理领域的比较。访谈法适用的人力资源管理领域是职位评价、工作设计、绩效评估与人员流动；观察法适用的人力资源管理领域不仅包括上述领域，还适用于工作描述、工作分类、工作规范和培训开发。最后是关注点的比较。关注点主要包括职能多样性、样本规模、标准化、成本、时间与信度。[①]

第三节 职位评价

一、职位评价的内涵与原则

（一）职位评价的内涵

职位评价是依据职位调查和分析，按照科学、客观、统一的评价标准，从职位的责任大小、工作强度、繁简难易程度、工作环境、任职资格与条件等各个方面，对职位之间的相对价值进行系统衡量、对比和评估的过程。

（二）职位评价的原则

1. 系统原则

系统就是由相互作用和相互依赖的若干既有区别又相互依存的要素构成的具有特定功能的有机整体。其中各个要素也可以构成子系统，而子系统本身又从属于一个更大的系统。系统的本质特征是整体性，职位评价应遵循系统原则，在把某一个职位看作一个单元的同时，又要把它作为整体来看待。

2. 实用性原则

职位评价必须从企业生产和管理的实际出发，选择能促进企业生产和管理工作发展的要素。尤其要选择企业管理基础工作所需要的评价因素，使评价结果能直接应用于企业的管理实践，特别是工资、福利、劳动保护等基础管理工作，以提高职位评价的应用价值。

3. 标准化原则

为了保证评价工作的规范化和评价结果的可比性，提高评价工作的科学性和工作效率，职位评价必须标准化，具体表现在评价指标的统一标准、评价方法的统一规定和数

---

① 李中斌. 工作分析理论与实务 [M]. 大连：东北财经大学出版社，2016：163-169.

据处理的统一程序等方面。

4. 能级对应原则

组织中的各种职位有不同的能级，一个职位能级的大小，是由它在组织中的工作性质、繁简难易、责任大小、任务轻重等因素决定的。同样，组织中的人也有不同的才能。职位评价的目的在于按照人的能力安排工作、岗位和职位，使人尽其才、物尽其用。

二、职位评价的常用指标

（一）影响职位价值的主要因素

影响职位价值的主要因素包括劳动责任、劳动技能、劳动强度、劳动环境和社会心理五大指标。其中，劳动责任是指任职者所承担的责任大小，主要反映任职者的智力付出和心理状态；劳动技能是指职位对任职者技术素质方面的要求，主要反映职位对任职者知识技能要求的程度；劳动强度是指职位对任职者身体的影响，主要反映任职者的体力消耗和生理、心理紧张程度；劳动环境是指职位的劳动卫生状况，主要反映职位工作环境的有害因素对任职者健康的影响程度；社会心理是指任职者在社会中所处的地位以及人与人之间的关系对任职者在心理上的影响程度。

（二）职位评价的五大指标体系

在五大指标的基础上，职位评价指标具体分为24个子指标，见表4-8。

表4-8　　　　　　　　　　　　职位评价五大指标体系

劳动责任	劳动技能	劳动强度	劳动环境	社会心理
质量责任：职位对最终产品的质量承担的责任大小	技术知识要求：职位对知识文化水平和技术等级的要求	体力劳动强度：任职者体力消耗的多少	接触粉尘危害程度	择业心理：职位对任职者择业心理的影响程度
产量责任：职位对最终产品的产量承担的责任大小	操作复杂程度：职位作业复杂程度和掌握操作所需的时间长短	工时利用率：职位净工作时间的长短，它等于净劳动时间与工作日总时间之比	接触高温危害程度	择岗心理：职位对任职者择岗心理的影响程度
管理责任：职位在指导、协调、分配、考评等管理工作上承担的责任大小	看管设备复杂程度：职位生产的产品设备的复杂程度及看管设备所需的经验和技术知识	劳动姿势：任职者工作时的劳动姿势对身体疲劳的影响程度	接触毒物危害程度	职位位置：职位位置对任职者心理的影响程度

续表

劳动责任	劳动技能	劳动强度	劳动环境	社会心理
安全责任：职位对整个生产过程安全承担的责任大小	品种质量难易程度：职位生产的产品品种规格的多少和质量要求的水平，体现对技能水平的要求	劳动紧张程度：任职者在工作过程中生理器官的紧张程度	接触噪声危害程度	—
消耗责任：职位的物质消耗对生产成本影响程度和承担的责任	处理和预防事故复杂程度：职位能迅速处理和预防容易出事故的流程所具备的能力水平	工作班制：职位轮班作业制度对任职者身体的影响程度	其他有害因素危害程度	—
看管责任：职位对看管生产设备承担的责任与对整个生产过程的影响程度	—	—	—	—

三、职位评价的方法和流程

（一）职位评价的五种方法

1. 排序法

排序法又称序列法，是由职位评价者凭借自己的经验，对职位的相对价值以及员工对所在组织的相对贡献大小进行排列。该方法一般对职位的重要性进行比较，而不对职位进行因素划分。该方法的实施步骤是：第一，职位资料和信息的准备工作，如工作关系、职位所需资历、教育水平、知识技能、职位责任、职位权力等，一般以资格说明书和职务说明书为基础；第二，对职位的关键性及重要程度进行分类；第三，选择评价人员，组建工作评价委员会，一般由管理部门和员工双方都认可的人员组成，并且接受专业评价方法的相关培训；第四，制定排序标准，排序标准应保证公正性与公平性，以此来规范评价行为；第五，实施职位评级，对职位进行比较和排序，确定职位评价结果。该方法的主要优点是易操作，无需复杂的量化技术，成本较低，容易理解和应用。

2. 分类法

分类法又称等级描述法，主要是在岗位分析的基础上，事先建立职位等级标准，并给出明确定义，然后将各种职位与设定的标准进行比较，最后将职位确定到各种等级中。分类法的实施步骤为：第一，收集职位有关资料和信息；第二，进行职位分类，建立职位类别体系，一般包括5~15种职位分类；第三，对各种职位类别中的各个级别进行定义;第四,将各种职位与确定的标准进行对比,然后将它们定位在合适的职位类别和级别上。分类法的优点是容易理解和接受,适合工作内容、责任与环境差异较大的职位使用;其缺点是职位类别划分较有难度。

3. 评分法

评分法又称点数法,是在选定职位主要影响因素的基础上,采用一定的分值(点数)表示某一因素,并按事先规定的衡量标准,对现有职位的每个因素逐一评比、估价,求得分值,然后将每项职位因素的分值加总,最后得到各个职位的总分值,并作为评定不同职位相对价值大小的依据。

评分法的具体步骤如下。第一,确定职位评价的主要影响因素,主要是与执行职位工作任务直接相关的重要因素,一般有三大类和四大类两种职位因素分类法。其中,三大类包括个人条件、职位类别和环境、职位责任;四大类包括智能、责任、体能、职位环境。第二,根据职位的性质和特征,确定各职位的具体评价项目。第三,区分各评价因素的不同级别,并赋予一定的分值。第四,根据各个项目在总体中的地位和重要性,设立权重。权重的大小应根据企业的实际情况以及各类职位的性质和特征加以确定。第五,计算总分值,该值为各项目评价点数的加权之和。

评分法的优点在于它是若干评定要素综合平均的结果,并且有较多的专业人员参与评定,大大提高了评定的准确性,容易被人理解和接受;缺点是专业性强、工作量大,在选定评价项目以及给定权重时带有一定的主观性。评分法较适合于生产过程复杂,职位类别多、数目多的大中型企业。

4. 因素比较法

因素比较法是一种量化的工作评价方法,是具有综合排序法和评分法特征的一种混合方法。因素比较法的具体步骤有:第一,选择职位评价因素,这是职位评价的基础,主要包括工作责任、教育水平、工作环境、工作经验等共同因素;第二,确定关键职位,又称基准职位,是指那些在很多组织中普遍存在、工作内容相对稳定的职位;第三,分析基准职位,将每个基准职位的工资或所赋的分值分配到相应的报酬因素上;第四,将需评价的职位按报酬因素分别与基准职位相比较,确定需评价职位在各个评价因素上的分值或工资率;第五,将各职位的工资或工资率汇总并换算成工资额,得到相应的工资水平。

5. 海氏工作评价系统

海氏工作评价系统将评分法和因素比较法结合,是世界著名的薪酬问题咨询公司海氏公司于1984年开发出来的一套工作评价体系。海氏工作评价系统有效地解决了不同职能部门、不同职位之间相对价值的相互比较和量化难题，被企业界广泛接受。海氏工作评价系统把职位的影响因素主要划分为知识技能、解决问题的能力和承担的职务责任三种，每一个因素又被细分成若干子因素，并且这些因素都可以用一个交叉表来表示，这种交叉表能更加细致地从多个角度对薪酬要素进行界定和描述，对职位的评价也更为准确，具体内容见表4-9。

表4-9 海氏工作评价系统的因素

因素	因素解释	子因素	子因素解释
知识技能	工作所需的专门知识和实际应用技能	专业理论知识	有关科学知识、专门技术和实际方法
		管理诀窍	计划、组织、执行、控制、评估的能力与技巧
		人际技能	沟通、协调、激励、培训、关系处理等技能
解决问题的能力	在工作中发现问题、分析诊断问题、提出对策、权衡与评估、做出决策等	思维环境	指定环境对任职者思维所设的限制程度
		思维难度	指解决问题时任职者需要进行创造性思维的程度
承担的职务责任	任职者的行动对工作最终后果可能造成的影响	行动的自由度	指任职者自主做出行动的程度
		对结果的影响	职务对后果的影响是直接的还是间接的
		财务责任	可能造成的经济性后果

在根据海氏工作评价系统对各种职位进行评价时，职位评价者借助工作分析和海氏工作评价系统的指导表，确定每个职位的各个影响因素所应该得到的分数，然后把这三个海氏工作评价因素的分数加总就可得到每个职位的总分数，即职位评价得分=知识技能得分+解决问题的能力得分+承担的职务责任得分。

上述五种职位评价方法，从是否进行量化比较的角度看，排序法和分类法属于将整个职位看作一个整体的非量化评价方法；而评分法、因素比较法和海氏工作评价系统属于按照职位要素进行量化比较的评价方法。从职位评价的比较标准看，排序法和因素比较法属于在不同的职位之间进行比较的职位评价方法；而分类法、评分法和海氏工作评价系统属于将职位同既定的标准进行比较的职位评价方法。

（二）职位评价的流程

1. 职位分类

职位分类是按照工作的性质，将企业的全部职位划分为若干大类、中类和小类。职位类别的多少，应视企业的规模、生产经营特点、产品复杂程度等具体情况而定。

2. 收集职位信息

职位信息既包括职位过去档案中的文字资料，也包括通过工作分析所收集的现实资料，如可以从职位描述中获取相关信息。

3. 成立职位评价小组

职位评价是一个主观判断的过程，只有来自各方面的人员对职位做出尽可能客观的评价，才可能让员工接受职位评价的结果。可由外部专家、人力资源管理人员、劳动卫生人员、环境监测专业人员、各部门的管理人员和员工代表等组成专门评价队伍，并对他们实施有针对性的培训，使之掌握职位评价的基本理论、技术以及具体的实施办法。

4. 选择合适的评价方法

职位评价小组应根据本企业的实际情况，选择适当的职位评价方法，并制订具体的工作计划，确定详细的实施方案。

5. 确定评价标准

在广泛收集资料的基础上，找出与职位有直接关系或与之密切相关的各种主要因素，形成职位评价的具体指标。

6. 试点

在正式推行职位评估前可以先找几个代表性的基准职位进行试点，以便总结经验、发现问题、采取对策、及时纠正。

7. 全面实施

在试点的基础上，分析所存在的问题并加以改进，在整个企业推行全面的职位评价。

案例分析

董事长对小花的工作任务如此安排，小花该何去何从？

背景：东莞某制造电子公司（以下简称 A 公司）是一所已成立十多年，集研发、制造、销售为一体的公司，有职工 200 人左右，且客户群稳定。目前公司人力资源部门的人员配备情况为：1 名经理（大军）、1 名主管（小花）、1 名行政兼 IT、1 名前台、2 名保安、2 名司机、1 名清洁工。其中，经理大军入职 4 个月，主管小花入职 2 个月，大军和小花各管理企业人力资源的 3 个模块，大军另外还要负责行政，以及管理小花。

B 公司是 A 公司的分公司，成立 2 年多，也属于电子行业，但是其模式是研发和销售型科技公司，共有 10 人。A 公司人力资源部兼管 B 公司的人力资源工作，但主要是负责考勤、招聘、购买办公用品等日常工作。

某一天，A 公司总经理即 B 公司的董事长找到小花，表示 B 公司的业务正在扩增，将成为主产业，需要增加研发及销售人才，但是 B 公司制度不健全，所以需要小花多费点心思。小花却认为，之前大军主管 B 公司人力资源部门，自己只要持续推进再做好绩效就可以了。但是，若自己到了 B 公司，不再承担 A 公司职务，那么大军再招一名助理，会增加人工成本；若继续担任 A 公司职务，可能工作量太大，两边的工作也许都不太好做。

小花便提出由大军全权管理 B 公司的建议。但是，董事长当即表示，大军不适合 B 公司，因为 A 公司未来发展可能性较小，而 B 公司却是一棵小树苗，有较大的发展潜力，需要小花多费心管理，并要求小花认真思考，把个人的想法或者计划以邮件的形式发送到董事长邮箱。

次日，小花找到 B 公司总经理，向其陈述了董事长的想法，并询问 B 公司总经理在人事和行政上近一年里需要解决的问题。B 公司总经理提出：（1）配备优秀人才；（2）再给员工增加福利，如周末加班可调休，平时加班提供食品，让他们感受到公司的关怀和需要，从而促使其自发地努力工作；（3）注重企业文化，将公司文化灌输到新入职员工中。

资料来源：萧鸣政. 工作分析的方法与技术［M］. 4 版. 北京：中国人民大学出版社，2016.

讨论题：如何对小花目前的情形进行工作分析？

深度阅读

1. 李中斌. 工作分析理论与实务［M］. 大连：东北财经大学出版社，2016.

该书全面介绍了工作分析发展的历史与发展趋势，工作分析概要和工作设计的内容，阐述了组织分析、岗位分析和工作分析的流程，以及工作分析面临的问题等相关内容，并分别介绍了工作分析方法、工作说明书的编制、公共部门工作分析等相关内容，同时结合案例和实务分析，研究工作分析的应用与相关方法等内容，较为全面系统地介绍工作分析的相关理论与实务。

2. 萧鸣政. 工作分析的方法与技术［M］. 4 版. 北京：中国人民大学出版社，2016.

该书全面介绍了工作分析的基本概念和历史发展，工作分析的具体内容、各种方法的比较和选择，工作分析的组织和实施等。具体阐述了工作分析的基本方法与工具，包括观察分析法、主管人员分析法、访谈分析法、问卷调查分析法与文献资料分析法。在此基础上，介绍了工作分析、人员分析、方法分析，并进行工作分析质量鉴定，通过案例和实务，具体分析工作实践中的问题与对策。

本章小结

工作分析是人力资源管理的重要基础工作，对人力资源规划、招聘、培训、绩效考评、薪酬、劳动关系等都具有重要的意义。

工作信息收集的方法主要有观察法、问卷调查法、工作日志法和访谈法，每种方法各有利弊，工作分析者往往根据实际情况，有针对性地选择一种或几种方法。

工作设计是指为了有效地达到组织目标和满足员工的需要，而对有关的工作内容、工作职能和工作关系进行的设计。工作设计的方法有工作专业化、工作轮换、工作扩大化和工作丰富化四种。

工作分析方法包括任务分析、人员分析两个方面。其中任务分析主要有决策表、流程图、语句描述、时间列和任务清单五种方法；人员分析方法有DOL系统、职位分析调查问卷、管理职位描述问卷、临界特质分析系统、工作要素分析法等。

职位评价是对职位之间的相对价值进行系统衡量、对比和评估的过程。职位评价常使用劳动责任、劳动技能、劳动强度、劳动环境和社会心理五大指标，运用排序法、分类法、评分法、因素比较法和海氏工作评价系统等方法进行评估。

重要概念

工作分析　任务分析　人员分析　职位分析调查问卷　管理职位描述问卷　工作要素分析法　工作识别　工作设计　工作专业化　工作轮换　工作扩大化　工作丰富化　职位评价　海氏工作评价系统

复习思考题

1. 为什么要进行工作分析？它在人力资源管理活动中的功能何在？
2. 工作分析包括哪三个层面？分别有哪些分析方法？
3. 工作分析所收集的信息包括哪些内容？
4. 工作信息的收集方法有哪些？其利弊何在？分别适合于何种工作？
5. 职位评价有哪些方法？各有什么优势和不足？

第五章 招聘与选聘

第一节 招聘与选聘管理体系

一、企业选人用人之道

企业的生命力和基础是人才。凡重用众才之能者必兴,凡善聚众智之光者必明。善用人才是企业走向成熟的主要标志,也是一个企业领导人能否将企业"引航前行"的关键。

人才招聘的基本原则是人事匹配。对于事的要求是知识条件、技能资格、态度要求与发展前景四项。根据人适其岗的原则,对于人的要求也有四项:专业知识、技术能力、工作态度与个人特质。

人才招聘的方法论为三级分析体系(见图5-1)。首先是结合企业环境特性,即对

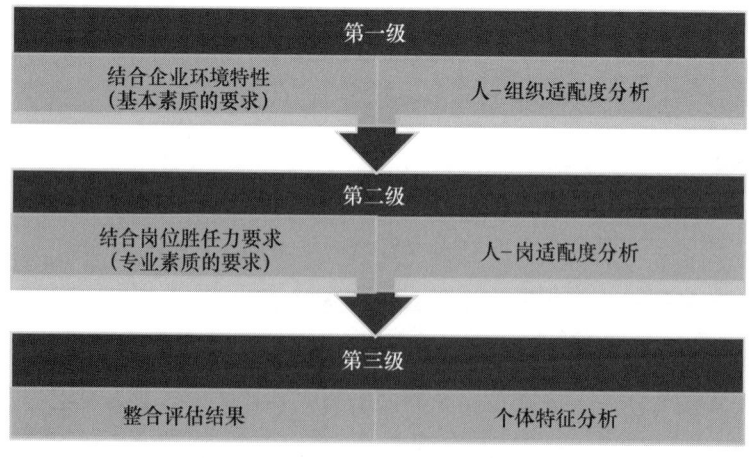

图 5-1　人才招聘的方法体系

基本素质的要求，这是人-组织适配度的第一级分析；其次是结合岗位胜任力要求，即对专业素质的要求，这是人-岗适配度的第二级分析；再次是整合评估结果，这是个体特征的第三级分析。最后根据三级分析结果进行人员录用。

二、招聘与选聘策划方案

招聘与选聘策划方案应包括四个基本要素：招聘目的、招聘原则、招聘需求、招聘形式等。

1. 招聘目的清晰明确

企业招聘与选聘的目的是满足企业发展对人才的需求，解决企业规模不断扩大对人才的迫切需求与人力资源市场中的优秀人才供给不足的供需矛盾，或是解决企业以及各岗位正常替补流动人员引起的职位空缺问题。

2. 招聘原则科学化与民主化

坚持以岗适其人、人适其岗、人岗匹配为宗旨；招聘与选聘过程应坚持公平、公正与公开的原则；招聘与选聘内容从思想品德、知识结构、思维逻辑、专业技能、经验与综合素质等方面进行全面审核以确保为企业推选合适的人才。

3. 招聘需求包括招聘岗位与人数需求

企业要根据发展规划确定企业需要招聘的岗位，以及每个岗位需要的人数。

4. 招聘形式多样化

可以采取招聘广告及宣传栏、网络招聘、校园招聘、现场招聘、猎头招聘、员工介绍等多种形式进行招聘。具体采取何种形式应当根据所招聘岗位而定。

三、招聘与选聘面试设计

1. 招聘面试主要以行为面试的形式展开

行为面试的定义是通过访谈者对应聘者职业生涯中关键事件的行为表现的深度访谈，挖掘应聘者的素质的一种面试方法。其假设前提有两个：（1）一个人过去的行为可能预示其未来的行为；（2）说和做是截然不同的事，即行为描述面试要注意了解应聘者过去的实际表现，而不是某种承诺。

行为性问题的设计需要注意以下五个方面。

（1）引导：来源于要测定的素质能力。

（2）探询：所问的问题没有结果时，一定要追问下去。

（3）总结：总结后追记细节。

（4）直截了当：面对新生代应聘者要直截了当。

（5）避免理性问题和封闭式的问题。

2. 行为面试的设计要遵循 STAR 法则

行为面试的 STAR 法则见表 5-1。

其中，S 是 Situation，指的是情景、背景；T 是 Task，指的是任务、目标；A 是 Action，指的是行动；R 是 Result，指的是结果。

表 5-1　　　　　　　　　　行为面试的 STAR 法则

情景（S） 任务（T）	行动（A）	结果（R）
在……情境下 你需要…… 周围的情况如何…… 当这种情况发生后，最紧急时机是什么……	你当时对情况有何反应，具体是怎么做的？ 描述你在这件事中的具体角色？ 你当时首先做了什么？在处理整个事件时采取了怎样的具体步骤？	事件的结果如何？ 结果是怎样产生的？ 你得到什么样的反馈？ 事后你有什么感想？

四、招聘与选聘的操作方法及技巧

员工招聘是根据组织的具体需要，发布招聘信息，通过各种途径寻找满足空缺岗位所需人员的过程。员工招聘的目的是形成一个候选人的蓄水池，为组织挑选合适员工提供充足的备选对象。一个完整的员工招聘流程应该包括以下五个步骤（见图 5-2）。

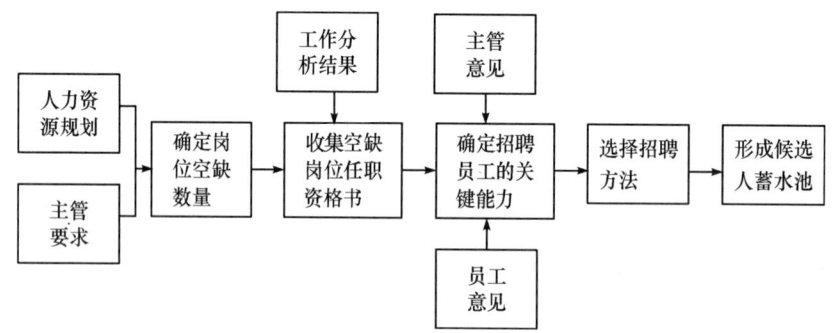

图 5-2　人员招聘流程图

第一步，根据组织人力资源规划和各部门主管的具体要求确定组织岗位空缺数量。

第二步，根据工作分析结果收集空缺岗位任职资格书。

第三步，结合任职资格书、主管意见和员工意见，设计该岗位员工应具备的关键能力。

第四步，分析影响招聘的因素，确定具体的招聘方法。

第五步，吸引应聘者，形成候选人蓄水池。

（一）内部招聘

1. 内部招聘的方式

内部招聘的对象是组织内部正在任职的员工。当组织出现岗位空缺时，组织通过发布内部公告，向员工通告空缺岗位的情况，主要包括岗位的职责、任务、任职资格、薪酬水平，以及申请该岗位的基本程序，员工根据公告要求自愿申请，成为岗位录用的候选人。

内部招聘的方式包括职位轮换和内部晋升两大类。

（1）职位轮换。职位轮换又称职位平调，通过职位轮换招聘的员工，原有的职务级别不发生变化，只是工作岗位发生改变。

（2）内部晋升。内部晋升是组织中比较重要的岗位出现空缺时，从下级岗位员工中招聘优秀员工填补岗位空缺的过程，是现代组织内部招聘的重要方式。

2. 内部招聘的优缺点

内部招聘是组织选聘员工，尤其是管理岗位员工的重要来源，无论对组织还是对员工本人，内部招聘都具有不可替代的优点。对组织而言，内部招聘的优点表现为：一是可以降低招聘成本，减少通过报纸、电视等媒体发布招聘广告的宣传费用和其他途径搜寻人才的费用；二是有助于人和岗之间的合理配置，组织对自己员工的教育背景、从业经历、个人特长与个性特征比较清楚，能够在职位轮换和晋升中更好地做到人尽其才；三是有利于吸引和留住优秀员工，提高员工对组织的忠诚度，减少流失率。对员工而言，内部招聘的优点表现为：一是职位轮换能帮助员工了解组织的全貌，更好定位自己岗位的作用和职责，有利于工作绩效的提升；二是职位晋升给了员工一个职业发展的通道，有利于个人职业生涯的发展；三是内部员工对本组织文化和工作要求比较了解，有助于其更迅速地熟悉和投入新工作。

内部招聘的不足之处在于：员工在内部招聘中可能会因为操作不公或攀比、猜忌等心理因素导致组织内部矛盾；员工在组织内部的流动需要部门间的协调，一旦协调不力，出现原部门不放人等状况，组织会面临尴尬局面；容易造成"近亲繁殖"现象，不利于组织创新。

（二）外部招聘

当内部招聘不能满足组织需要，或是为了弥补内部招聘的缺点，组织往往会采用外部招聘的形式，通过广告招聘、引荐、网络招聘等方式吸引外部应聘者，填补岗位空缺。

1. 广告招聘

广告招聘是组织通过报纸、杂志、广播电视等各种媒体和现场发放宣传材料发布招用人员广告进行员工招聘的方式，是外部招聘中运用最广泛的一种方式。组织在选择媒体时，应根据自身的需求和行业特点，结合每种媒体承载信息传播的能力和范围的差异进行广告招聘。

2. 引荐

引荐分为自我推荐和他人举荐两种方式。自我推荐是应聘者通过写信给人力资源部或是直接到组织求职的方式。在外部招聘的所有方式中，自我推荐的成本最低。

他人举荐是组织的员工、客户或是合作伙伴推荐人选以填补岗位空缺的方式，其中员工推荐是最主要的形式。为鼓励组织内员工推荐合适人选，一些组织设立内部员工的"荐才"计划，对于成功推荐人才的员工给予一定的奖励。

员工推荐方式成本较低，而且由于举荐人对候选人情况和组织对员工的要求均比较了解，成功率较高。但是，员工推荐容易掺杂人情关系，如果录用后员工绩效不佳，辞退较难。

3. 网络招聘

网络招聘已经成为许多大公司普遍采用的员工招聘方式。网络招聘有多种实现途径，既可以通过组织自己的主页或网站发布招聘信息，也可以通过专业的人才招聘网站和职位搜索引擎向社会发布人才需求信息。网络招聘打破了传统招聘的地域界限，具有涉及面广、更新快、信息量大等优点。网络招聘的缺点是应聘者收到的信息过于繁杂，组织初次筛选的工作量较大。

4. 职业中介机构招聘

职业中介机构是指各种人才交流中心或职业介绍所等，通过这些专业机构推荐的人员来源广，针对性强，录用中不易掺杂人情关系，上岗效果也比较好。职业中介机构介绍的缺点是：由于对应聘者了解不够，不易招到令组织满意的人选，尤其是专业性较强的技术人员一般难以通过职业中介找到；职业中介费用增加了招聘成本。猎头公司是职业中介机构中比较特殊的一种，其招聘的对象多为组织中高层管理人员和高级技术人员。这部分人员往往在管理或专业技能上有着独特之处，是本领域内比较难得的人才，他们投寄应聘材料和参加招聘会的可能性不大，组织很难从公开市场招聘获得。猎头公司作为专业中介机构，长期关注特殊人才，掌握大量特殊人才信息。同时，他们通晓各类组织对特殊人才的需要，能够在组织和个人需求之间进行较好的平衡，招聘的成功率较高。

5. 校园招聘

高校是组织人力资源重要的来源。高校毕业生专业知识的系统性、组织文化上的可塑性和对工作的热情，是现代组织非常关注和需要的素质，校园招聘日益成为各类组织喜欢采用的招聘方式。校园招聘的优点是可以吸引素质较高的年轻应聘者，这类人选进入工作岗位后能较快地熟悉业务，较好地适应组织文化，有利于组织长期人力资源开发。校园招聘的缺点是：应届毕业生缺乏工作经验，公司岗位培训成本较高；一些大学生刚步入社会，对工作期望较高，人员流动性较大。

第二节 人员素质测评指标体系

一、人员素质测评指标体系确立

人员素质测评指标是对应聘者素质特征状态的一种表现形式，是实施素质测评所依据的统一测评标准和准则。一个完整的人员素质测评指标包括测评要素及其测评标志、测评标度。

（一）测评要素及其标志

测评要素是根据测评内容细分形成的测试点，是表征测评对象素质特征的基本单位。测评标志是对测评要素作出优劣、好坏、是非、大小、高低等判断与评论的关键可辨特征，测评标志的表述形式主要有评语短句式、设问提示式和方向指示式三种。评语短句式和设问提示式分别以句子和问题的形式确定了测评的具体标志，方向指示式则只是规定测评要素特征应考察的主要方面，并没有具体规定测评的标志与标度，而是让测评主体自己去把握（见表5-2）。

表5-2　　　　　　　　方向指示式测评标志示例

测评要素	测评标志	测评标度
业务经验	主要从应聘者所从事的业务年限、熟悉程度、有无工作成果等方面进行测评	根据具体情况把握

（二）测评标度

测评标度是揭示测评要素及其标志的程度差异与状态的顺序和刻度，有等级式、量词式和数量式三种。等级式标度是用一些等级顺序明确的字词、字母或数字揭示测评标志状态、水平变化的刻度形式。如"优""良""中""差"等；量词式标度是用一些带有程度差异的形容词、副词、名词等修饰的词组刻画和揭示有关测评标志状态、水平变化与分布的情形，如"多""较多""一般""较少""少"。

二、测评指标体系的设计原则和程序

（一）测评指标体系的设计原则

1. 同质性原则

人员素质测评指标是测评对象特征的标准，这就需要测评指标的内容、标志特征与所测评对象特征保持一致。同质性原则是人员素质测评效度的保证。

2. 针对性原则

在对不同类别应聘者进行功能测评时，测评指标体系中的各项指标应有所不同，要依据各类人员的具体特点来进行指标设计。在设计评价标准时，应首先对各岗位进行工作分析，确定它对人员素质在心理、道德、智力、能力、绩效和体能等方面的基本要求，然后进行调查研究，归纳提炼出评价标准。对于不同类型的人进行测评的指标是不同的，即使有些指标相同，但其内容或权重设置也是不一样的。

3. 完备性原则

完备性指的是处于同一个标准体系中的各种标准相互配合，在总体上能够全面地反映工作岗位所需具备的素质及功能的主要特征，使整个测评对象包含在评价标准体系内容之中。设 O 为测评对象，为测评指标体系中第 i 个指标，那么完备性原则是 $A_i = 0$，即在能够获得应聘者素质结构完备信息的基础上，以尽可能少的指标个数来充分体现测评的目的。

4. 可操作性原则

在进行评价标准设计时，要充分考虑可操作性，评价标准的措辞应当通俗易懂，避免意义含糊不清；测评标准的内容和形式应当尽量简化，突出重点。

5. 独立性原则

独立性原则指设计的评价标准在同一层次上应该相互独立、没有交叉。一般来说，企业经营管理的评价指标体系由多个层次构成，独立性原则要求同一层级上的 A 指标与 B 指标不能存在重叠和因果关系，即 $A \cap B = 0$。

6. 结构性原则

结构性原则要求所设计的测评指标体系要有条件、过程与结果等三个方面的指标。因为人员素质测评系统是一个复杂的系统，测评时只从一个方面进行往往难以奏效。因此在员工素质测评中既要有对所取得效率效果测评的指标，还要有对职责任务完成情况、素质条件测评的指标。

7. 精练性原则

测评指标的设计应尽量简单，把一切不必要的以及不能反映素质测评特点的指标都删除掉。冗杂烦琐的要素往往掺杂着相互重叠的成分，不仅费工耗时，而且会使测评结果重叠，降低测评的有效性。

（二）测评指标体系的设计程序

1. 职务分析

职务分析是对各项职务的性质、任务、责任、环境以及工作人员的条件进行系统分析，亦称工作分析。职务分析主要包括人员和事务两个方面的内容。有关工作人员的分析包括应当具备的职业道德和条件、智能条件和知识水平、工作经验、资历等。有关事务的分析包括工作性质、工作程序、工作服务同相关工作的关系、工作与设备等。通过职务分析，确定职位或岗位对人员的素质要求，以便为指标要素的设计提供依据。因此，职务分析是测评要素设计的起点。在职务分析的基础上可以产生各类人员素质与功能模型。

2. 理论构思

在职务分析的基础上产生的各类人员素质与功能模型，仅是测评要素和要素体系的雏形，还必须从有关学科的意义上进行理论指导，使之具有严密性、简明性、准确性和原则性。

3. 要素调查与评判

在职务分析和理论构思的基础上，对各类人员测评要素体系雏形进行调查或请专家进行评判，使指标体系结构更加完善，更具实用性和操作性。每一个素质测评指标，都必须认真分析研究，界定其内涵与外延，并给以清楚、准确的表述，使测评者、应聘者以及第三方均能明确测评指标的含义。此外，应把内容上有重复的指标删除。同时，根据方便可测性的要求，反复斟酌，用较简便可测的指标去代替看似精确但可测性较差的指标。

4. 预试检验修订

测评要素初步设计出来后，必须同测评标准体系和计量体系相匹配，在小范围内试验，即量表预试。预试后应着重对要素进行分析、论证、检验并不断修订，或增减或合并，进一步充实和完善，最后形成一个客观、准确、可行的测评指标体系，以保证大规模测评的可靠性和有效性。

上述四道程序循序渐进，环环相扣，并各具特有的功能。职务分析是基础环节，理论构思是科学依据，要素调查与评判使指标要素更具合理性与实用性，预试检验修订是实践检验（见图5-3）。

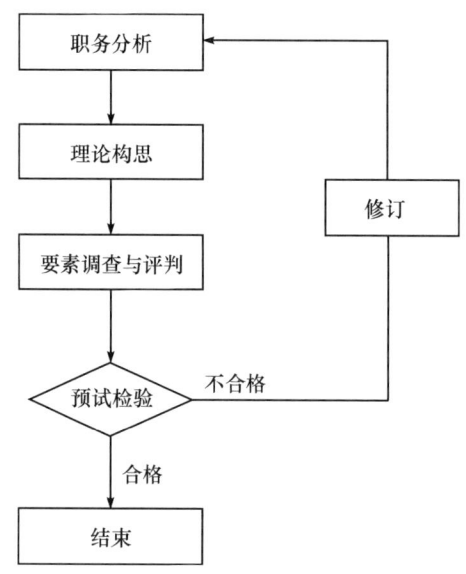

图5-3 指标体系设计与构建程序

三、确定测评要素的基本方法

（一）工作分析法

工作分析法是采用科学的方法收集工作信息，并通过对工作信息的分析与归纳找出主要的工作因素，其实质就是要从对不同人的职业生涯与职业活动的调查入手，顺次分析员工、职务、职位、职责、任务与要素的过程，并由此确定工作的性质要求与任职条件。素质测评标准体系制定中所进行的工作分析，最为重要的是分析从事某一职位工作的员工需要具备哪些素质条件，履行职责与完成工作任务应以什么指标来评价，同时提出各项素质条件与评价指标的权重。

（二）典型人物研究

典型人物研究是以典型人物的工作情境、行为表现、工作绩效为研究对象，通过对他们的系统观察，分析归纳出他们所代表群体的评定要素。例如，在20世纪70年代，美国企业管理协会用5年的时间，对4 000名经理进行研究，从中选出1 812名最成功的经理，发现一个成功的经理人员需要具备以下能力：工作有效性；工作主动性；逻辑思维能力；创造性；判断力；自信心；辅导他人的能力；为人师表；善于使用个人的权力；善于动员群众的力量；利用交谈做工作；人际关系技能；乐观；团体协作性；自制力；果断性；客观性；善于自我批评；勤俭艰苦和具有灵活性。

（三）典型资料研究

典型资料研究是以表现典型的人物或事件的文字材料为研究对象，通过对这些资料的总结、对比和分析，归纳出评定要素。例如，日本人从《孙子兵法》中大将的"五德"提炼出现代企业领导者应具备五种素质：（1）"智"，领导者必须遇事能聪明而有智慧地作出准确无误的判断和及时且合理的决定；（2）"信"，领导者信赖自己的下属并能获得下属的信任；（3）"仁"，体贴爱护下属并时刻把下属的事情挂在心上；（4）"勇"，有勇气，有魄力，处事果断，雷厉风行；（5）"严"，遵守法纪，赏罚分明。

（四）专题访谈法

专题访谈法是研究者通过面对面的谈话等沟通方式直接获取有关信息的研究方法。专题访谈法有个别访谈法和群体访谈法两种。个别访谈轻松、随便、活跃、可快速获取信息；群体访谈以座谈会的形式进行，具有集思广益、团结民主等优点。有机结合两种形式，有助于测评要素的确定。专题访谈法具有简单、易行、研究内容集中，便于迅速取得第一手材料等优点，因而在实践中广泛运用。但谈话法无统一规范，使信息的获取与加工都要受到研究者个人条件的影响。

（五）问卷调查法

问卷调查法就是设计者根据需要，把要调查的内容设计在一张调查表上，写好填表说明和要求，分发给有关人员填写，并收集和征求不同人员意见的一种方法。问卷调查表的设计应简单明了、内容明确、表达正确，让被调查者根据个人的知识与经验，自行进行答案选择。因此，调查的问题应设计得直观、易懂，调查数目不宜过多，应尽可能减少被调查对象的回答时间，以免影响调查表的回收率和调查质量。

（六）经验总结法

经验总结法是通过对实践经验的总结，提炼出规律性的研究方法，包括个人总结法和集体总结法两种。个人总结法是请人事专家或业务骨干回顾自己过去的工作，通过分析最成功或最不成功的人事决策来总结经验，并在此基础上提出测评人员素质的要素目录。集体总结法是请若干人事专家或业务骨干（6~10人）集体回顾过去的工作，分析杰出人才和庸碌之辈的差异，列出长期以来传统测评人员素质的常用指标，并在此基础上提出测评要素。经验总结法不仅可以迅速取得有关测评要素的信息，而且有助于人事专家或组织人事干部的自我发展与自我完善，是一种很有发展前途的方法。

第三节　能力素质为导向的员工招聘

一、能力素质测评与员工绩效

（一）人员素质测评

1. 测评

测评是指测评者依据一定尺度，运用各种测量技术，收集应聘者在主要活动领域中的表征信息，并采用科学的方法，针对测评的目标对应聘者作出量值与价值判断，或者直接从表征信息中引发与推断出某些结论。人员素质测评是指测评主体从组织人力资源管理目的出发，采用特定的测评手段和方法，对应聘者素质进行多方面系统的测量和评价，以求对应聘者有客观、全面、深入的了解，从而为公共部门人力资源开发和管理提供科学的决策依据。人员素质测评按不同的标准有不同的分类，以目的和用途为标准可以将素质测评分为甄选性测评、配置性测评、开发性测评、诊断性测评和考核性测评五大类。

2. 人员甄选性测评

人员甄选性测评的目的是从应聘者中发现和选拔合适的人员以填补岗位空缺。甄选性测评具有以下特点：一是甄选性测评是相对性测评，特别强调测评的区分功能，以便优中择优；二是甄选性测评的标准一经确定便不再改变，测评者按统一的标准要求进行客观评价，确保测评的公正性；三是测评的方法数量化、电子化，使测评过程尽量客观；四是测评的指标有一定选择性，甚至可以是一些表面看上去与测评标准不相干的指标；五是甄选性测评的结果一般采用分数或等级的形式，提供测评结果的区分度。

（二）员工素质与员工绩效

早在20世纪40年代，西方学者在研究绩效时就开始关注人的素质对绩效的影响。1941年，美国学者约翰·弗拉纳根在研究美国飞行员绩效问题时提出，工作分析的主要任务之一就是描述这些工作行为所需要的素质，并于1954年创造了关键事件法，将素质引入绩效研究。1973年，美国著名心理学家戴维·麦克莱兰指出，人的智力因素对其工作的成败并不具有绝对的影响效力，他们之间的关系要视情况而定，采用智力测验的方式预测未来工作的成败是不可靠的，他倡导用素质模型取代智力因素预测未来工作的绩效。美国学者理查德·博亚特兹认为，素质是通过对行为的引导而最终影响绩效的，不同的行为导致不同的结果，并拓展了素质模型的设计思路。美国学者莱尔·M.斯潘塞在其所著的《工作素质：高绩效模型》一书中将素质划分为知识、社会角色、自我形象等五个方面，并在此基础上提出了"素质冰山模型"（见图5-4）。冰山上面的知识、技能容易观察和评价，员工某方面知识、技能的短缺也可以通过培训等手段，在短时间内强化和提升；冰山下面的社会角色、自我形象等其他特征则是看不到的，而且冰山下越深的部分，越不容易被观察与测量，同时，这些特征也是不易改变的。因此，组织对于员工的知识、技能等素质要素的开发工作相对较为容易，而对于其他几个方面素质的测评，则比较困难。

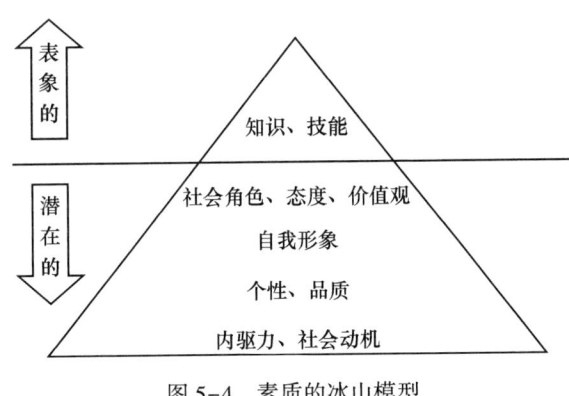

图 5-4 素质的冰山模型

二、能力素质测评甄选员工的方法和程序

（一）能力素质测评甄选员工的方法

心理测验、面试与评价中心是公共部门人员素质测评的三种主要方法。

1. 心理测验

心理测验是通过观察个体的少数有代表性的行为，对于贯穿在个体行为活动中的心理特征，依据确定的原则进行数量化分析的一种科学手段。能力倾向测试和人格测验是人员素质测评中最主要的两种心理测验。

（1）能力倾向测试。能力倾向是一种潜在的素质，是经过适当训练或被置于适当的环境下完成某项任务的可能性，而不是当时就已经具备的现实条件。换言之，能力倾向是指一个人能学会做什么，即一个人获得新的知识、技能和能力的潜力如何。能力倾向与才能不同，才能是经过学习训练而实际具备的能力，能力倾向是未接受教育训练所存在的潜能；才能是事业成功的现实条件，而能力倾向是事业成功的可能条件。能力倾向测试最具有代表性的是行政职业能力倾向测试，它是我国公务员录用考试中一个重要科目。目前行政职业能力倾向测试的内容确定为五大部分：数量关系、判断推理、常识判断、言语理解与表达和资料分析。

（2）人格测验。人格是个体所具有的与他人相区别的、稳定和独特的思维方式和行为风格，它贯穿于人的整个心理，是人的独特性的整体写照。人格会影响人在工作中对事物的理解，影响人处理事物的方法，影响人在工作中与他人相互沟通的方式，影响人独特的表现方式。人格测验就是通过统计测量的方法，对在人的行为中起稳定调节作用的心理特质和行为倾向进行定量分析，以便进一步预测未来。公共部门在选拔和评定人员的过程中，通过人格测验，可以诊断应聘者的人格特征或类型，确定个体适合什么样的工作及其可能取得的成绩。人格测验的主要类型有自陈量表法、投射法、评定法等，其中以卡特尔16PF为代表的自陈量表法人格测验在我国应用得最为广泛。

卡特尔认为，人格的基本结构元素是特质，特质是从行为推出的人格结构成分，它表现出特征化的或相当一致的行为属性。卡特尔将人格特质分为6大类：个别特质与共同特质、表面特质和根源特质、体质特质和环境形成特质、动力特质、能力特质、气质特质。卡特尔以其特质理论为基础，采用系统观察法、科学实验法以及因素分析统计法，经过二三十年的研究，确定出16种人格因素，即乐群性（A）、敏锐性（B）、稳定性（C）、影响性（E）、活泼性（F）、规范性（G）、交际性（H）、情感性（I）、怀疑性（L）、想象性（M）、隐秘性（N）、自虑性（O）、变革性（Q1）、独立性（Q2）、自律性（Q3）、紧张性（Q4）。16种人格因素是相互独立的，每一种因素与其他因素的相关性极小，不同的组合构成了一个人区别于其他人的独特个性。

2. 面试

（1）面试的定义。面试是一种经过精心设计，在特定场景下以面对面的交谈与观察为主要手段，由表及里测评应聘者有关素质的一种方式。按面试的标准化程度，面试方式可分为非结构化面试、结构化面试与半结构化面试。

第一，非结构化面试。非结构化面试是指在面试中事先没有固定框架结构（指没有预先确定测评要素等），也不对应聘者使用有确定答案的固定问题的一种面试。

第二，结构化面试。结构化面试又叫模式化面试。在这种面试中，需事先准备好一份问题的清单，这些问题系统全面地概括了所要了解的情况，主试人严格按该清单上所列的问题按部就班地发问，然后按标准格式记下应聘者的回答。

第三，半结构化面试。介于非结构化与结构化面试之间，事先只是大致规定面试的程序、方式和内容，主试人在实际操作时根据具体情况适当调整。

（2）面试的特点。与其他测评形式相比，面试具有以下独特之处。

第一，内容灵活、针对性强。主试人可以根据应聘者实际情况和面试具体要求灵活掌握面试内容，所提问题可多可少、可深可浅。

第二，双向沟通。主试人可以通过观察和谈话来评价应聘者，应聘者也可以通过主试人的行为来判断主试人的价值判断标准、态度偏好、对自己面试的满意程度等，来调节自己在面试中的行为表现。

第三，对象的单一性。面试有单独面试和集体面试两大类。在单独面试中，面试是一对一地进行；在集体面试中，虽然多位应聘者同时位于考场中，但主试人逐个提问，主试人也是逐个观察应聘者的表现。

第四，信息的复合性。主试人既收集应聘者语言形式的信息，又收集非语言形式的信息，包括手势、身势、面部表情、人际空间位置等。

第五，判断的直觉性。主试人的判断往往包括很强的印象性、情感性与直觉性等特点，容易受主观因素的影响。

3. 评价中心

（1）评价中心的概念。评价中心是一种以测评应聘者管理素质为中心、标准化的一组评价活动，它是一种程序而不是一种具体的方法。它通过创设一种逼真的模拟管理系统或工作场景，将应聘者纳入该环境系统，使其完成系统环境下对应的各种工作，如主持会议、处理公文、进行决策、处理各种日常事务和突发事件等。评价中心有以下特点。

第一，情景模拟性。它如实地模拟特定的工作条件和环境，并在特定的工作情景和压力下实施测评。

第二，综合性。评价中心综合运用了心理测验、笔试、面试、公文处理、小组讨论、管理游戏、角色扮演等测评技术，并取长补短、互相补充，使评价中心的测评的效度与信度大大提高，有关研究表明，其预测效度系数时常在 0.6 以上。

第三，全面性。与其他测评方式相比，评价中心的信息量大。

第四，整体互动性。评价中心的测评大多数是在群体互动之中进行的，通过不断地向应聘者发布该环境下各种发生变化的信息，要求其在一定的时间内和一定的情景压力下做出决策，在动态的环境中充分展示自己的能力和素质。

第五，预测性。评价中心在功能上，主要是对管理人员进行管理能力与绩效观测，因此它的测评内容主要是管理人员的管理素质与潜能。评价中心的预测结果与事实的吻合程度远远高于其他测评方法。

（2）评价中心测评的主要形式。从评价中心活动的内容来看，主要有文件筐测验、小组讨论、管理游戏、角色扮演、模拟面谈等形式。

第一，文件筐测验。文件筐测验是评价中心最核心的技术之一，该方法要求应聘者在 2~3 小时内处理一批随机排列、杂乱的文件，内容涉及请示报告、上级主管的指示、待审批签发的文件、统计资料和报表、建议、投诉等与工作有关的各种资料，处理完后，还要求应聘者对问题的处理方式做出解释。主试人根据应聘者处理公文的质量、效率、轻重缓急的判断，以及在文件处理中的表现，对应聘者的分析判断能力、组织与计划能力、决策能力、心理承受能力和自控力等进行评价。文件筐测验与评价中心其他形式相比，便于操作，且信度和效度较高，是评价中心中使用最多的一种测评方式。

第二，小组讨论。小组讨论分为无领导小组讨论和有领导小组讨论两种形式，无领导小组讨论是评价中心常用的一种测评方法。这种方法把应聘者分为不同的小组，每组 5~7 人，不指定讨论主持人。主试人指定一个具有争议性的题目，内容可以是业务问题、财务问题、人事安排问题或社会热点问题等，应聘者以小组的形式进行自由讨论，并形成一致意见。主试人通过观察各应聘者的表现，看谁具有组织领导能力，谁驾驭或实际主持了整个会议、控制了会场，谁提出并集中了正确的意见、说服了他人、达成一致意见。有领导小组讨论是主试人指定某个应聘者为小组中的领导，被指定的领导主持整个讨论并形成决议。这种方式与实际情形较为接近，能够测评应聘者的各种技能。但是，有领导小组讨论要求每位应聘者都做一次领导，时间花费过多。

第三，管理游戏。管理游戏是一种以完成某种"实际工作任务"为基础的标准化模拟活动，通常要求应聘者共同完成一项具体的机关管理实例或一项办公室活动。这些活动必须合作才能较好地完成，主试人根据每个应聘者在完成任务的过程中所表现出来的行为来测评应聘者的素质，有时还伴以小组讨论。

第四，角色扮演。在一个模拟的人际关系环境中，设计一系列尖锐的人际矛盾与人际冲突，要求应聘者扮演某一角色并进入角色情境去处理各种问题和矛盾。主试人通过对应聘者在不同角色情境中表现出来的行为进行观察和记录，评价应聘者是否具备所需的素质潜能。

第五，模拟面谈。模拟面谈是角色扮演的一种形式，一般是由主试人的助手扮演某一角色，与应聘者谈话。主试人的助手可以扮演应聘者拟任职位的下属、客户或其他可能与应聘者在工作中发生关系的角色，甚至可以充当对应聘者进行采访的电视台记者。这个项目主要考察应聘者的说服能力、表达能力及灵活性和敏捷性等。这一方法的优点就是它费时较少，一般给应聘者10~15分钟的准备时间，然后利用15~30分钟的时间进行正式谈话。这种方法也可以用于对于缺乏经验的管理人员进行培训。当然，这种方法也有其不足之处：一是它需要一个人来扮演某一角色与应聘者进行交谈，增加了人员的需求；二是扮演者与不同的应聘者交谈时可能会有不同的表现。

（二）素质测评甄选员工的程序

素质测评甄选员工有以下程序（见图5-5）。

1. 准备阶段

（1）确定测评的纬度。纬度，即测评的指标，是组织对所需员工的具体要求。同一组织的不同岗位或是不同组织的同类岗位，测评纬度均存在差异，应结合任职资格书、主管的要求以及组织文化等多方面因素，加以综合确定。

（2）明确测评的工具和方法。测评的工具和方法必须与测评的目的和内容适应，才能收集到真实的信息，使测评结果满足测评目的。例如，选拔管理人员，需要对其组织能力、口头表达能力、分析判断能力以及决策能力等进行测评，最好采用评价中心的测评方法，如无领导小组讨论以及文件筐测验。

（3）培训测评人员。测评前，测评人员应熟悉测评指示语，熟悉测评的具体程序；测评中，测评人员应按测评指示语的要求实施测评，并与应聘者建立一种友好、合作、能促使应聘者最大限度地做好测评的一种氛围。因此，必须对测评人员进行专门培训，使其掌握测评的方法、程序、技巧以及测评中可能发生突发事件的应对方法，确保测评的顺利实施。

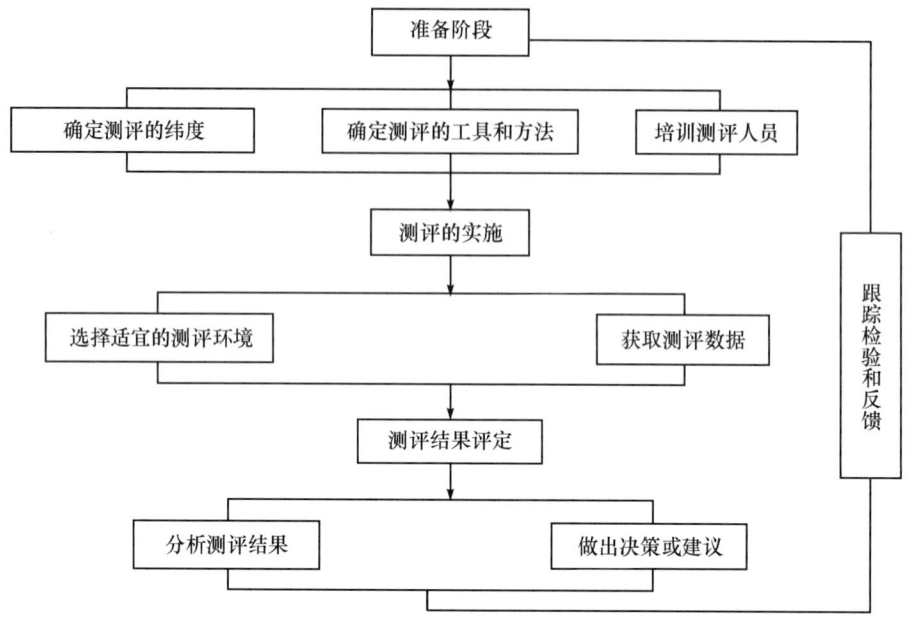

图 5-5 人员素质测评流程图

2. 测评的实施

（1）选择适宜的测评环境。测评环境应利于应聘者完成所测任务事项。尤其对于操作性的测验，如果环境布置得过于严肃，易使应聘者感到紧张压抑，不能发挥其正常水平。测评场所必须确保具有良好的物理环境，包括安静而宽敞的地点、适当的光线和通风条件、适宜的温度和湿度等。

（2）获取测评数据。测评数据的收集是主试人通过使用具体的测评工具获得人员素质评定数据的过程。在这一阶段，要注意做到客观化、标准化，保证收集到的测评结果能够公平、真实地反映应聘者的状况。要做到客观和标准，就要严格按照要求进行测评，主试人不能加入自己的主观看法，也不要透露任何可能对测评结果有影响的信息或线索。

3. 测评结果评定

（1）分析测评结果。对测评结果的分析通常包括对测评结果的计分、统计和解释。对于心理测验来说，它的计分和统计方法往往是预先建立的，使用者只需按照测验说明进行操作即可。然而，对结果的解释就比较复杂了，对单一测评结果的解释可以参照标准。但很多情况下，人员素质测评包括多个一同实施的测验，需要结合多个测验的结果做出整体的评价和解释，这需要分析者对各项测验了解充分，并有丰富的经验。

（2）作出决策或建议。决策与测评目的联系紧密。以选拔为目的的测评，其决策内容为应聘者名单；以安置为目的的测评，其决策内容为岗位与应聘者的匹配；以评价为目的测评，其决策内容为应聘者素质的评价；以诊断为目的的测评，其决策内容为应聘者的问题和特长或应试团体的状况和管理问题；以预测为目的的测评，其决策内容为应聘者未来的绩效和工作表现。由于测评结果只是决策信息的一部分，因此，在参考测评结果的同时，也要考虑其他因素。另外，在进行人事选拔时，测评结果往往只给出参考性建议，决策需要有关部门通盘考虑后作出。

4. 跟踪检验和反馈

在多数情况下，还需要对测评结果及聘用结果进行跟踪。主要是根据工作绩效对测评结果和聘用进行检验，这就为前面的工作提供了重要的反馈，为测评取得经验性资料。通常可以通过测评分数和绩效之间的相关性，来判断测评的预测效度，并可据此对测量工具进行校正。可以说，到这一阶段，才真正完成了一个人员素质测评的作业环路。

三、心理甄选测评技术及运用

（一）心理甄选测评技术

心理甄选测评是心理评估的主要方法之一，是一种依据心理学原理和技术，以客观的、标准化的程序对人的心理现象或行为进行数量化的测量和确定，以判定个体差异的工具。其测量的对象是心理行为，终极目的是客观化。心理甄选测评技术来源于早期对智力落后者的分类与训练。法国医生塞甘1837年建立第一所训练智力落后儿童的学校；1838年法国医生伊斯奎洛尔著书论述智力落后者，第一次进行明确区分；1873年阿尔弗雷德·比奈提出应鉴别出智力落后儿童，将其安排在特殊班级。

高尔登于1844年发展了分析个体差异资料的统计方法。他通过设立人体测量实验室，测量身体属性，如反应时的肌肉力量等，用感觉辨别测验测量个体智力差异。卡特尔在1890年首次使用"心理测评"，描述出一整套测验，将其用于测试大学生的智力水平，19世纪后其发展编制出很多成套测验。

（二）心理甄选测评技术运用

心理甄选测评技术运用的条件工具是标准化，需要注意过程和事件，环境要求自然、协调，尽量排除外来干扰；时间要充足，但不宜过长，可分次测验。在具体运用过程中，首先要主试，然后被试，测验时需保持良好的生理和心理状态，积极配合。

在运用心理甄选测评技术时，应坚持保密原则，注意测验材料的保密和测验结果的保密。还要客观看待测验结果，坚持两个不可，一是不可绝对化，即不可过分依赖和过分怀疑；二是不可草率下结论，即应坚持以追踪跟测与横向比较相结合的方式得出结论。

案例分析

解读×通讯的人才招聘

通讯公司的最大特点就是高速发展。对×通讯这类的行业开拓者来说，这里的高速发展有着两个方面的含义：一是企业业务的高度膨胀，市场份额不断扩大；二是技术的更新换代持续加快。高速发展的公司面临的首要问题就是人力资源的扩张。人力资源短缺往往是限制业务拓展的主要障碍。如市场份额更多更大时，由于人手问题而无暇顾及一些客户就可能造成客户的流失。因此，×通讯一直非常重视招聘，并提出了"以一流的标准选聘和培训员工"的理念。

什么是一流人才？对此，×通讯的定位是"在某一个专业领域里的国内前5%"，这群人是一流人才。这在其每一次招聘中都得到了体现。随着招聘的开展，×通讯目前的1万多名员工，面试人员超过10万人，搜索的简历超过30万份。谈到花费这么多的精力与时间选聘员工时，×通讯人力资源中心主任很肯定地说，这很值得！员工选聘就是从一组应聘者中挑选最适合特定岗位要求的人的过程，而企业招聘工作对选择过程的质量影响很大，如果符合条件的申请人很少，组织可能不得不雇用条件不是十分理想的人，企业就不得不加强培训工作，这增加了隐性成本。而且高能力员工和低能力员工之间生产率差别估计高达3∶1。因此，选择了一流人才可以获得很大的益处。他形象地比喻说，只要这些一流的人才还列在企业的工资单上，这种益处就会不断延续下去。

在招聘中，×通讯的大部分岗位都要求员工有良好的教育或技术背景。此外，对工作经验及一个健康的体魄也要求较高。×通讯的面试非常严格，分为技术能力和素质考核两个方面，被面试者须通过6~7关，把关极其严格，实行一票否决制，而且×通讯的面试官都是通过专业培训的。×通讯的要求很简单：招聘到的人才既是优秀的人才，也是企业所需的人才。

资料来源：https://max.book118.com/html/2018/1208/7035105123001163.shtm.

讨论题：×通讯为什么采取如此严密的招聘体系？你认为这一体系是否科学？是否有可改变之处？

深度阅读

1. 唐宁玉. 人事测评理论与方法［M］. 3版. 大连：东北财经大学出版社，2011.

该书在阐述人事测评基本测评的基础上，介绍了测评指标的构建原理和方法，从理论与实践两方面对心理测验、面试、评价中心三大测评方法进行较为详细的描述，分析了测评误差产生的原因与对策，对人事测评的效度与信度进行较全面的分析与阐释，并通过实例介绍了人事测评在实践中的具体应用。

2. 肖鸣政，［英］COOK M. 人员素质测评［M］. 2版. 北京：高等教育出版社，2007.

该书论述了素质测评的基本理论、发展趋势与经济价值，介绍了素质测评量化的形式与基本方法，较全面、深入地阐述了心理测验、面试、评价中心等各类素质测评技术的原理与方法及其在实践中的运用。在此基础上，进一步论述了素质测评的质量分析与结果的指标设计与具体方法。

3. 彭剑锋. 人力资源管理概论［M］. 2版. 上海：复旦大学出版社，2011.

该书从战略的角度论述了人力资源管理新的理念、技术和一般流程，对人力资源各专业模块系统在企业管理操作过程中的内在关系与衔接点进行较为深入的分析，在剖析当前企业人力资源管理面临的困惑与技术难点的基础上，探讨从制度、机制、程序和技术等方面构建人力资源管理系统。

本章小结

员工招聘分为外部招聘和内部招聘，内部招聘包括职位轮换和内部晋升；外部招聘包括广告招聘、引荐、网络招聘、职业中介机构招聘等形式。

素质是产生高绩效的关键要素，素质测评是招聘员工的核心技术。素质测评指标包括测评要素及其标志和测评标度。素质测评指标的编制应遵循同质性、针对性、完备性、可操作性、独立性、结构性、精练性七大原则。确定测评要素的基本方法有工作分析法、典型人物研究、典型资料研究、专题访谈法、问卷调查法、经验总结法。素质测评甄选员工通常包括准备、实施、结果评定、跟踪检验和反馈四个阶段。

心理测验、面试与评价中心是能力素质测评甄选员工的三种主要方法。能力倾向测试和人格测验是公共部门人员素质测评中最主要的两种心理测验。面试内容灵活，具有内容灵活，针对性强，沟通双向，对象单一性，信息复合性，判断直觉性五大特点。

评价中心是一种以测评应聘者管理素质为中心、标准化的一组评价活动，具有情景模拟性、综合性、全面性、整体互动性、预测性的特点。评价中心测评的主要形式主要有文件筐测验、小组讨论、管理游戏、角色扮演、模拟面谈等形式。

重要概念

内部招聘　人员素质测评　职务分析　非结构化面试　结构化面试　评价中心　文件筐测验　管理游戏

复习思考题

1. 员工招聘有哪些基本方式？
2. 素质测评选用员工有哪些方法？
3. 评价中心测评的主要形式有哪些？
4. 素质测评甄选员工的程序是什么？

第六章 员工培训

第一节 培训需求分析和培训规划

一、培训需求分析

（一）培训的主要目的

员工培训是组织开展的有目的、有计划、有针对性、有步骤的系统管理行为。有效的员工培训活动不仅能够提高员工的绩效，有利于实现组织的目标，而且还能够提高员工的职业能力，拓展其发展空间。

员工培训的直接任务是提高员工的知识、技能，改进员工的工作态度和行为，即体现在育道德、树观念、传授知识和培养能力四个主要方面，其中前两者是软性的、间接的；后两者是硬性的、直接的，是员工培训的重点。

（二）组织范围内的培训需求分析

组织范围内的培训需求分析，应能够保证培训计划符合组织的整体目标与战略要求。组织层面的培训需求分析涉及以下问题。

1. 组织发展目标

确立组织发展目标，并据此确立相应的人力资源战略。以此确定组织为实现发展目标，在今后几年中所需要的人力资源数量和质量。

2. 组织效率分析

组织通过培训来提高效率。企业效率分析的指标有劳动成本、产量、产品质量、报废率、设备使用率、维修费用等。

3. 组织文化分析

组织文化分析包括需要贯穿在培训工作之中的组织哲学、组织理念、组织精神、组织道德、组织风气等不同方面。

（三）对工作体系运行状况的分析

分析目的是从职位或工作角度确定培训需求，进而确定培训内容，即员工达到理想的工作绩效必须掌握哪些技能和能力。包括系统地收集反映工作特性的数据，并以这些数据为依据，制定每个岗位的工作标准。同时还要明确员工有效的工作行为所需要的知识、技能和其他特性。工作分析、绩效评价、质量控制和服务反馈信息都是这一层面培训需求分析的重要依据。最终的落脚点有两个：一是职位工作职责和职位任职资格，涵盖各项工作任务及其难易程度；二是履行工作职责应具备什么样的素质条件，需要掌握哪些相关的知识、技能等。

（四）从任职者的角度来考察培训需求

通过将员工实际工作绩效与组织的员工绩效标准进行比较，或者将员工现有的知识技能水平与组织对员工知识和技能的要求进行比较，发现两者之间存在的差距。员工层面分析的信息来源包括绩效考核的记录、员工技能测试结果和员工个人填写的培训需求问卷。针对培训需求的分析应该形成一种定期进行的制度。

特定职位规定的工作绩效要求是进行培训的标准，任职者的实际工作绩效是决定培训需求的重要依据，可表示为：任职者培训需求＝职位工作所需达到的绩效－职位工作实际所达到的绩效。据此还应进一步找出绩效差距产生的原因，到底是缺乏知识、技术能力不足，还是工作态度上出了问题。

二、培训规划的类型及培训计划的制订

（一）培训规划的类型

1. 知识培训、技能培训、态度培训

从培训的内容来看，常见项目达 50 余种，可以归纳为三类。

一是知识培训。通过培训使员工具备完成本职工作所需基本知识，了解组织的基本情况，如组织的发展战略、目标、经营状况、规章制度等。

二是技能培训。目标是使员工掌握从事本职工作的必备技能，如操作技能、处理人际关系的技能、谈判技能等，并以此培养、开发职工的潜能。

三是态度培训。通过培训建立组织与员工之间的信任，培养员工对组织的忠诚，培养员工应具备的精神状态和工作态度，增强组织观念和团队意识。

2. 导向培训、在职在岗培训、在职脱产培训

从培训的阶段看可分为导向培训、在职在岗培训和在职脱产培训。

一是导向培训。导向培训又称新员工培训，是指对刚被招聘进企业、对内外情况生疏的新员工指引方向，使之对新的工作环境、条件、人际关系、应尽职责、规章制度、组织期望有所了解，使其尽快融入组织的一系列培训活动。新员工导向培训应首先让新员工感受到组织重视他们的到来；其次要让他们对组织和他们即将从事的工作有较为详细的了解；最后也要让新员工对组织的发展前途与自己的职业生涯有深刻的认识。

二是在职在岗培训。在职在岗培训通过聘请有经验的员工、管理人员或专职培训师指导员工边学习边工作。在职在岗培训是种历史悠久、普遍采用并且比较经济的培训方式。在职在岗培训使员工获得完成工作所需要的技能，还可以传授给员工诸如如何解决问题、如何与其他员工沟通、学会倾听、学习处理人际关系等人文技巧。

三是在职脱产培训。是有选择地让部分员工在一段时间内离开原工作岗位，进行专门的业务学习与提高的培训方式。其形式有举办技术训练班，开办员工业余学校，选送员工到正规院校或国外进修等。脱产培训花费较高。随着企业人力资本投资比例的增加，在职脱产培训普遍被一些实力雄厚的大型企业和组织严密的机关事业单位采用。

3. 各层次、各职能的培训

从培训的对象来看有各层次、各职能的培训。

一是各层次的培训，也称纵向培训，是指对经营及管理的各层次（上层、中层、下层）所进行的培训。首先，组织中的高层管理人员应具有丰富的工作经验和杰出的才能，因此，对他们的培训主要达到以下目的：（1）使高层管理者有效地运用自己的经验，发挥自己的才能；（2）帮助管理者及时发现和理解组织外部环境和内部条件的变化；（3）帮助高层管理者提高和完善工作中的专业技能；（4）对新上任的高层管理者，帮助他们迅速了解组织的战略方针，以尽快适应工作。其次，组织中的中层、基层管理者在组织整体利益与下属员工利益之间，很容易发生角色冲突和矛盾。在他们担任中层、基层管理职务后，必须通过培训尽快掌握必要的管理技能和工作方法。再次，对财务人员、工程技术人员等进行培训。这类培训对象都有自己的业务范围，需要掌握本专业的知识技能。培训的目的就是让他们了解别人的工作，使他们能从组织整体出发开展工作，并不断更新专业知识，及时了解各自领域内的最新动态和最新知识。最后，一般

员工的培训。主要依据工作说明书和工作规范的要求，明确权责界限，掌握必要的工作技能，塑造与组织相适应的工作态度与行为习惯，使之有效地完成本职工作，并得到职业的成长与发展。

二是各职能的培训，也称横向培训，是指对经营及管理的各职能部门（业务、生产、人事、财务、研究开发等）所进行的培训，目的是使员工明确各职能部门的职业分工、操作规程、权责范围。它有以下三个方面的特点：（1）强调培训的专业性，即针对不同职能部门人员进行不同类型的知识、技能培训；（2）强调专业知识和技能的层次，提出不同的专业技能要求，以适应不同职务、不同岗位的需要；（3）强调培训的适应性和前瞻性，即根据变化的外部环境和人员结构，以及预期未来组织生存状况，适时地展开某方面、某些专业的培训，以调整组织内员工素质结构，适应外部形势，或为未来储备必要的人才。

（二）培训项目计划书

培训项目计划书是培训的具体实施方案。培训项目计划书可以使用文字和图表等多种形式，其框架必须考虑以下不同层面的问题：（1）培训项目的必要性与实施依据；（2）拟采取的培训形式与管理方法；（3）培训项目范围说明，包括项目目标和课程大纲；（4）项目工作分解结构，分解的详细程度视具体项目而定，但必须保证能够用来进行控制；（5）计划开始和结束的日期以及责任的分派；（6）测量和控制时间进度和费用开支的基准；（7）项目费用估算；（8）业绩考核和评价制度；（9）项目的关键问题和主要风险，以及解决关键问题和应对风险的措施。一般来说，培训项目计划书应包括以下五个方面的内容。

1. 确定培训目标

培训目标是根据培训需求分析结果，指出员工培训的必要性及期望达到的效果。好的培训计划可以为培训工作提供明确方向，为确定培训对象、内容、时间、培训师、方法等具体操作内容提供依据，并可以在培训之后，对照此目标进行效果评估。从某一培训活动的总体目标直至每堂课的具体目标，培训目标可分为若干层次。目标的设置也要注意与企业的宗旨相兼容，要切实可行、陈述准确。

2. 安排培训课程及进度表

这一过程其实是培训目标的具体化和操作化，即根据培训对象、培训目标及要求，确定培训项目的形式、学制、课程设置方案，拟定培训大纲、培训内容、培训时间、培训方式及教学方法，选择教科书与参考教材、培训师、辅助培训器材与设施等并提供具体的日程安排。培训计划应将总体计划及各分项目标计划实施的过程、时间跨度、阶段划分用简明扼要的文字或图表表示出来。

3. 设计采用的培训方式

在培训中，可视需要及条件选择一系列培训方法，如讲授法、开会研讨法、案例研究法、行为示范法、工作轮换法、角色扮演法、管理游戏法、现场培训法等，可采取以其中一二种方法为重点，多种方法变换组合的方式，使培训效果达到最理想状态。而且培训方法的设计也要注意员工的知识层次和岗位类型，如案例研究对管理者和科技人员比较适合，但对操作人员来说，现场培训和授课方法的效果可能会更好。

4. 培训经费预算

一般来说派员工参加组织外部的培训费用都由组织按培训单位的收费标准来支付。组织内部培训的经费预算则应包括多种项目，常见的是组织内部自行培训、聘请培训师来组织培训和聘请培训公司来组织培训等几种形式。其开支预算是不一样的，主要包括培训师及内部员工的工资、场地费、设备材料的损耗费、教材及资料费用等。培训计划应对所需经费做出详细预算。

5. 制度培训控制措施

为保证培训工作的有序进行，应采取一定的措施及时跟踪培训效果、约束员工行为、保障培训秩序、监督培训工作的开展，常见的控制手段有签到登记、例会汇报、流动检查等，这也是培训计划中所需安排的一项重要内容。

第二节　培训的实施和管理

一、培训前的准备与组织

（一）学习规律

1. 把握学习规律

由于培训的效果经常与学习的规律原则相关联，因此，应了解不同培训方式或技巧的特点。现代培训要求了解员工学习的以下规律[①]：（1）应设定学习目标，如课程的路

---

① [美] 亚瑟·W. 小舍曼，乔治·W. 勃兰德，斯科特·A. 斯耐尔. 人力资源管理 [M]. 张文贤，主译. 大连：东北财经大学出版社，2001：170-172.

线图，明确学习要点；（2）尽可能以有意义的方式制作学习材料，如提供一些丰富多彩的实例；（3）多安排行为示范，通过正确行为的模仿和错误行为的纠正来让员工明确如何去行动；（4）重视员工的个体差异；（5）积极提供机会让员工参与实践；（6）注意将培训内容的整体学习与部分学习相结合；（7）注意在时间上将系统学习和分段学习相结合；（8）通过积极的反馈与检查来激发员工的学习动力；（9）通过及时鼓励让员工产生成就感来强化学习效果。

2. 了解培训特殊性

由于生理状态与心理状态的原因，成年人在学习过程中有着与年轻学生不同的特点，掌握他们学习的规律，就可以有针对性地运用各种培训方法达到更好的培训效果。成年人学习具有以下几个方面的特殊性：（1）成人学习者需要得到更多尊重；（2）成人学习者倾向自立自强，经常会进行自学；（3）成人学习者讲究实用性，不想学习毫无意义的东西；（4）成人学习者知识面广，在学习、生活和工作中积累了很多生活阅历；（5）成人学习者有其主动性，不喜欢别人告诉自己该干什么；（6）成人学习者肩负多重责任，他们反对浪费时间。

（二）培训计划的内容

培训负责人牵头制订具体培训计划，包括确定培训目标、设计培训内容、选择培训方式。同时还要求员工进入准备就绪的状态。好的培训计划可以为培训工作提供明确方向，为具体操作内容提供依据。以此在培训之后，对照此目标进行效果评估。培训计划的实施应包括确定培训师，确定教材和教学大纲，确定培训地点等一系列环节。

1. 确定培训师

培训师的好坏直接影响培训的效果，组织要培训一位合格培训师的成本不菲。一位优秀的培训师既要有广博的理论知识，又要有丰富的实践经验；既要有扎实的培训技能，又要有高尚的人格。因此，培训师的知识经验、培训技能以及人格特征是判断培训师水平高低的三个维度。

2. 确定教材和教学大纲

教材一般由培训师确定。教材来源主要有四种：外界公开出售的教材、组织内部的教材、培训公司开发的教材和培训师编写的教材。一套好的教材应该围绕目标、简明扼要、图文并茂、引人入胜。教学大纲是根据培训计划，具体规定课程的性质、任务和基本要求，规定知识与技能的范围、深度、结构、教学进度，提出教学和考试（考核）的方法。教学大纲要贯彻理论联系实际的原则，对实践性教学环节作出具体规定。

3. 确定培训地点

培训地点一般为企业内部或企业外部的会议室，应根据培训的内容来布置培训场所。培训师和受训者对培训环境的评判从以下因素来考虑：视觉效果、听觉效果、温度控制、教室大小和形状、座位安排、交通条件和生活条件等。

4. 准备培训设备

根据培训设计事先准备好培训所需设备器材，如电视机、投影仪、屏幕、放像机、摄像机、幻灯机、黑板、白板、纸、笔等。尤其是一些特殊的培训，需要一些特殊的设备。培训设备的添置和安排一般受培训组织的财务预算制约，但至少要满足培训项目的最低要求。

5. 选择培训时间

培训时间的合理分配要依据训练内容的难易程度和培训所需总时间而定。一般来说，内容相对简单的、短期的培训可以集中学习，使之一气呵成；而内容复杂、难度高、时间较长的学习，则宜采用相对分散的学习方法，以节约开支，提高效率。如美国有学者曾研究监工如何向新职工进行工作指导问题时，将监工分成两组，一组在两周内接受6小时的训练，另一组在3天内每天接受2小时的训练，结果发现采用分散学习的第一组监工比集中学习的第二组监工在指导新职工时所犯错误少得多。另外，在时间选择上也要考虑是在白天或晚上、工作日或周末、企业生产旺季或淡季等因素。

6. 制定培训的奖罚措施

培训组织者为提高培训效果，可以通过设立奖学金，将培训成绩与奖金适当挂钩，为员工制定相应的职业生涯规划并就员工的未来需要进行沟通等方式，让员工相信他们确实可以从培训中充实自己、完善技能、获得潜在收益，从而在参加某一培训项目时，产生学习动力。

7. 培训通知

发出培训通知，使每个人都确知时间、地点与培训的基本内容。通过各种方式促使员工做好培训前的准备。

二、培训实施的具体方法

（一）讲授法

讲授法属于传统的培训方式，主要是由培训师讲授知识，学员记忆知识，中间穿插一些提问的方式。其优点是操作方便，便于培训师控制整个过程，常被用于一些理念性知识的培训。缺点是单向信息传递，反馈效果差，而且效果取决于培训师的演讲水平。

（二）视听技术法

视听技术法通过现代视听技术（如投影仪、DVD、录像机等工具），对学员进行培训。优点是运用视觉与听觉的感知方式，直观鲜明。但学员的反馈不及时，实践效果较差，制作和购买成本较高，内容易过时。它多用于组织概况、传授技能等培训内容。

（三）讨论法

按照操作路径，讨论法分成研讨会与一般小组讨论两种方式。研讨会多以专题演讲为主，中途或会后允许学员与培训师进行交流沟通。优点是信息可以多向传递，反馈效果较好，但费用较高。而小组讨论法的特点是信息交流方式为多向传递，学员的参与性高，费用较低，多用于巩固知识，训练学员分析、解决问题的能力及人际交往的能力，但运用时对培训师的要求较高。

（四）案例研讨法

案例研讨法通过向学员提供相关的背景资料，让其寻找合适的解决方法。在对特定案例的分析和辩论中，学员得以集思广益，共享集体的经验与意见，有助于学员将培训的收益在未来实际业务工作中思考与应用。这一方式费用低，双向反馈效果好。近年的培训实践表明，案例和讨论的方式也可用于知识类的培训，且效果较好。

（五）角色扮演法

角色扮演法是指在模拟的人际关系情景中，设计一系列尖锐的人际矛盾和人际冲突，要求学员扮演某一角色并进入角色情景去处理各种问题和矛盾，看学员是否符合角色的身份和素质要求，使他们真正体验到所扮角色的感受与行为，以发现和改进自己的工作态度和行为表现。由于信息传递多向化，这种培训方式反馈效果好、实践性强、费用低，多用于人际关系能力的训练。

（六）观摩范例法

观摩范例法是指通过现场演示方法进行培训。这一方法较适合于操作性知识的学习，由于成人学习具有偏重经验与理解的特性，让具有一定学习能力与自觉的学员在观察过程中学习是既经济又实用的方法，但此方法也存在监督不足的缺陷。

（七）互动小组法

互动小组法也称敏感训练法，此方法主要适用于管理人员的人际关系与沟通训练，让学员通过培训活动中的亲身体验来提高他们处理人际关系的能力。其优点是可明显提高人际关系与沟通的能力，但其效果在很大程度上依赖于培训师的水平。

（八）计算机网络培训法

计算机网络培训法是近年来流行的一种基于计算机网络信息的培训方式，投入较大，但是优势也很突出。如使用灵活，符合分散式学习的新趋势，节省学员集中培训的时间与费用。这种方式信息量大，新知识、新观念传递优势明显。特别受实力雄厚的组织青睐，也是培训发展的一个重要趋势。

综上，根据不同的培训项目和培训目标，可以寻找到一组最佳的培训组合办法。另外，部门培训方法的选择也依赖培训经费的支持，要有培训场地和器材作保证，需要培训师准确有效地采用。

三、培训过程管理

（一）梳理培训风险

对于人力资源培训而言，风险贯穿于培训实施前、实施中及结束后。

一是相关人员的选拔风险。包括对培训师和学员两个方面的选拔风险。

二是培训收益的风险。投资就是为了获得收益，如果培训过程中的某一环节出现问题，就会使组织的收益小于组织对培训的投入，使组织得不偿失。

三是技术泄密的风险。任何组织在生产经营过程中，总有自己的管理经验和专有技术，这是一个组织在市场中立于不败之地的关键，技术泄密在培训中时有发生，这是培训中较为隐蔽、极易被忽略的一种风险。

四是人才流失的风险。员工在培训后提高了自身的知识水平和工作技能，具有了更强的适应能力和更多的选择机会，从而增强了在组织内和社会的竞争力。培训后的员工一旦离职，不仅培训的投入得不到回报，还有可能使流失的员工为竞争对手所用，对组织造成极大威胁。

（二）训前、训中和训后的控制

在培训过程中应不断根据目标、标准和学员的特点，降低培训风险，矫正培训方法、进程，这些努力被称为培训控制。

1. 训前控制

一是训前的程序性控制。在培训的前几周，要求学员参加下列活动，以帮助他们做好参加培训的准备。包括：(1) 识别有成效与无成效的活动；(2) 与雇主一起讨论其工作的基本要素；(3) 选择一个员工和雇主都要面对的重要机会或问题（这将成为一个行动计划）；(4) 将一个员工评价样本送给培训项目协调人。

二是训前的技术性控制。包括：(1) 制定培训制度与纪律，包括作息时间、学员工资、奖惩办法等；(2) 培训师的考评，选择培训师的过程中应采取让培训师试讲、提交培训大纲等方式对培训师的能力与水平予以考评；(3) 培训内容与方法的审核，以组织讨论、试培训，以及向专家咨询的方式，对培训内容与方法的合理性进行核实与调整；(4) 训前动员，应向学员说明培训的目的、内容及期望达到的效果，激发其学习的主动性和能动性。

2. 训中控制

一是学员先测，即对学员的知识技能进行测量，以便有一个清楚的定量式的认识，为下一步培训效果的检验提供基础。

二是训中测验与考核，这是一个常见的培训效果检验方法，包括每一门课讲授过程中的测验和课程的结束考核，定期的测验与考核结果是改进培训方法的有效依据。

三是建立例会讨论制度，即定期让学员开会总结，解决培训过程中遇到的问题，交流学习经验与心得，让学员在互动中学习，管理者在互动中确定与调整培训控制策略。

四是积极与培训师交流，聆听培训师的意见与建议，及时对培训师的培训工作提出要求。此外，做好培训记录，加强纪律检查。

3. 训后控制

一是训后考评总结，即根据培训过程中学员的各课程成绩、学员的态度、学员考勤等各方面进行系统总结，以物质奖励、晋级或精神奖励等方式对表现突出的学员进行表彰，对达不到培训要求的学员提出批评。

二是培训效果评估，采用科学的评估手段与方法对培训的效果进行分析，看是否达到预定的培训目标，可以带来多大的培训效益，并认真总结培训中的经验与教训，为下一轮培训积累经验。

三是培训结果转化，即引导学员将培训中所学到的知识与技能应用到实际工作之中，提高组织绩效。

第三节 培训效果评估

一、培训评估模型

长期以来,不同组织、不同形式的培训实践过程中,产生了不同的培训效果评估方法,其中最常用的有以下几种。

(一)柯克帕特里克的培训评估模型

唐纳德·柯克帕特里克建立的四层次模型是最著名的评估框架,该模型认为,评估必须回答四个方面的问题,即从学员的反应、学习、行为和结果四个层次分别进行评估(见表6-1)。所谓反应是学员对培训项目的评价,如培训材料、培训师、设备、方法等。学员反应是培训设计需要考虑的重要因素。学习评估是测量原理、事实、技术和技能获取程度,评估方法包括纸笔测试、技能练习与工作模拟等。行为评估是测量在培训项目中所学习的技能和知识的转化程度,学员的工作行为有没有得到改善。这方面的评估可以通过学员的上级、下属、同事和学员本人对接受培训前后的行为变化进行评价。结果评估是对组织绩效是否有改善的评估,如节省成本、工作结果改变和质量改变等。

表6-1　　　　　　　　　　柯克帕特里克的四层次模型

层次	效果
反应	员工对培训项目的满意程度
学习	员工对培训内容的掌握程度
行为	通过培训员工的行为变化
结果	员工行为的变化对企业目标实现的影响

(二)卡夫曼的五层次评估模型

卡夫曼扩展了柯克帕特里克的四层次模型,他认为培训能否成功,培训前的各种资源的获得是至关重要的,并且培训所产生的效果不应该仅仅对本组织有益,它最终会作用于组织所处的环境。因而他加上了第五个层次,即评估社会和客户的反应。

(三)CIRO模型

CIRO模型认为,评估必须从情境(Context)、投入(Input)、反应(Reaction)和结果(Outcome)四个方面进行,所以也是一种四层次的评估方法,起初由奥尔、伯德和莱克哈姆开发,应用于欧洲,它比一般的培训评估的范围更宽泛。情境评估是获取和使用当前情境的信息来明确培训的需求和培训的目标,这种评估实际上是进行培训需求分析。在此过程中,要评估三种目标:最终目标(组织可以通过培训克服或消除特别薄弱的地方)、中间目标(最终目标所要求的员工工作行为的改变)和直接目标(为达到中间目标,员工必须获取的新知识、技能和态度)。投入评估是通过可获取的培训资源来确定培训方法,这些资源包括内部资源和外部资源。反应评估是获取和使用学员的反应来提高培训的过程,其典型特征是学员的主观评价。结果评估是收集和使用培训结果信息的过程,是评估最重要的一个部分,它包括四个阶段:界定趋势目标,选择或构建这些目标的测量方法,在合适的时间进行测量和评估结果,以改善后续的培训。

(四) CIPP 模型

CIPP 模型是将探究学习活动分解为包括背景(C)、输入(I)、过程(P)、结果(P)四个组成部分的模型。与 CIRO 相似,它包括四种评估:情境评估、投入评估、过程评估和结果评估。情境评估主要界定相关环境,识别需求和机会,诊断具体问题,需求分析是情境评估的一个例子。投入评估可以提供如何最佳使用资源、成功实施培训的信息,有助于制订培训项目计划和设计培训的一般策略,通常投入评估的结果包括制度、预算、时间安排、建议书和程序等方面的内容。过程评估可以提供反馈给培训实施的负责人,它可以监控可能的失败来源,或给预先的决策提供信息。结果评估是对培训目标进行的测量和解释。

(五) 菲利普斯的五层次 ROI 模型

菲利普斯的 ROI 过程在柯克帕特里克的四层次模型基础上加上第五个层次。这五个层次分别是反应和已经计划的行动、学习、工作应用、组织结果和投入产出。第一层次测量学员的满意度以及他们将如何应用培训所学。这一层次的评估通常是在培训后用问卷测量。几乎所有的组织都会评估这一层次。第二层次测量学员在培训过程中有无所学,可采用的评估工具有测试、技能练习、角色扮演、模拟、多人评估等。第三层次使用各种跟踪方法测量学员新技能的使用频率等,来判定学员是否将所学应用于实际工作中。第四层次测量学员在培训后对组织产生的积极影响,通常采用测量产量、质量、成本、时间和客户满意度等方式。第五层次通常表示为成本与收益的比率。在实际操作中,组织很少进行 ROI 评估,因为 ROI 评估过程是一个困难并且昂贵的过程。

对培训评估模型的研究使得培训评估活动更加系统化和结构化,并且促进了大量实证研究的产生。当前占主导地位的培训评估模型仍然是柯克帕特里克的四层评估模型,其他模型中都有柯克帕特里克培训评估模型的影子。培训评估模型从组织的各个层次为培训效果的评估提供了思路。

二、柯氏培训效果评估模式

柯氏培训效果评估模式是由美国威斯康星大学的唐纳德教授提出来的。唐纳德教授认为，评估培训效果包含以下四个不同层面。

第一层面是评估学员的反应。学员反应的评估是培训效果测定的最低层次，主要利用问卷来进行测定，可以问以下一些问题：学员是否喜欢这次培训，是否认为培训师很出色，是否认为这次培训对自己很有帮助，有哪些地方可以进一步改进。

第二层面是评估学员所学的东西，这种评估可能以考卷形式进行，也可能是实地操作。主要测定与受训前相比，学员在受训后是否掌握了更多的知识，是否学到了更多的技能，是否改善了工作态度。

第三层面是评估学员工作行为的变化。主要测定学员在受训前后行为是否有改善，是否运用了培训中的知识、技能，是否在人际交往中态度更端正等。

第四层面是评估培训结果，即要衡量培训是否有助于组织绩效的提高。如果一门课程达到了让学员改变工作态度的目的，那么这种改变是否对提高绩效起到了应有的作用。这是培训效果测定的最高层次，可以通过公共部门绩效考评指标进行测定，主要测定内容是个体、群体、组织的效率状况在受训后是否有改善。

总结上述评估模式，一级评估主要是观察学员的反应，二级评估则侧重于检查学员的学习结果，三级评估可以衡量学员培训前后的工作表现，四级评估的目标是衡量组织经营业绩的变化。很多专业人士认为要使与工作相关的培训做得好，至少对一部分培训课程要进行三级评估甚至四级评估。深层评估不但能发现培训对实现组织目标是否真的有所贡献，而且可暴露培训内容在工作中难以运用的障碍。如某企业对企业大学的全部商务课程曾进行了三级和四级评估，结果，5%的课程被取消，20%的课程进行了大幅度的改进。总之，培训评估工作绝不仅限于统计培训时感到满意的学员人数，科学评估培训效果应该是现代人力资源管理的一项重要职责。

三、培训成果转化及机制

培训的终极目标是增长组织自身的价值，使培训成果转化为员工的职业行为和组织绩效。部门培训成果的转化是指将员工培训效果应用到组织实际工作之中，在促进员工知识、技能和态度的提高与改进的基础上,提升组织绩效。培训活动仅仅是一个开始,成果转化机制的建立才是问题的关键。但该环节极易被组织忽略,造成部门培训的"功亏一篑",因此这一环节是培训管理的重点和难点。

(一) 有关"转化力"的相关研究

1. 同因素理论及其转化力

同因素理论认为,培训转化只有在学员所执行的工作与培训期间所学内容完全相同时才会发生。能否达到最大限度的转换,取决于任务、材料、设备、学习环境特点与工作环境的相似性。同因素理论特别关注转化力的发生,按照同因素理论,设计培训评估方案应考虑的一个重要问题就是,培训和实际执行当中的行动、行为方式或知识之间的关系。

2. 激励推广理论及其转化力

激励推广理论对于转化力的认知与同因素理论有所不同。该理论认为,产生培训转化的关键是学员能否概括出两种学习之间的共同原理,理解培训转化问题的方法是建立一种强调最重要的特征和一般原则的培训,同时明确这些一般原则的适用范围。激励推广理论强调"远程转换"。"远程转换"是指当工作环境(设备、问题、任务)与培训环境有差异时,学员在工作环境中应用所学技能的能力。

3. 认知转换理论及其转化力

认知转换理论认为,培训效果转换与否取决于学员恢复所学技能的能力,可通过向学员提供有意义的材料来增加学员将工作中遇到的情况与所学能力相结合的机会,从而提高转换的可能性。

(二) 培训成果转化的条件

1. 主观条件

主观条件主要指学员自身素质。包括学员培训动机、文化水平及基本技能。这些不仅影响学员在既有学习成果条件下的培训转化,而且还通过影响培训过程中学员的学习效果间接影响培训的有效性。

2. 客观条件

客观条件主要指学员所处的工作环境。包括管理者的支持、组织的学习氛围等。组织内部要经常交流培训成果转化的经验和教训,为学员提供必要的帮助和鼓励,这对培训转化可以起到正面强化效果。

（三）成果转化机制

1. 设计机制

为了加速培训成果的转化，在进行培训项目设计时应尽量注意培训活动、环境、反应与工作状态的相似性，促进员工将所学技能顺利地应用到工作中。一般而言，采用情景模拟、视听培训、行为模拟、角色扮演、管理游戏的培训方法有助于成果的转化。

2. 激励机制

激励机制作用的发挥主要通过建立技能工资体系的实现。在工资体系中，薪资直接与员工所拥有的知识或技能挂钩，有效促进员工参加培训的积极性，提高员工将培训成果转化为工作技能的主动性。该制度要求对员工的工作技能进行阶段性评估，对表现优异的员工适当给予加薪，避免培训成果递减的问题（技术遗忘）。从发展趋势看，最终要形成以物质激励为主、精神激励为辅的激励体制。

3. 反馈机制

员工参与培训之后，培训部门有义务将员工的培训成绩、培训评价结果，通过书面材料、小型会议或组织局域网的方式反馈给他们，让员工了解自己的参与是否发挥了应有的作用，同时还能帮助员工进一步了解组织的培训目标和期望的绩效水平。快速有效的反馈机制也使得组织高层及培训部门既能照顾到组织整体问题，又能及时了解一些重要的细节，提高培训效果。

案例分析

别具一格的培训

美国的 A 公司为每一位员工提供独特的培训公司的"人员流动率"一直保持在很低的水平，在 A 公司总部连续工作 30 年以上的员工随处可见，这在"人才流动成灾"的美国是十分难得的。

A 公司拥有一套系统的培训体系。虽然公司的培训协调员只有几个人，但他们却把培训工作开展得有声有色。每年，他们会根据 A 公司员工的素质、各部门的业务发展需求等拟出一份培训大纲，上面清楚地列出该年度培训课程的题目、培训内容、培训教员、授课时间及地点等，并在年底前将大纲分发给 A 公司各业务主管。根据员工的工作范围，结合员工的需求，参照培训大纲为每个员工制订一份培训计划，员工会按此计划参加培训。

A公司还给员工提供平等的、多元化的培训机会。每位员工都有机会接受像公司概况、商务英语写作、有效的办公室工作等内容的基本培训。公司一直很重视对员工的潜能开发，会根据员工不同的教育背景、工作经验、职位需求提供不同的培训。培训范围从前台接待员的电话英语到高级管理人员的危机处理。此外，如果员工认为社会上的某些课程会对自己的工作有所帮助，就可以向主管提出，公司就会适时安排人员进行培训。

为了保证员工的整体素质，提高员工参加培训的积极性，A公司实行了特殊教员制。公司的培训教员一部分是公司从社会上聘请的专业培训公司的培训师或大学的教授、技术专家等，而更多的则是A公司内部的资深员工。在A公司，任何一位有业务或技术专长的员工，小到普通员工，大到资深经理，都可作为培训师给员工们讲授相关的业务知识。

资料来源：https://wenku.baidu.com/view/be8dc2727fd5360cba1adb35.html.

讨论题：A公司的培训体系有什么特点？这一培训体系给企业和员工带来什么影响？

深度阅读

1. 赵耀. 员工培训与开发［M］. 2版. 北京：首都经济贸易大学出版社，2018.

该书系统地概述了企业员工培训与开发的相关内容，包括员工培训与开发的概念及发展历史、员工培训与开发在企业中的地位与作用、员工培训与开发和企业的发展；阐述了员工培训与开发的理论基础，包括员工培训与开发理论的发展、学习理论与培训迁移理论；介绍了员工培训与开发制度，包括企业员工培训与开发的原则、员工培训与开发的制度、员工培训与开发的流程；描述了员工培训与开发需求分析，包括员工培训与开发需求分析概述、培训需求分析的模型与方法、员工培训与开发需求分析的实施；介绍了员工培训与开发管理的方法与技术，包括以传统技术为媒介的培训与开发方法及其选择、以新兴技术为媒介的培训与开发方法及其选择、特定人员的培训与开发方法及其选择。

2. 许丽娟. 员工培训与发展［M］. 2版. 上海：华东理工大学出版社，2012.

该书由三大板块组成：一是基础理论，包括培训与组织发展的关系、培训的教育学习理论和培训的形式等；二是流程分析，包括培训的需求分析、培训项目的开发与实施，以及培训效果的评估；三是分论，具体介绍新员工导向培训、管理开发培训，以及员工职业生涯管理中的培训。具体内容包括：组织发展与员工培训开发、培训开发的教育学习原理、常见的培训方式及选择、以新兴技术为媒介的员工培训、培训需求分析、培训项目的设计与实施、培训效果评估、新员工入职培训、管理人员的培训与开发与职业生涯管理。

3. 周红云. 员工培训：技术与策略 [M]. 北京：中国劳动社会保障出版社，2013.

该书以前瞻性、专业性、系统性、实用性和生动性为导向，分理论、技术和策略三个部分系统阐述培训相关内容。以问题为导向，按照"培训什么——如何培训——效果怎样"的思路，系统阐述实施员工培训的相关技术。介绍培训需求分析的层次、方法和流程，并据此制订培训计划，解决企业中"培训什么"的问题。设计培训方法，包括传授指导式培训法、实践参与式培训法、体验式培训法以及现代培训法（E-learning），从而解决企业中"如何培训"的问题。针对"培训效果怎样"的问题，提出培训评估模型、培训评估数据的收集方法和培训评估的流程。重点分析员工培训的应用策略，新员工、管理人员、销售人员和培训师的培训技巧。

本章小结

员工培训是指组织为开展业务及培育人才的需要，采用各种方式对员工进行有目的、有计划的培养和训练的管理活动。主要目的是提高员工的绩效和有利于实现组织的目标；其直接任务是提高员工的知识、技能，改进员工的工作态度和行为；员工培训对于员工个人来说可以推动他们的职业发展。

培训规划的类型从不同的角度有不同的划分形式：从培训的内容来看可分为知识培训、技能培训、态度培训；从培训的阶段看可分为导向培训、在职在岗培训、在职脱产培训；从培训的对象来看有各层次、各职能的培训。

培训实施的具体方法有讲授法、视听技术法、讨论法、案例研讨法、角色扮演法、观摩范例法、互动小组法、计算机网络培训法等。实施过程中要做好培训前的准备与组织工作，充分了解员工学习的规律以及成年人学习的特殊性，作出一份具体的培训计划。

培训过程管理中的培训控制是指在培训过程中不断根据目标、标准和学员的特点，矫正培训方法、进程。分训前、训中、训后三个控制阶段。同时还要注意到培训中经常会出现的风险情况，并根据不同情况，提前进行风险控制。

培训评估是指在培训过程中学员所获得的知识、技能和其他技术应用于工作中的程度。在了解了柯克帕特里克培训评估模型、卡夫曼的五层次评估模型、CIRO 模型、

CIPP 模型和菲利普斯的五层次 ROI 模型的内容之后，要重点掌握柯氏培训效果评估模式。该模式第一层面是评估学员的反应；第二层面是评估学员所学的东西；第三层面是评估学员工作行为的变化；第四层面是评估培训结果。

重要概念

员工培训　导向培训　在职在岗培训　在职脱产培训　培训需求分析　案例研讨法　角色扮演法　互动小组法　培训控制　培训效果评估　柯氏培训效果评估模式

复习思考题

1. 什么是员工培训？它包括哪些内容及类型？
2. 什么是培训需求分析？它分为哪几个层面？
3. 培训实施中包括哪几种模式？它们各有什么特点？
4. 试将柯氏培训效果评估模式与其他几种培训评估模型进行比较，分析其优缺点。

第七章 绩效管理

第一节 绩效管理概述

一、绩效的内涵与表现形式

（一）绩效的内涵

一般而言，绩效可以理解为是一定时期内员工的个人成绩、团队的运作效率和组织整体效益的总称。更深入地看，绩效是员工的各种输入在一定条件下转化为输出（工作行为和工作结果）的过程，也是员工素质与工作对象、工作条件等相关因素相互作用的结果。组织需要在明确绩效内涵的基础上建立完善的绩效考评体系，这有利于客户满意度的提升和组织目标的实现。

（二）绩效的表现形式

从操作的角度来说，绩效可以以层层递进的方式分解为以下几个方面：（1）绩效是"行为"或"任务"，如汇报、开会；（2）绩效是"结果"或"产出"，如数量、质量或效益；（3）绩效是"结果+行为"，如管理和服务；（4）无法以结果形式呈现的绩效，因为行为本身就是结果；（5）绩效是"能力+特质"，如研发能力、创新能力等技能或者人格特征、态度等特质。

需要强调的是，对于创新型工作，绩效除了要关注创新产出的多少，更要关注员工是否运用创新的方法提高了创新能力。既往的绩效概念大都是从"结果"或"产出"的角度界定的，即一定时间内产生的可以衡量的结果（工作数量、工作质量与工作效率等），实质上仅仅只反映了员工凝结形态的劳动。

二、绩效的层次性和影响因素

（一）个人绩效、团队/部门绩效和组织绩效的内涵

从层次上看，绩效可以划分为个人绩效、团队/部门绩效和组织绩效三个层次。

一是个人绩效，指员工在工作期间的工作表现和成绩，如个人的工作效率、产品质量和服务反馈等。个人绩效的取得不仅与工作条件和环境有关，还取决于其工作动机、努力程度、能力与素质以及个人在组织中的公平感知等因素。

二是团队/部门绩效，现代组织中团队/部门绩效不同于个人绩效。团队绩效是在团队成员协作和努力的基础上获得的绩效，成员在工作上互帮互助且有共同的责任和目标，从而形成整体大于部分之和即"1+1>2"的绩效提升效应。

三是组织绩效，组织在发展壮大的过程中，通过个人、团体的共同努力所实现的目标，包括组织盈利、市场占有率、组织运作效率、品牌知名度和美誉度、员工学习成长目标等多方面的目标追求。

（二）个人绩效、团队/部门绩效和组织绩效的关系

一是在现实中，个人绩效、团队/部门绩效与组织总体绩效并非一一对应，有可能出现个人绩效和团队绩效均表现良好，但组织的经营战略却难以实施下去的现象。因此，如何通过完善机制，使个人绩效、团队绩效与组织绩效保持一致，提高人力资源管理系统对组织层面绩效的支持力度和贡献份额，是绩效管理研究一个极具挑战性的重大课题。

二是绩效随着时空变化、工作任务的增减和工作环境的更换等而呈现出多因性，如图7-1所示。首先，知识、技能是个人工作绩效的基础，不具备相关技能就无法进行高效的生产；其次，工作能力的提高需要及时的反馈和激励，进而改变员工的工作态度，而业绩往往是突出的工作能力和良好的工作态度所带来的结果；最后，系统因素，如资源支持是否到位、是否认同企业文化、晋升渠道是否通畅等，也是影响个体工作绩效的重要因素。

三、绩效考评和战略性绩效管理

绩效考评是绩效考核和绩效评价的总称。绩效考核是考评者借助于某一种或几种方法，力求客观描述员工绩效；绩效评价是考评者根据之前的描述来确定员工绩效在团队

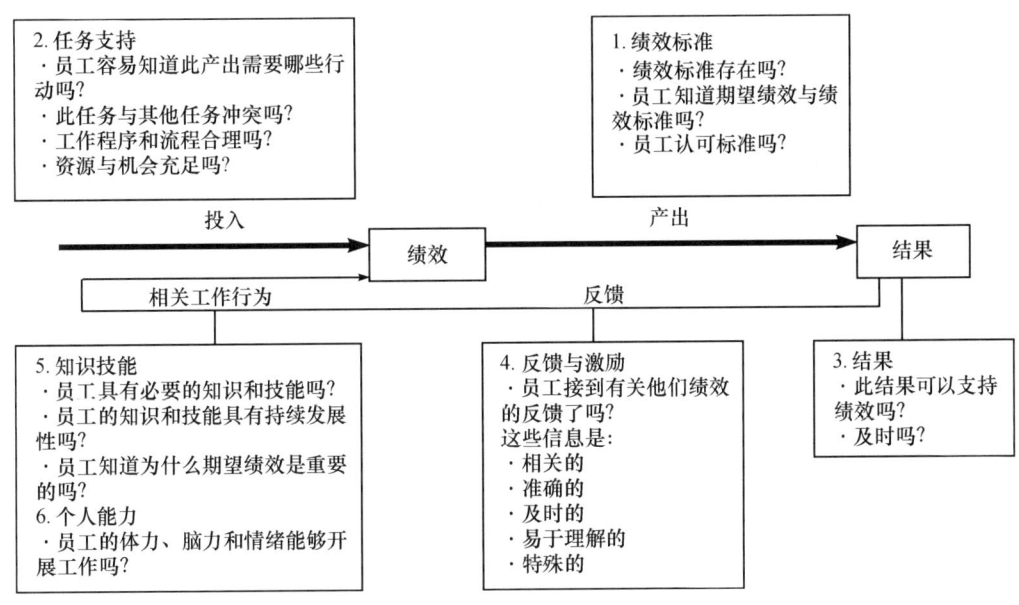

图 7-1 工作绩效的决定因素

或者组织的排名。绩效考核结果为绩效评价提供依据，评价只有在客观考核的基础上才是公平的，考核只有通过评价才能得以发挥作用。

（一）绩效考评的发展阶段

1. 人事管理阶段的绩效考评

一是组织在要求员工完成本职工作的基础上，通过薪酬发放、工作分析和员工招聘、奖惩工作，使员工改进工作，增强员工归属感等。

二是考评者基于控制导向对不同员工之间的工作行为和成果进行比较，从而了解员工的工作任务进度、职责履行情况和个人的发展情况，而不是将员工的行为和既定的工作标准进行比较。常见的考评方法有配对比较法、强制分布法等。

三是绩效考评的优点在于简便快捷，快速完成部分人事管理职能，其缺点在于可能存在考核目标不明确、考核权责体系不清晰、考核流程形式化、考核标准模糊等一系列问题。

2. 人力资源管理阶段的绩效管理

随着人事管理向人力资源管理演进，绩效考评开始向绩效管理阶段演进。

一是绩效管理更多的是一种为了确保组织战略目标的实现，从而对工作行为、工作表现以及工作成果进行识别、测量和开发的活动。绩效管理是一个集事前计划、事中管理以及事后反馈为一体的系统，如图 7-2 所示。

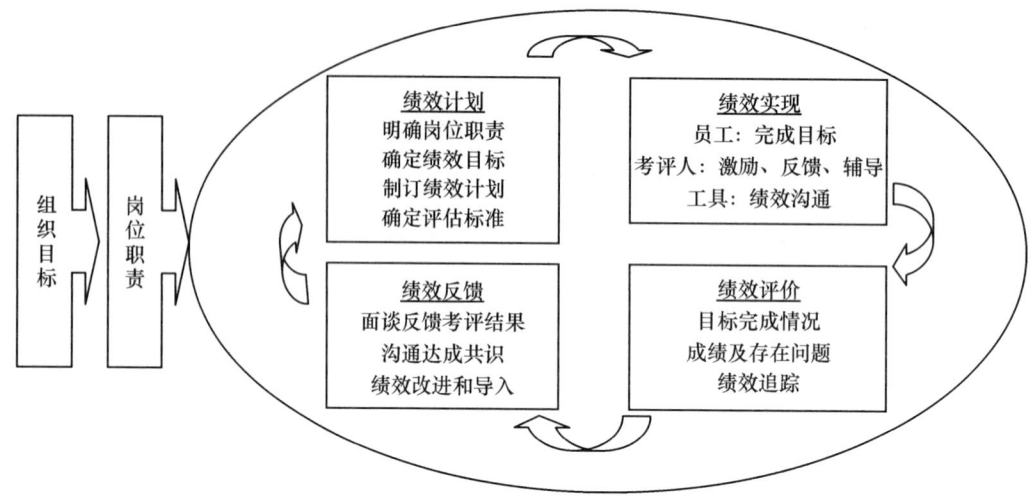

图 7-2　绩效管理系统

二是绩效管理在绩效考评中的应用。在该阶段，绩效考评是绩效管理的重要一环，是考评主体采用考评方法，评定员工的任务完成进度、职责履行程度和个人发展期望的过程，仅仅涉及事后的考评结果。事实上，相对于绩效考评，绩效管理强调直线经理的职能，以及对个人和团队投入产出全过程的不断改进。

三是绩效管理的工具不断创新。随着战略性人力资源管理的不断演化以及平衡计分卡、资本附加值等管理工具的创新，绩效管理从对个人的管理上升到组织层面，成为组织战略管理的重要组成部分。

（二）战略性绩效管理

1. 企业战略和战略性绩效管理的内在逻辑关系

一是战略性绩效管理的关键在于企业绩效考评与组织战略要求要保持一致性和适配性。组织是为了实现战略目标而存在的。一个组织的战略决定了组织做什么（行动的内容）、谁来做和为谁做（行动的主体和行动的客体）、如何做（行动的方式）、在何地做和何时做（行动的空间和时间）等一系列问题。但是，实际执行过程中，组织却经常忽视行动的效果、参照系的选择等关键问题。组织战略管理实质上是对战略的形成、实施、测评与监控过程的管理。基于平衡计分卡（BSC）的组织战略和战略性绩效管理的内在逻辑关系如图 7-3 所示。

从图 7-3 可以看出，战略性绩效管理的关键在于组织绩效考评与组织战略要求保持一致性和适配性。在绩效管理过程中应引导员工的行为，使其朝着战略目标的方向发

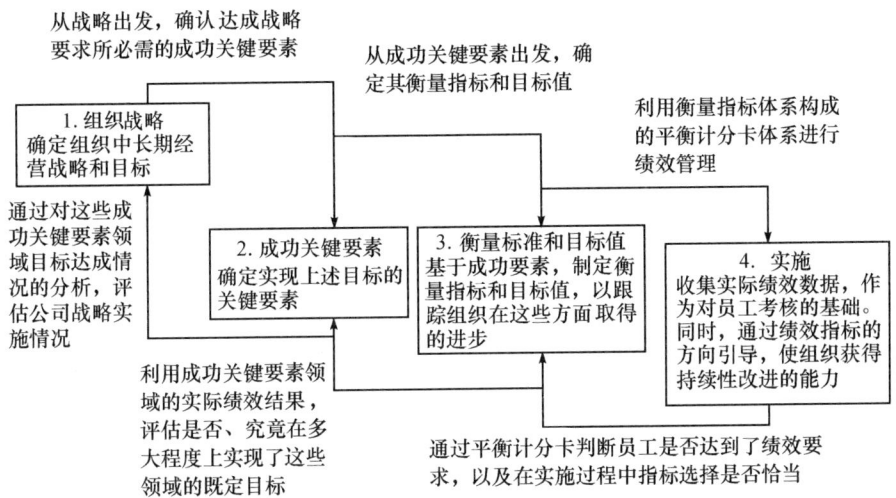

图 7-3 基于平衡计分卡的组织战略和战略性绩效管理

展,从而使绩效评估走出"为完成评估而评估"和"为获得奖酬而评估"的误区。

二是战略性绩效管理的工具日渐丰富多元。随着目标管理法(MBO)、关键绩效指标法(KPI)和平衡计分卡(BSC)等战略管理方法的出现和成熟,如何建立组织的战略性绩效评估体系在技术上没有障碍。

2. 战略性绩效管理的过程

一是基本假定。在战略导向的绩效管理体系下,一般假定员工会提前规划好目标,并采取一切必要的行动以实现目标。一般的绩效管理系统通常假定员工只关注个人,不会为了实现目标而有所行动、不清楚应采取何种行动,在这种情况下,战略的制定与实施很少会影响一般员工的工作。

二是拟定考评目标。战略性绩效管理对于指标体系的设计、选择与应用都是有目的性的。一般的绩效管理则是以控制为中心,为了更好地引导和控制员工个人的工作行为,应设计方便衡量的指标体系并在考评过程中严格执行这一标准。

三是指标来源的考量。战略性绩效管理体系的指标取决于组织的战略目标,通常是经由组织目标层层分解而得到的,属于自上而下的模式。因此,指标既传达了明确的结果,也展示了结果是如何产生的。一般的绩效管理系统则以财务指标为主,根据个人的绩效与目标确定指标,这是一种自下而上的模式,即更注重对已完成绩效的衡量,为解决过去存在的问题而进行绩效改进,与战略脱钩。

四是考评结果应用。在战略导向的绩效管理体系下,考评结果是为了完善组织的利润分配，使得职业晋升更接近战略目标，考评指标及权重更公平，从而推进组织战略的有效实施。一般绩效管理中，考评结果更关注工资或经济利润，以及个人绩效和团队绩效，较少考虑与组织战略的相关性。

第二节 绩效管理体系

一、现代企业绩效管理的系统性

现代企业绩效管理是一个系统，主要包括绩效管理的主体、考评方法体系、考评指标体系、考评标准和实施流程等。细分为绩效考评主体、考评周期、考评指标与标准、考评程序等诸多环节，如图7-4所示。

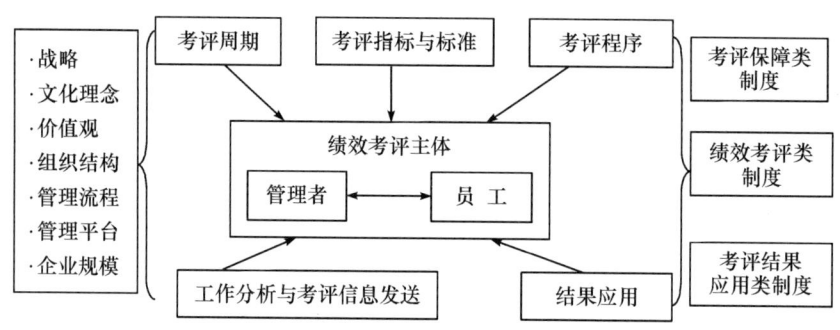

图7-4 现代企业绩效管理体系构成图

绩效管理的系统性对整体组织绩效制度的设计工作提出了更高的要求。实质上，绩效管理是企业人力资源管理的重要组成部分，它并非是独立存在的。为了满足企业在不同发展阶段的需要，对企业战略、组织文化、人员构成和管理流程进行及时的更新和调整是很有必要的。企业选择绩效管理体系和技术，应首先对组织的现状进行分析，确定在当前的阶段适用哪种类型的绩效管理系统，如复杂的还是简单的，定量的还是定性的；能否在已有的基础管理上引入新的绩效管理，是否需要进行调整，若调整，要付出多少时间和成本等相关环节。

二、绩效管理主体

在绩效管理体系中，绩效管理主体有两个层次的理解，一个是绩效考评主体，另一个是绩效管理主体。

(一)绩效考评主体

绩效考评主体的遴选,主要是考量由"谁"对被考评者打分数。一般而言,对于被考评者绩效最有发言权的人,应该是熟悉被考评者工作内容的关系主体——被考评者的直接上级、直接下级、内部关系(同事或部门之间的业务流程相关者)和外部联系(客户或供应商)等。

(二)绩效管理主体

绩效管理主体实质上涉及企业绩效管理的职责分工问题,即谁来推动企业绩效管理工作。在现代企业的绩效管理体系中,一般强调以下理念:一是人力资源部门是绩效考评制度的设计部门、绩效考评结果的应用部门,而不是管理部门;二是绩效管理的直接责任人是一线经理,绩效管理的主要推动者是企业领导层;三是与绩效管理相关的制度和规定是各层级管理者和负责人不断提高绩效的必要保障,具体内容见表7-1。

表7-1　　　　　　　　现代企业绩效管理主体的权责体系

	直线经理的职责	人力资源部门的职责
绩效管理	1. 为下级员工设定目标 2. 进行绩效指导和监督 3. 填写评分结果 4. 反馈绩效 5. 进行绩效面谈	1. 开发考评系统 2. 为考评者提供考评方法和技巧培训(召开定期的绩效评审会议,为目标管理制定指标) 3. 监督和评估系统
	被考评者的职责	考评领导小组的职责
	1. 协助设定绩效目标 2. 进行自我评价 3. 申诉	1. 安排组织绩效考评意图 2. 对绩效制度进行解释和裁定 3. 对申诉做出最终考评

三、绩效考评方法体系

绩效考评方法决定了员工绩效真实信息的收集效度和信度。目前已有很多关于绩效考评的方法,但是不存在适用于所有企业的通用方法,每种方法适用于不同的企业。因此,企业在进行绩效考评时,需要设计专门的、有针对性的考评方法体系,既能实现考评目的,又与组织内部员工特性相匹配,从而保证考评结果的公平性和公开性。

（一）绩效考评方法的类型

在现代企业中，以下三种类型的方法常用于人力资源绩效考评，即不同员工之间直接相互比较的方法、员工和工作标准相比较的方法、员工和工作目标相比较的方法。

1. 不同员工之间直接相互比较的方法

对于大部分绩效考评工具，通常是考评主体根据既定的评分标准来评定绩效。不同员工之间直接相互比较的方法包括简单排序法、交替排序法、配对比较法以及强制分布法等。

这种考评方法的优点是操作成本比较低且具有实用性，无须花费太多的时间和精力。另外，这种方法还可以消除绩效管理中的宽厚性误差，从而避免考评者给每一位员工做出的评价内容不符合自身的实际情况。但由于这种考评方法的判定标准比较模糊或者说有一定的主观性，可能会导致评价结果的客观性和准确性受到质疑。同时，不同员工之间直接相互比较法并未说明达到"优秀"的具体工作行为和内容，因此，这种方法无法起到引导员工、控制员工实现个人绩效向组织绩效靠拢的作用。最为关键的是，这种考评方法无法对不同部门的员工绩效进行公平的评价和比较，会加强员工的横向不公平感。

2. 员工和工作标准相比较的方法

与员工之间的互相比较不同，员工与工作标准相比较的评价结果具有客观性。常见的考评方法有图解式评定量表法、关键事件法、行为锚定等级评价量表法和行为观察量表法等。

这种考评方法的优点是简便易操作，明确员工进行绩效改进的方向和内容，尤其适用于工作方式对于实现组织目标非常重要的情况。但绩效的表现形式具有多维性，即工作标准或绩效可以表现为产出、行为或能力，而导致这种绩效结果的原因可能涉及组织系统因素等，也就是说，这种考评方法覆盖的工作行为有限，无法包含所有为实现组织绩效而采取的工作行为。因此，工作标准的制定与衡量可能困难且难以量化。

3. 员工和工作目标相比较的方法

将员工和工作目标进行比较，也就是所谓的目标管理法。在这一评价方法下，管理者与每一位员工共同确定有针对性的、可衡量的目标，并且由管理者定期检查员工的目标完成情况。这种考评方法注重员工的最终工作情况，如产品数量或质量，反映了员工凝结形态的劳动。当员工完成任务的工作方法有很多种，且对工作行为的要求比较低时，这种有明确目标导向的考评方法就非常适用，但其有一定的局限性：第一，绩效的多因性决定了员工取得的工作结果除了与个人因素有关外，还受到外部环境因素的影响，因此，以目标为导向的考评方法的有效性会大打折扣；第二，一味地强调目标导向，可能会导致部分员工为达到目标而忽视过程的不良行为；第三，在团队中，只注重个人目标的实现可能会导致恶性竞争，不利于成员间的合作和团队意识的培养，从而无法提高组织的整体绩效；第四，目标导向的考评方法无法提供完成绩效的具体过程，也不利于获得绩效改进的明确信息。

（二）绩效考评的具体方法

1. 交替排序法

交替排序法的应用范围非常广泛，具体操作如下。

第一步，将需要进行评价的所有员工姓名列出来，然后将不是很熟悉而无法相互对其进行评价的员工名字划去。

第二步，在被评价的某一绩效要素上，确定哪位员工的表现是最好的，哪位员工的表现是最差的。

第三步，在剩下的员工中挑出表现最好的和最差的。

以此类推，直到所有必须被评价的员工都排列出来为止。这种方法虽然简单易行，但使用起来有一定的限制，它常用来考评那些人数不多且从事相同工作或处于同一部门的员工。

2. 配对比较法

配对比较法是一种比交替排序法更为有效的工作绩效考评法，此法需要将每一位待考评的员工与其他员工相比，考评工作量较大，常适用于员工规模较小的组织。具体考评步骤如下。

第一步，列出包含员工姓名、考评要素的对比表，见表7-2。

第二步，按照给定的评价要素，将每一位员工分别与其他员工进行配对比较。

第三步，通过对比双方的实际情况，用符号"+"（优于）、"-"（劣于）表明哪位员工好一些、哪位员工差一些。

第四步，将每一位员工单项考评要素得到的"优于"的次数相加，数值越高，表明该员工此项能力最强；把所有单项考评成绩相加，可得到总成绩，即可评出全面最优员工。

表 7-2　　　　　　　　　　　　　　　绩效考评配对比较表

评价要素		员工配对比较					横向比较	
		A	B	C	D	E	评分加总	得分排序
工作数量	A		+	−	+	+	3	
	B	−		+	+	−	2	
	C	+	−		+	−	2	
	D	−	−	−		+	1	
	E	−	+	+	−		2	
工作质量	A		+	−	+	+	2	E（8分）
	B	−		−	+	−	1	A（7分）
	C	+	+		+	+	4	C（7分）
	D	−	−	−		−	0	B（6分）
	E	+	+	−	+		3	D（1分）
创新性	A		−	+	+	−	2	
	B	+		+	+	−	3	
	C	−	−		+	−	1	
	D	−	−	−		−	0	
	E	+	+	+	+		4	

3. 强制分布法

强制分布法要求考评者提前将员工的绩效分成不同的等级，并规定相应的比例，然后根据考评结果将被考评者分别划分到对应的绩效等级上，见表 7-3。

表 7-3　　　　　　　　　　　　　　　强制分布法考评量表

绩效评定等级	比例		员工分布栏目（等级栏）					HRM 决策
优异	最高	15%						
优秀	较高	20%						
符合标准	一般	30%						
有改进余地	较低	20%						
不令人满意	最低	15%						

其实际操作步骤如下：

第一步，将待考评的每一位员工的姓名分别写在一张小卡片上；

第二步，根据每一种评价要素对每位员工进行评价；

第三步，根据考评结果将卡片放到相应的等级栏上。[①]

---

① ［美］加里·德斯勒. 人力资源管理［M］. 北京：中国人民大学出版社，1999.

显然这种考评方法操作简单，且结果一目了然，适用于工种繁多的大型组织，如大型公司的年终考评等。该方法在淘汰低绩效对象上具有优势，而且员工出于就业的考虑，并不会使自己经常处于最低绩效的等级上，从而起到激励和鞭策员工的作用。但是该方法可能会加强组织内部的平均主义倾向，无法调动员工的积极性。

4. 关键事件法

关键事件法是主管记录下属员工的优秀事件和不良事件，并将这些行为作为考评参考的一种方法。在运用该方法时，考评者将员工在工作期间的各种优秀行为或恶劣行为记录下来，并梳理成书面报告。在接下来的一定周期（通常为半年）内，主管将采取与员工面对面的形式讨论出现的特殊事件并评价其工作绩效。

在实际工作中，很少单独应用关键事件法，通常将其与其他考评方法结合起来。作为一种补充的辅助方法，其优点在于在解释员工的绩效考评结果时有据可依，从而保证结果全面反映了员工在考评期的行为，而非是短期或近期的表现。另外，该方法具有动态性，记录了员工在不同时间节点的重要事件，有利于管理者了解员工为消除不良绩效所采取的行为和途径。在考评者可以长期进行客观记录的情况下，该方法的有效性将大大增强。然而，这种考评方法得到的报告缺少结构性，且没有统一的规范和衡量标准，无法在员工之间、部门之间比较各自的工作情况，可能会带来较大的评价误差，不利于真实评价结果的反馈。

5. 行为锚定等级评价量表法

行为锚定等级评价量表法以员工的关键行为为基础，并对特别优秀或特别恶劣的工作行为做等级性量化处理，由此得到相对公平的绩效考评结果。其操作步骤如下。

第一步，确定关键事件。由主要责任人或主管分析工作，然后将代表优良绩效或不良绩效的工作行为作为关键事件，并对此做具体的描述。

第二步，建立绩效评价等级。从关键事件中提取并归纳出几个有效的绩效因素种类，并对这些要素的内容进行界定。

第三步，对工作行为和关键事件进行重新分配。挑选组织中另外的管理人员对原始的工作行为及关键事件进行重新认定，并将至少出现两次的工作行为和关键事件作为最终认定的关键事件。

第四步，评定关键事件。运用上述步骤认定的关键事件，对其所描述的工作行为的有效性进行评定，以确定这些行为能有效代表单一工作绩效要素的标准水平。

第五步，建立工作绩效考评体系。对于每一个绩效考评的因素，都建立一个关键事件组，作为个人特征判定的"工作锚"，见表7-4。

表7-4　　　　　　　　　　　行为锚定等级评价量表

姓名		职务							部门		考评日期	
评价维度/工作特征			差⇦评价量表⇨优						评语		平均有效值	
名称	定义	1	2	3	4	5	6	7				
A												
B												
C												
D												

这种考评方法最大优点在于对每一个考评项目都有明确的定义，还结合关键事件法对不同的工作要求进行清晰的描述，提供了更明确的绩效标准和更精确的工作绩效计量方法，从而确定了典型的关键行为锚定点，为实际考评提供了评分尺度。另外，该方法关于关键行为的描述性文字为被考评者的行为提供了直观的评价，可以帮助被考评者了解自己的工作状态、找到不足之处并明确改进的方向和目标。

但是，这种方法在考评中使用的行为定位于作业而非定位于结果，这就给考评主体提出了一个潜在的难题，即不是对必须实现期望目标的员工，而是正在执行作业的员工进行考评。此外，由于关键行为的描述性文字的字数有限，无法囊括被考评者的全部行为和表现，也不能完全代表现实行为。因此，在实际考评过程中，可能会出现考评主体对评价表存在不同看法从而影响考评结果客观性和可信度的现象。

6. 目标管理法

目标管理法是管理者与每一位员工共同确定有针对性的、可衡量的目标，并且由管理者定期检查员工的目标完成情况的绩效考评方法。应用目标管理法的目的在于：通过制定目标、考评目标、鉴定目标和实现目标，将管理者由评判的角色转化为指导和鼓励的角色，将员工由原来的被考评者变为参与和控制自我的角色，更好地激发所有员工的主观能动性和工作热情，从而为实现组织的战略目标做出自己的贡献。

这种考评方法有自身的循环系统，包括三个方面。第一，管理者帮助员工制定个人目标，该目标必须服从组织的战略目标且可量化考评；第二，管理者辅导员工实现目标，定期进行讨论和指导；第三，管理者及时评价、反馈并改进目标，并在组织确定新目标后更新员工的工作目标。总的来说，从一开始设定工作目标，经过中间阶段的循环和螺旋上升，最终又回到新的共同目标上去。

7. 360度绩效考评法

360度绩效考评法即全方位考评法，指的是从与被考评者建立过工作关系的多元化主体获得与被考评者有关的工作信息，从而对被考评者展开全方位、多主体的绩效评估。这些相关信息来自上级领导的反馈、下属员工的反馈、同事的反馈、企业上下游部门的反馈、企业内外部客户的反馈和本人的自我反馈。具体操作步骤如下。

第一步，组建全方位的绩效反馈队伍。在被考评者同意的基础上，组建一支包含上级、同事、下属、自己以及客户等的队伍，这样才能获得被考评者对考评结果的认同。

第二步，对考评者进行绩效考评技术的培训。为了防止考评结果受到考评者的主观影响，组织有必要对他们进行前期的培训，从而做到正确且客观地使用相关技术。另外，为高效地完成考评工作并获得准确的结果，企业应设计并使用数字化的反馈问卷这一方式。

第三步，进行360度的评估反馈。分别由上级、同级、下属、客户和本人按照不同维度的标准反馈。评估过程中，为保证评估结果的真实性和有效性，除了无法保密的评估反馈（来自上级领导）外，其他主体应该以匿名的形式对被考评者进行绩效评估。

第四步，整理并报告评估结果。在呈现评估报告时，一方面要保护评估者的匿名需要，另一方面要保证评估的科学性。例如，各维度的评估人数一般为3~5人，如果评估人数过少（低于3人），则应该将这些人归入其他维度的评估。

这一方法适用于那些工作流程清晰且具有团队精神的企业，尤其在职能部门的业绩考评以及员工能力培训考评方面有较好的效果。

这种方法的优点在于：一方面，保证绩效考评做到全面覆盖且公正透明，对员工的能力素质进行全面考评；另一方面，在一定程度上增加他们的自主性和对工作的控制，员工工作的积极性会更高，对组织会更忠诚。但是，360度绩效考评法也有弊端，第一，考评过程涉及人员较多，难以在短时间内组织和协调考评进度；第二，处理考评结果时，难以界定每类考评主体的权重。

四、绩效考评指标体系

绩效考评指标体系用来评估被考评者工作绩效，由定量或定性的标准构成，这些标准是考评员工绩效在数量或质量上完成情况的依据。

（一）绩效考评指标体系的类别

1. "德、能、勤、绩、廉"指标体系

一是品德。"德"决定了一个人的工作方向和行为方式，其标准不是固定的，不同时代、行业和层次对德有不同的标准。

二是能力。"能"包括政治能力、认知能力、业务操作能力、沟通能力、组织领导能力和决策能力。

三是勤勉。"勤"主要指工作态度，如员工的主动性、创新性、责任心以及出勤率等。

四是业绩。"绩"主要指工作数量、工作质量和工作贡献等，对绩的考评应是组织绩效考评工作的重点。

五是廉洁。"廉"强调的是工作作风，考察员工贯彻执行与清正廉洁相关规定的情况，如不违规违纪、积极参加公益、自觉抵制诱惑等。

特别强调的是，"德、能、勤、绩、廉"是一种对"人"的考评指标体系，其中很多的指标可能与员工当期工作任务的关系不密切，是基于"职务常任"制度的考评模式。

2. "任务、职责和能力"指标体系

任务指标指的是被考评者需要在考评期内完成的重要任务或工作，如对技术开发人员可以是考评期内的开发任务。

职责指标是对关键绩效指标进行层层分解得到的客观且可衡量的具体目标。

能力指标指的是直接体现员工工作能力的产出、效率或行为。

3. "目标、客户、过程、组织和员工"指标体系

目标维度常用来测评政府公共部门在政策目标、政府购买支出、关键成效区域和公共预算方面的实现程度。具体指标包括实现政策目标的进度、各项购买支出的比例、产出的消耗速度、预算表现、财政收入是否达到预期等。

客户维度涉及各种客户服务管理目标，主要考评不同客户群体的需求被满足的程度。这一维度的指标主要包括客户满意度、服务完成度和人们对于服务的了解情况等。

过程维度实质上是一种借鉴企业目标管理的模式而建立的服务满意度的体系。这方面的指标主要涉及核心过程的效率（如单位产量、提供的服务），实现主要功能的准确性和质量，形成新的过程或改良等。

组织和员工维度主要包括新创意的引入、绩效的增加、培训员工的数量、所有员工的满意程度和信息管理的质量。

4. 关键绩效指标体系

关键绩效指标（KPI）体系是典型的量化管理目标，它通过将企业的战略目标分解为简单易操作的工作目标来衡量绩效，因此关键绩效指标体系也是现代企业绩效管理的基础。这一指标体系对员工本职工作的完成情况有决定性作用，也是实现公司目标和业务终点的最有效工具之一。

该指标体系假设员工为获得更高的工资报酬，会付出时间和精力做好本职工作。基于此假设，根据企业的战略目标确定一个大指标，再将大指标分解为若干小指标，由不同的业务部门分别执行，形成企业层面的绩效考评指标体系；从企业主要业务流程指标入手，落实到组织结构层面，形成部门业绩考评指标体系；从部门考评指标体系入手，分解到岗位层面，形成岗位绩效考评指标体系，即关键绩效指标，这就是员工考评的要素和依据。关键绩效指标分解过程的目标是建立比较客观、可操作、可获得数据的指标体系。在关键绩效指标体系的制定方面，一般遵循以下原则。

一是少而精原则。越是高层管理，所需要的关键绩效指标数目越少，结果性就越突出，量化性要求就越高。反之，越是基层管理，需要完成关键绩效指标数目越多，完成任务的过程性越强，从而做到数量性与质量性指标兼顾。

二是目标导向原则。关键绩效指标体系主要衡量与企业目标、部门目标、职务目标相关的重要因素，而不是记流水账。

三是岗位区分原则。每个岗位关键绩效指标的数目不宜过多，一般是 3~5 个为宜，并且要和部门关键绩效指标有因果对应关系。

四是时效性原则。关键绩效指标体系和对应目标值一年定一次，中途一般不宜调整。

某公司销售部门的关键绩效指标体系示例见表 7-5。

表 7-5　　某公司销售部门的关键绩效指标体系

月度		年度	
关键绩效指标	权重	关键绩效指标	权重
销售收入		销售收入	
销售费用率		预算费用执行率	
应收账款及周期		应收账款及周期	
业务报表及准确率		市场占有率	
销售产品损耗		经销商/消费者满意度	
新品销售额		渠道效率	

续表

月度		年度	
关键绩效指标	权重	关键绩效指标	权重
大卖场销售额		—	
经销商库存和月销量比例		—	

销售收入：以规定时间内实际回款为标准
销售费用：包括人员消费、促销活动、储存成本、日常损耗等
销售产品损耗：直接损耗（不可回收）、间接损耗（可回收）
新品：投放产品市场少于半年的产品
经销商库存和月销量比例：安全库存和产品运作周期

5. 平衡计分卡指标模式

以平衡计分卡为核心的绩效管理体系因管理高效而得到广泛应用。在该考评指标模式下，除了财务层面的指标外，还包括新的考评领域，即外部客户层面、内部运营层面和员工成长层面。财务层面的指标主要衡量企业为股东创造价值的多少；外部客户层面的指标主要关注在企业消费过的客户对本企业的业绩表现的评判结果；内部运营层面指的是企业为满足客户需求和期望而对业务部门的管理和运营，其运营内容包括识别并满足客户需求、发掘潜在客户、留住有效客户、符合财务预算等；员工成长指标用来判断企业进行创新、完善自身和重视员工的能力大小，以实现可持续的增长。

这种指标模式通过财务、外部客户、内部运营和员工成长四个层面衡量指标的相互作用，既能展现组织实施战略的具体轨迹，又能实现绩效管理中考核绩效、改进绩效、实施战略、修正战略的目标。在实施过程中，除了要确定事前指标和事后指标，还要协调不同领域之间的绩效以保持平衡，不能用某一领域或部门的优秀绩效弥补其他领域或部门的糟糕表现。

某公司基于平衡计分卡的关键绩效指标体系如图7-5所示。

(二) 绩效考评指标体系的设计原则

设计一个高效且科学的绩效考评指标体系必须遵循SMART原则。

S代表具体的（Specific），意思是考评指标必须结合特定的工作目标，进行层层分解和细化，并且随着环境的变化不断调整。

M代表可度量的（Measurable），意味着绩效考评指标或者是可量化的，或者是行为化的，与这些指标有关的数据或者信息是有确定来源的。

A代表可实现的（Attainable），指的是绩效考评指标应该可以通过员工的努力而实

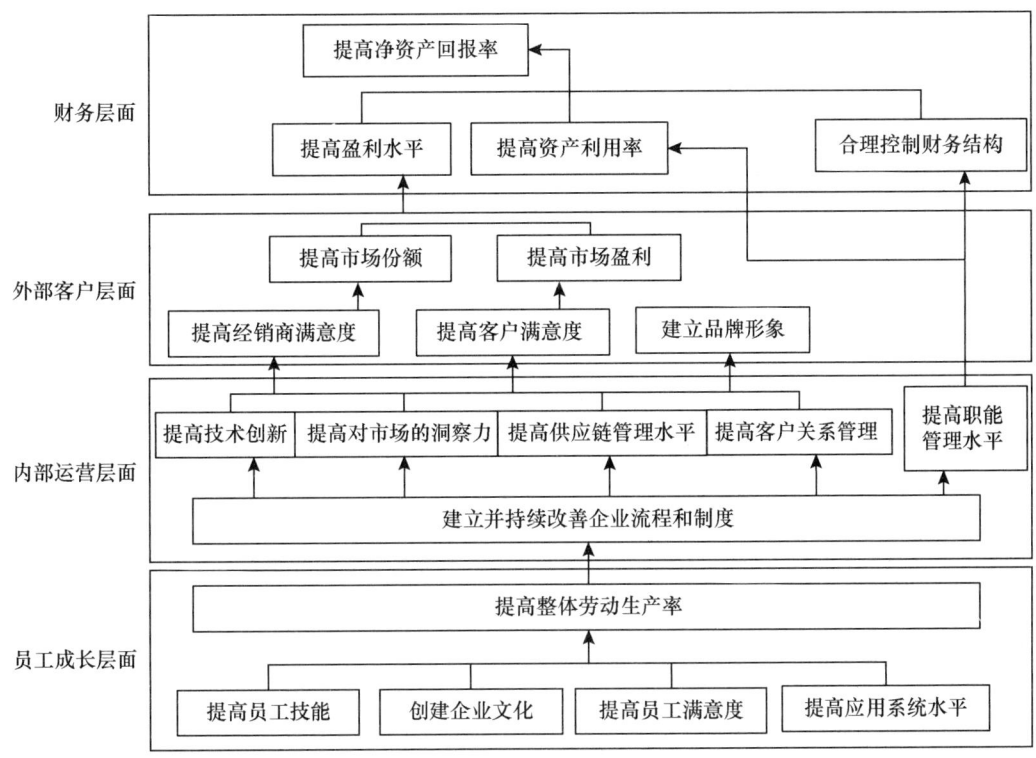

图 7-5 某公司基于平衡计分卡的关键绩效指标体系

现,而并非是一些过于复杂或简单的工作目标。

R 代表有相关性(Relevant),指的是绩效考评指标与工作的相关度非常高,是符合实际工作内容的,并且可以得到证明和考察。

T 代表有时限性(Time-bound),是指考评指标必须要设定完成期限,否则这一指标将是无效的。

五、绩效考评标准

(一)确定绩效考评标准的思路

在绩效考评系统中,如何确定绩效考评标准是整个考评系统成败关键要素之一。实际操作中,大致有如下几种思路。

1. 生产、销售部门强调量化与精确化

一是量化。量化指标目前仍然是衡量岗位业绩的最有效方式,可以解决工作与工作之间相比较时的不公平和不客观等系统问题。

二是精确化。标准必须具体精确,这是因为标准是考评过程中衡量员工的尺度,它表明员工在工作中实现的绩效情况。因此,不能让人感到模棱两可、不易操作。

2. 职能部门强调相对标准

职能管理部门的绩效标准确定一直是个难题,而相对标准提供了一种新的思路。使用相对标准,要先根据员工的职责或者工作任务将其分解为若干子指标,然后为这些小指标确定参考系。对于那些职责不好分解、指标不好提取的职能部门,需要对成本做减量处理,常见的有时间成本和金钱成本等。

(二) 运用经济增加值指标的考评

2010年开始,国务院开始对所有的国有企业采取经济增加值指标进行考评。EVA (Economic Value Added) 是经济增加值的英文缩写,指从税后净营业利润中扣除包括股权和债务的全部投入资本成本后的所得。其核心是资本投入是有成本的,企业的盈利只有高于其资本成本(包括股权成本和债务成本)时才会为股东创造价值。公司每年创造的经济增加值等于税后净营业利润与全部资本成本之间的差额,其中资本成本包括债务资本的成本,也包括股权资本的成本。从算术角度说,EVA等于税后经营利润减去债务和股权成本。EVA是一种评价企业经营者有效使用资本和为股东创造价值的能力,是体现企业最终经营目标的经营业绩考评工具。

六、绩效管理的实施流程

(一) 绩效管理实施流程的闭环结构

绩效管理体系主要涉及绩效计划制订,动态持续的绩效沟通与指导,绩效考评,绩效审核、诊断与监控,绩效反馈与面谈,再回到起点——制订新的绩效计划这几个环节,由此形成一个闭环结构。具体的流程如图7-6所示。

(二) 绩效管理实施流程的步骤

1. 绩效计划制订

绩效计划是为了确定组织的绩效期望目标和员工对此目标的认可,因此,绩效计划必须明确组织的期望目标、员工需要完成的工作任务和掌握的技能、有哪些资源支持和权利、完成的时限和奖惩等。

一是期望目标的设定。设定依据包括:组织或部门的发展战略、员工所处岗位的职责和工作内容、前期工作不足和绩效改进的要求、客户对产品和服务的要求等。

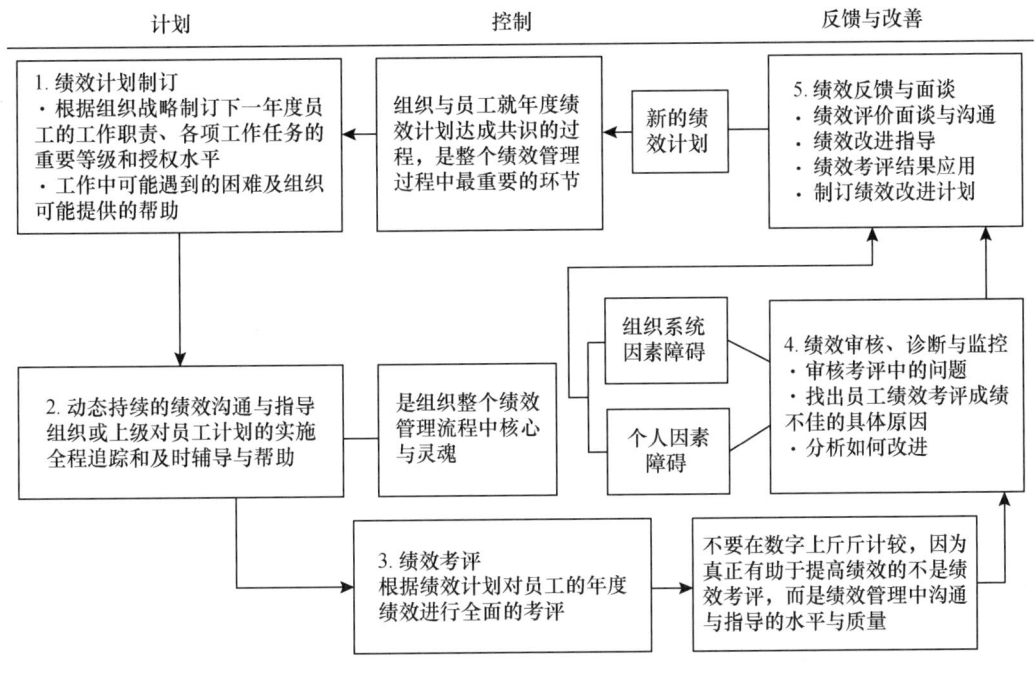

图 7-6　绩效管理实施流程的闭环结构

二是遵循 FEW 原则。其中，F 的意思是集中在主要领域（Focus on main area），即绩效计划的目标应分清主次，以主要领域为主、日常工作为辅；E 的意思是员工参与（Employee join in），即在制定绩效目标的过程中，员工的参与必不可少，这也是组织绩效目标得到认同的关键；W 的意思是轻重缓急（Weight trade），即绩效计划应根据工作的重要性和紧迫性设置不同的目标，以及不同的考评权重。

三是注意绩效指标的"张力"效应。个人绩效计划的目标往往是通过组织目标的层层分解得到的，而组织目标的分解过程也是上级与下级的博弈过程。下级为了个人利益，往往要尽量压低绩效目标，而上级为了完成组织既定的目标，通常会增加绩效计划完成的安全系数。如上级对各部门设定了一个目标，各部门会在原来的基础上放大 120%传递给各分支机构，各分支机构可能会再放大 120%给自己的下级。经过层层放大之后，绩效指标的"张力"效应出现，这种效应削弱了绩效指标的严肃性和可执行性。

2. 动态持续的绩效沟通与指导

绩效沟通指的是下属在执行绩效计划、实现绩效目标的过程中，管理者就员工的工作行为与其进行沟通，并及时将好的和不好的行为反馈给员工，着力寻求应对之策。绩效指导指的是在员工执行计划的过程中，管理者提供的激励和纠偏等帮助。当员工出现优良工作行为时给予激励和奖励，当员工出现不良行为甚至偏离目标时进行必要的方法指导和技能辅助等。绩效沟通与指导一般包括如下步骤。

一是观察与反馈，即通过对员工绩效与行为的观察和了解，进行及时的沟通和必要的反馈，向员工描述其具体行为，表述其可能带来的后果，并提供指导、进行正强化或负强化。

二是寻找问题的原因，当发现员工没有从沟通和指导中受到启发并采取行动，则应该从两方面反思，一方面是个人层面的原因，另一方面是组织层面的因素。

三是实施改进计划，根据上述的原因分别进行改进，如果是由于个人因素导致其绩效达不到预期，则应该对员工进行方法和技能的培训；如果员工绩效过低是由于组织因素，管理者应改进绩效计划的流程并得到员工的认可，从而克服低绩效问题。

3. 绩效考评

一是绩效考评对技术层面要求较高。绩效考评是对员工执行绩效计划的成果进行检验和复盘的过程。这一过程需要的技术准备有：拟定审核考评指标、设计或选择合适的考评方法、提前培训考评主体等。

二是选择适用的指标模式。组织根据内部的具体情况，在"德、能、勤、绩、廉"指标模式、"任务、职责和能力"指标模式与"目标、客户、过程、组织和员工"指标模式中进行选择。

三是确定考评标准。考评标准的确定一般采用"标杆管理"，即参照本领域内处于领先地位组织的绩效标准来设定。常用的考评方法有交替排序法、配对比较法、强制分布法、关键事件法、行为锚定等级评价量表法、目标管理法、360度绩效考评法中的任一种或者几种方法。

4. 绩效审核、诊断与监控

一是绩效审核。绩效审核有五个方面：对考评者的审核、对考评流程的审核、对考评方法的审核、对考评文件的审核以及对考评结果的审核。绩效审核重点主要集中在绩效考评中有较大争议或异常的地方，审核目的是实现更科学的绩效考评和更完善的绩效管理。绩效审核主体一般是人力资源管理部门的相关人员。

二是绩效诊断与监控。绩效诊断与监控是在完成考评工作后，组织对绩效计划、绩效指导和绩效考评等环节的完成情况展开诊断，并对问题进行分析，以作出进一步的调整。绩效计划无法按时完成的原因有两类：一是个体层面的原因，如个人缺少工作热情或者未能熟练掌握技能等；二是组织层面的原因或系统因素，如分工不明确、管理体系不健全等。绩效诊断应当首先找出组织和系统因素，然后再考虑个人因素。

5. 绩效反馈与面谈

绩效反馈即绩效考评反馈，是将绩效考评的意见和建议反馈给被考评者。常见的反馈形式有两种：一种是考评意见认可，另一种是考评面谈。前者指的是考评者以书面形式将考评意见反馈给被考评者，然后被考评者在同意且认可后由本人签名盖章。如果被考评者不认同考评意见，则可以向直接上级提出异议，并由人力资源管理部门裁定。后者则是考评者通过交流和对话的形式将意见反馈给被考评者，并征求被考评者的看法。除了意见反馈外，还要对被考评者提出的要求、建议以及下一轮工作计划的安排等进行沟通，为下一次绩效管理奠定基础。无论是面谈还是意见反馈都需要被考评者的认可和签字。

第三节 绩效管理有效性诊断

绩效管理通过组织战略目标的分解将组织绩效和个体利益有效连接起来，根据绩效考评结果给予员工相应的工作压力，从而实现组织的战略目标。一个有效的绩效管理系统应该实现组织目标与个人目标的互惠，然而，传统的绩效管理系统在追求更高的组织目标时忽视了员工的个体感知和能力提升，这不利于提高员工满意度和总体绩效。

一、影响激励有效性的内部变量

绩效管理通过绩效评价指标将企业的战略目标和预期的员工行为导向信息传递给员工，在传递过程中，绩效指标设置、绩效考评过程、绩效考评结果运用都是影响激励有效性的重要变量。

（一）绩效指标设置的科学合理性

绩效指标的选择和设计应注重科学合理性，并做到以下四点：一是一致性，包括指标和战略的一致性、指标和商业过程的一致性、指标和评价目标的一致性，以及指标之间的一致性；二是适宜性，同一个绩效目标可以有不同的指标选择，需要考虑宏观环境、组织发展阶段、数据收集成本等因素；三是明确性，包括指标含义、数据来源、计算方法、员工反馈明确等方面；四是动态性，主要指的是与组织系统的动态匹配、不断适应和及时反馈。

（二）绩效考评过程的有效性和公平性

应确定恰当的考评标准、正确的考评方式和适当的考评时间。一是制定一个准确、清晰的考评标准，考评标准尽可能是可量化的、客观的、容易操作的；二是考评方式应该根据实际情况而定，对于不同的考评对象选择合适的一种或几种考评方法，以达到考评目的；三是考评时间的确定应根据不同的工作类型进行选择，且两次考评时间之间的间隔不宜过长或过短。

（三）绩效考评结果反馈的及时性和真实性

有效的绩效考评结果反馈一是要及时，否则就无法发挥考评的正向教育作用；二是要做到真实性，尤其是被考评员工的直线经理，应该真诚地指出员工在工作上存在的不完善之处，同时提出相应的改进意见。

（四）绩效考评结果的应用

绩效考评结果应用需要一套完善的绩效改进计划，以帮助被考评者明确自身的优势和成绩，认识自身工作的不足，并不断改进工作绩效，实现个人价值和企业利润的最大化。

二、环境因素与激励有效性情景分析

（一）工作环境因素

影响企业绩效管理的因素主要包括员工技能、外部环境、内部条件和激励效应等四个方面。其中，员工技能因素是企业的内在因素，可以通过培训和开发提高员工的技能水平；外部环境因素是企业和员工个人无法控制的客观因素，如经济环境、技术变革、劳动力市场和法律监管等；内部条件因素也是不受人为控制的客观因素，包括企业和员工完成工作时有可能用上的资源和权力支持，在一定程度上可以加以调整；激励效应因素是与员工密切相关的主观因素，主要指企业和员工为达到绩效和实现目标而产生的积极行为和主动作为等。此处主要论述工作环境因素对绩效管理效果的影响。

1. 业务流程是否合理

在企业内部，每个部门的正常运转都离不开规范的业务流程和严格的内部控制。绩效考评的实施是与业务流程是密切相关的，一方面有助于设计合理的业务人员考评机制，另一方面可以加大考评的执行力度。因此，合理、规范的业务流程创造了一个有利的考评环境，使得绩效管理更有效率。

2. 组织架构是否完善

绩效考评中首先要设计每个部门的考评指标体系，而一个人员结构清晰、职责分明的企业具有一定优势,为制定合理的考评指标提供参考;相反,如果人员结构特别混乱,分工也不明确,则很难设计出合理的、符合流程的考评指标体系。

3. 企业文化建设

绩效管理除了受到业务流程和组织架构的影响外,还需要适应组织的企业文化。因为,优秀的企业文化在无形中凝聚了企业的群体意识,使得企业员工的一言一行更加规范化,为企业的发展带来活力。因此,在企业文化建设方面,要将企业文化深入人心,为制定绩效考评指标提供依据,从而使绩效考评的效用最大。

事实上,与绩效管理有关的环境因素还有很多。企业在绩效管理的实施过程中,应预判有些因素可能带来的不利影响,并及时有效地制定适合企业自身发展规律的绩效考评指标。

(二) 激励有效性情景分析

1. 期望理论与激励效应

根据期望理论,激励效应等于员工的目标效价和期望值的乘积。目标效价指的是个人达到工作目标的效用价值或报酬能在多大程度上满足个人的需要;期望值指的是员工个人实现绩效目标与组织履行承诺进行奖惩的可能性。当二者的满足程度和可能性都非常高时,激励效应最大。在实际操作过程中,要注意以下几点:第一,激励内容要符合实际情况,激励方式要恰当;第二,员工绩效目标要与个人能力匹配且通过努力可以达到;第三,管理者需履行承诺并维护组织的信用。

2. 不同主体激励有效性情景分析

实践中,不存在通用的激励机制。不同的企业必须根据不同情况调整激励手段,设计与不同主体契合的激励机制。

一是针对个体情景,起主要作用的有员工的能力、成就需要和价值观。一般而言,能力强的员工越多、能力的互补性越强,激励效应在团队中就越有效。高成就需要的人越多,整体绩效就越不理想,此时基于个人绩效的激励手段比团队绩效下的激励更有吸引力。持有不同价值观的员工,其团队激励效应难以保持一致;集体主义价值观的员工越多,越认同团队绩效下的激励机制,团队的绩效水平就越高。

二是针对团队情景,应该考虑团队的任务特征、类型、规模以及发展阶段等情景。衡量任务特征情景变量的指标是任务相依性,也就是员工为完成自身工作任务而进行的交往和交流。一般而言,随着任务相依性的增强,员工之间的依赖性提高,团队绩效模式下的激励机制更有效。同时,基于团队绩效的激励机制对成员构成稳定且目标明确的团队更有效。处于不同发展阶段的团队，所面临的最佳激励机制也不相同。

三是针对组织情景，常见的情景变量有企业战略、人力资源管理模式、企业文化建设和组织人员构成等因素。企业实施的战略不同，对员工行为的要求也有所差异。当激励机制符合企业战略的目标时，就会产生企业所需要的工作行为，这时激励机制最有效，整体绩效水平也会提升。

需要强调的是，激励机制只有在人力资源管理系统中才能发挥激励效应的作用，该系统还包括招聘与选聘、员工培训开发、绩效管理、企业文化建设等环节。

三、群体动力与产量目标规范

（一）群体动力与生产效率

1. 群体动力的内涵与特征

心理学家卢因认为，个体表现和行为受到自我需要与外部环境的共同作用。当个人的自我需要得不到满足时，就会形成一种内部的"张力"。某种程度上，人的各种行为的动力是内部张力和外部情景力量作用下的产物。把这种理论应用于社会上的群体性行为，就出现了"群体动力"这一概念，也就是群体成员的行为状态或者个人与群体力量的合成等。即人们的心理和行为依赖于内在需要和周围环境的相互作用。群体动力包含群体的规范要求、承受的压力、交流与沟通、突发情况和人际关系等。

2. 群体规范、群体凝聚力与生产效率

一是群体规范，指的是群体中所有成员必须遵守的行为方式或者行为准则。群体规范有正式规范和非正式规范之分。正式规范指的是组织明文规定的、员工必须遵守的规定、制度和程序等；非正式规范指的是群体成员在生产生活过程中约定俗成的、人工的、无须明文规定的准则。科学地制定、调整和运用群体规范，可以大幅度地提高管理效率。

二是群体凝聚力，指的是群体对成员的吸引力、成员对群体的向心力以及成员之间的紧密关系综合形成的，使得成员留在群体的一种内部凝聚力，这种内部力量表现为成员的忠诚度和对群体规范的坚守。影响群体凝聚力的因素多种多样，如图7-7所示。

三是群体凝聚力与生产效率，群体凝聚力与生产效率之间不一定存在正相关关系，凝聚力越强的组织，其生产效率可能提高，也可能降低，关键在于全体目标是否和组织目标保持一致。只有当群体目标朝着组织目标的方向努力时，才会出现群体凝聚力越高、生产效率也越高的情况。

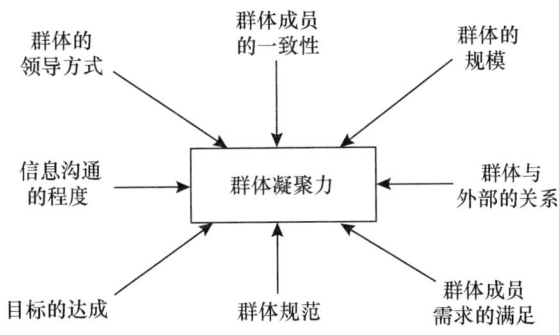

图 7-7　影响群体凝聚力的因素

(二) 产量目标规范

产量是衡量员工生产劳动绩效的标准之一。员工往往需要建立一定的工作产量目标，即自己期望达到的和产出有关的标准或者成果，并通过完成工作目标来实现个人的工作成就和价值。只有建立一定的产量目标（以及质量、消耗量等绩效目标），员工才有可能建立自己的工作策略和工作节奏，并适当规定自己的工作努力程度和持久性等动机。显然，员工在建立产量目标时会受到各种因素的影响。在众多因素的共同作用下，如果某一因素对于产量的影响特别大，员工在确定产量目标时便会向相关的产量标准倾斜，逐渐形成工作的产量目标规范。

影响产量目标规范的因素有两个。

一是群体规范，群体规范尤其是非正式群体规范影响产量目标的实现。非正式群体规范是员工群体在组织中为了维护自身利益而形成的工作产量标准约定。当组织内形成非正式群体规范产量目标时，不但员工自己会遵循，而且会影响其他员工也按照这一规范行事。在生产中，员工受非正式群体规范的约束，在产量上会和群体内部多数成员保持一致，否则就可能出现被冷落或者被打击等不好的结果。当群体中的所有成员朝着共同的工作目标努力且有共同的工作需要、共同的爱好时，成员之间的工作行为就表现出趋同性。

二是定额指标，在正反馈的前提下，员工在制定工作目标时的一致性基点规范是超越定额指标水平的，最终实现的实际产量是在定额指标之上的。之所以会产生这种规范，一方面是因为员工的责任心和自觉性，促使其努力实现绩效目标；另一方面是受到奖惩制度的制约，奖金的吸引力、付出和收益的公平感、完不成任务的惩罚三者督促员工为达到工作目标而奋斗。此外得益于工作中形成的群体规范的反馈作用，团队内员工普遍认同完成定额指标是最基本的工作义务，在团队内起到一种积极的引导作用。

四、绩效考评与目标管理的契合

（一）目标管理

目标管理是由领导、管理者与每一位员工共同确定有针对性的、可衡量的目标，并且由上级领导定期检查员工的目标完成情况的一种管理方法。目标管理的突出之处在于它首先激发员工参与的热情，然后把责任和权力下放给下级员工，赋予其一定的责任感和荣誉感，并且持续向员工反馈信息，根据反馈结果调整工作目标，从而带动员工达到目标。这种方法的特点有三个。

一是权力和责任非常明确，员工对于个人目标和组织目标的关系更加清晰明了，从而发现自身工作和任务的价值所在，为员工实现企业总体目标提供动力。

二是强调员工的参与感，该方法不再是传统的由上级布置或安排工作任务的做法，而是让员工为自己设定工作目标，从而主动投入工作。

三是以结果为导向，寻求结果的信息，需要对自己工作成绩进行评价和反馈，这也是目标管理又叫成果管理的原因。

（二）目标管理与绩效管理的契合

目标管理的实施可分为三个流程：目标的设置、实现目标的管理过程，以及测定与评价工作成果。

1. 目标的设置

在设置目标的过程中，一般由企业的管理者和下属员工共同参与，把企业的整体目标自上而下分解为部门目标和个人目标。各层级员工则会根据上一层级的目标和本部门或团队的目标设置自己的个人工作目标，并朝着这一目标努力。

一是目标设置使每位员工为组织创造的价值透明化，也为员工的考评提供明确的依据，使得绩效管理的衡量标准可视。

二是目标设置越具体，对员工的激励作用就越强。其中，合理授权作为一种有效的激励方式，加大了组织绩效管理的执行强度。

三是通过参与式设置目标，员工为完成个人目标而努力的行为既实现了自身发展，又提高了组织绩效。如果每一位员工都实现了个人的工作目标，那么组织的整体目标也将得到实现。

2. 实现目标的管理过程

目标管理重视结果的达成,但这并不意味着完全由员工自我管理,考虑到组织的全局发展,管理层对过程施加管理很有必要。

一是管理者要定期检查并了解下属员工的工作情况,及时通报个人目标和总体目标的完成情况,主动帮助下属员工解决问题。当出现不可控或者预料之外的事件以致无法推进整体目标时,应通过必要的程序修改原来的目标。

二是通过企业内部上下级员工之间的计划—执行—检查—改进业务管理循环,推动组织整体绩效的改进。

3. 测定与评价工作成果

在这一阶段,根据工作进度和目标的完成情况,考评员工的工作绩效,从而决定奖惩与否以及晋升与否。接着讨论并制定下一阶段的目标,开始新的循环。如果未完成目标,则需要针对问题分析原因,提出有针对性的改进措施,并避免犯同样的错误。这一阶段可以被看作绩效管理反馈过程的一部分,对绩效管理有补充作用。

目标管理与绩效管理的实施有相似之处。目标管理是为了实现更有效的绩效管理,绩效管理的效果离不开目标管理,二者相辅相成。

案例分析

HL公司绩效考评注重过程与公平

与一般公司不一样,HL公司的考评指标中不包含利润,正如公司管理者所说,利润只是做事的结果。但不考评不意味着不关注利润指标。在HL公司的高层看来,管理层和员工都很关心成本和利润,但是一旦考评就会造成过度关注。因此,相对于结果,HL公司的绩效考评更关注如何获得利润,只有把实现利润的过程走好,利润增加才是必然的结果。另外,HL公司采取小区居民考评附近门店的方式,打分包括A、B、C三个等级,这是因为每个社区的打分标准不一样,使用绝对值反而可以避免人为误差。这种考评机制的优点在于保持每个门店的危机感,实现他们之间的良性竞争。为避免分数较低导致排名较差,员工会努力把各种服务都做好以提高绩效。

HL公司的绩效考评指标以本公司的战略为中心,设置了客户满意度、员工积极性和干部培养情况三大类指标。因为"客户就是上帝",让客户满意是吸引客户并留住客户的第一类指标;只有热情积极负责的员工才能提供令人满意的服务,这是第二类指标；只有满足要求且有经验的干部，才可以培养出优秀的、有服务意识的员工，这是第三类，也是最重要的一类指标。

上述考评指标的实施难度不大，但关键在于始终如一地践行。一方面这三类指标决定店长能拿到多少奖金，另一方面决定职位的晋升与变动。如 HL 公司在对店长的绩效进行评估时，除了要关注业绩之外，更重要的是看店长是否有培养干部的能力。通俗地讲，自己干得好不如用人用得好。

就客户满意度而言，为了让客户满意，HL 公司可以授予员工一些基本权力，只要服务客户的基层员工认为有这个必要，可以送菜或者小玩具等。但这种充分授权方式并不是 HL 公司首先使用的，而是来自某酒店。之所以能够授予员工一定的决策权，一是基于企业考评指标与战略的一致性，二是基层员工对于企业战略目标的坚定。

客户满意度的考评，并不是以干部对客户直接访问（如填写满意度调查表或者线上留言提建议等）的形式，而是店长的上级（小区经理）通过巡查或与店长沟通的方式，了解客户在哪些方面的满意度有所提升、哪些方面有所下降、客户的周就餐率是否上升等。

对于员工积极性的考评，主要来自上级的观察和判断，并摸索出一套有特色的验证流程和标准，如不定期抽查、陌生访客等形式，对每个门店的考评进行复查。同时，建立跨级投诉机制，当下属员工发现上级干部个人有问题或者是存在处理门店事情不公平的情况时，基层员工可以直接向上级干部的上级进行反映，直至问题得到解决。

可以发现，干部尤其是中层干部在绩效管理中的作用非常重要。目前某火锅店的考评体系是绩效考评团队牵头的上级考评下级的形式。随着业绩的不断提升和门店的不断扩张，离不开为贯彻执行战略目标而奋斗的中层干部们。对基层员工的绩效考评，靠的是门店管理者的理性判断，而不是一些量化的考评工具。很大程度上是因为门店管理者有过基层服务员的工作经验，非常了解工作内容和服务至上的原则，他们的评价相对真实客观。

更重要的是，HL 公司的绩效管理从人性的角度出发，制定公司制度时考虑人性，执行制度时顾及人性。HL 公司作为餐饮服务业的龙头企业之一，不以利润为唯一考评指标，不以追求利润为导向，但在服务客户、提高员工积极性、增强干部责任心的过程中却获得了利润以及客户的肯定。

资料来源：网上资料收集整理。

讨论题：HL 公司的绩效考评关注哪些因素？有什么不足之处？

深度阅读

1. [美] 加里·德斯勒. 人力资源管理 [M]. 6版. 北京：中国人民大学出版社，1999.

该书与其他同类教科书的最大区别之处在于，它始终以"人高于一切"的价值观为基本理念，创新性地围绕以下两个主题展开：人力资源管理是每一位管理者的职责；赢得雇员的献身精神是成功的人力资源管理的基石，而企业中每个人力资源管理的实践环节，都非常有助于雇员献身精神的培养。

2. 付亚和. 绩效考核与绩效管理 [M]. 3版. 北京：电子工业出版社，2017.

该书关注绩效管理的流程设计和方法介绍，从绩效计划、绩效控制、绩效考核、绩效反馈和绩效考核结果应用五个方面讲述了绩效管理的基本流程，从实际操作角度讲述了绩效考核的各种手段，包括目标管理法、关键绩效指标体系、平衡计分卡考核方式和杠杆管理法等，更有助于读者深入理解绩效管理的理念，真正建立系统有效的绩效管理体系。

3. 郭京生，杨飞，熊敏鹏，等. 绩效管理案例与案例分析 [M]. 2版. 北京：中国劳动社会保障出版社，2012.

该书主要介绍了现代企业绩效指标设计的案例，向读者展示了各种考核方法、考核表、实施与结果控制以及考核结果的有效应用，有助于深入了解绩效考核的实际操作并选择适合的考核方式。

本章小结

绩效是员工的各种输入在一定条件下转化为输出（工作行为和工作结果）的过程，也是员工素质与工作对象、工作条件等相关因素相互作用的结果，呈现出明显的多因性与动态性。

现代企业绩效管理是一个系统，管理内容包括绩效考评主体、考评周期、考评指标与标准等环节。

在现代企业中，以下三种类型的方法常用于人力资源绩效考评，即不同员工之间直接相互比较的方法、员工和工作标准相比较的方法、员工和工作目标相比较的方法。

绩效考评的具体方法包括交替排序法、配对比较法、强制分布法、关键事件法、行为锚定等级评价量表法、目标管理法和360度绩效考评法等。

现代组织的绩效考评指标体系包括"德、能、勤、绩、廉"指标体系、"任务、职责和能力"指标体系、"目标、客户、过程、组织和员工"指标体系、关键绩效指标体系、平衡计分卡指标模式。

绩效管理的实施主要涉及绩效计划制订，动态持续的绩效沟通与指导，绩效考评，绩效审核、诊断与监控，绩效反馈与面谈等几个环节。

绩效管理通过绩效评价指标将企业的战略目标和预期的员工行为导向信息传递给员工，在传递过程中，绩效指标设置、绩效考评过程、绩效考评结果反馈、绩效考评结果都是影响激励有效性的重要变量。

重要概念

绩效　绩效考评　绩效管理　绩效管理主体　关键绩效指标　交替排序法　配对比较法　强制分布法　关键事件法　平衡计分卡指标模式　绩效考评标准　行为锚定等级评价量表法　目标管理法　360度绩效考评　激励有效性　群体动力　产量目标规范

复习思考题

1. 什么是绩效？有哪些影响因素？
2. 绩效考评、绩效管理与战略性绩效管理的区别是什么？
3. 现代企业绩效管理体系由哪些环节构成？
4. 确定绩效考评指标必须遵循的SMART原则是什么？
5. 绩效考评方法有哪些？结合企业特征分析不同企业适用的考评方法。
6. 绩效管理的实施流程包括哪些？
7. 影响激励有效性的因素包括哪些？应引入哪些激励机制？
8. 试结合企业职能管理部门的实际情况，讨论分析如何确定其绩效标准。

第八章
薪酬体系设计与管理

第一节 薪酬体系激励有效性诊断

一、薪酬的功能和形态

薪酬是同商品货币关系相联系的一个范畴。从生产力角度看,它是组织经济活动中投入的活劳动的货币表现形式,是产品最终成本的构成要素。组织主要是通过薪酬来核算或计量活劳动消耗。由于竞争的压力,组织必须考虑不断降低活劳动成本。从生产关系角度看,薪酬体现为收入分配的结果。薪酬的这种两面性,决定了薪酬管理实际上就是在收入分配方面不断提高薪酬水平,生产成本方面不断降低薪酬支出这一矛盾间作出的调节。

(一)薪酬的功能

1. 组织层面的薪酬功能

一是增值功能。薪酬既是组织使用劳动力的成本,也是用来交换劳动者活劳动的手段,同时还是一种活劳动投资,它能够给组织带来预期的大于成本的收益。

二是激励功能。薪酬是对劳动者和经营者工作绩效的一种评价,反映着其工作的数量和质量状况。因此,薪酬可以激励员工的劳动效率和积极性。

三是协调功能。薪酬既通过其水平的变动,将组织目标和管理者意图传递给员工,促使个人行为与组织行为融合,又通过合理的薪酬差别和结构,化解员工之间的矛盾,协调人际关系。

四是配置功能。利用薪酬差别可以引导人力资源的流向、流量和流速,促进人力资源的有效配置。

五是塑造和强化功能。合理和富有激励性的薪酬制度有助于组织塑造良好的组织文化，或者对优秀的组织文化起到强化作用。

2. 员工层面的薪酬功能

一是劳动力再生产保障功能。员工通过劳动和经营行为换取薪酬，以满足个人及家庭的基本生活需求。

二是价值实现功能。薪酬是员工工作业绩的"显示器"，既体现了对员工工作能力和水平的承认，是对个人价值实现的回报，也是员工晋升和工作成功的信号，它反映了员工在组织中的相对地位和作用，能使员工产生满足感和成就感。此外，合理的薪酬还能增强员工对组织的信任感和归属感，增强对预期风险的心理保障意识和安全感。

（二）薪酬的形态

薪酬可以从不同角度划分，较常见的划分分为固定薪酬和可变薪酬。

固定薪酬由基本薪酬、各种津贴、福利服务等构成。基本薪酬以员工的劳动熟练程度、工作的复杂程度、责任大小、工作环境、劳动强度为依据，并考虑劳动者的工龄、学历、资历等因素，按照员工实际完成的劳动定额、工作时间或劳动消耗而计付的劳动报酬。具体包括等级薪酬、岗位薪酬、结构薪酬、技能薪酬和年功薪酬等几种主要类型。基本薪酬主要以现金支付，由于其数额固定、风险较小，因而能为员工提供一个较稳定的收入来源，以满足员工基本的生活需要。

可变薪酬包括绩效薪酬、奖励薪酬、各种分红、持股等混合薪酬形式。

二、薪酬体系

目前，国际通行的薪酬体系主要有职位/岗位薪酬体系、技能/能力薪酬体系、绩效薪酬体系、混合薪酬体系。其中职位/岗位薪酬体系运用最为广泛。

（一）职位/岗位薪酬体系

职位/岗位薪酬体系是一种基于职位评价的薪酬体系，也是一种传统的薪酬形态确定技术。

职位/岗位薪酬体系的设计，一是通过收集特定职位的相关信息，编写工作说明书和职位/岗位规范进行职位评价，并根据评价结果给予承担这项工作的人与该职位/岗位的价值相当的薪酬；二是根据工作的内容和相对价值排序建立职位/岗位结构，员工担任什么样的职位/岗位就得到什么样的薪酬，据此形成职位/岗位薪酬体系。

职位/岗位薪酬体系的特点是只考虑职位/岗位本身的因素，很少考虑人的因素。职位/岗位薪酬体系在操作方面相对容易和简单，所以从世界范围看，该体系的应用最为广泛。

（二）技能/能力薪酬体系

1. 技能薪酬体系

技能薪酬体系是指组织根据员工所掌握的与工作有关的技能的广度和深度确定薪酬形态的一项薪酬技术。通常可以分为深度技能薪酬计划和广度技能薪酬计划。它的特点是员工所获得的薪酬是与技能及其背后的知识联系在一起，而不是与职位联系在一起。

2. 能力薪酬体系

能力薪酬体系是一种以员工个体或者员工群体的能力为核心的薪酬体系。这里所说的能力并不是一般意义上的能力，而是达成某种特定绩效或是表现出某种有利于达成绩效的行为的能力，如胜任能力等。这种薪酬制度更多地应用于"白领"职位的薪酬确定，在那些允许员工可以不受传统的职位描述约束而自由发展的组织中也有采用。

（三）绩效薪酬体系

绩效薪酬体系是基于绩效评价的薪酬体系。该薪酬体系彰显员工做出了符合组织目标的行为及其对实现组织目标的程度，因此，绩效薪酬体系是员工的薪酬随着个人或者团队业绩的某些衡量指标的变化而变化的一种薪酬体系。绩效薪酬体系有助于强化组织规范，激励员工调整自己的行为，从而有利于实现组织的目标。绩效薪酬体系尽管在形式上千差万别，但大致可以分为两类，即团队绩效薪酬计划和个人绩效薪酬计划。

（四）混合薪酬体系

混合薪酬体系是一种多元复合的薪酬体系，其特点是将确定薪酬内容与形态的多种技术综合起来应用到薪酬体系中。这种薪酬体系常将短期薪酬（如基本薪酬、辅助薪酬、员工福利等）与长期薪酬（如股票期权、员工持股、增益分享等）这些定制性因素与员工选择性因素（体现员工参与）作为整体形成薪酬体系。这种薪酬体系与绩效薪酬体系不同，它不是完全的可变薪酬体系，而是兼有固定薪酬体系与可变薪酬体系多种特点。该体系设计较复杂，一般用于知识型组织。

三、薪酬水平

薪酬水平是指按照某种标志考察的某一领域内员工薪酬的高低程度，分为组织外部的薪酬水平和组织内部的薪酬水平。

(一) 影响薪酬水平的因素

1. 组织外部薪酬水平的影响因素

一是劳动力市场的供求状况。一般来说，当市场上可供本组织使用的合格劳动力数量大于其需求时，薪酬水平下降；反之，则提高。由于劳动力市场供求不断变化，因此，薪酬水平也随之上下起伏。

二是政府的政策与相关立法。政府的宏观调控政策主要有工资指导线制度和劳动力市场工资指导价位制度等形式。相关立法主要有最低工资规定和个人所得税法等。政府宏观调控政策在很大程度上制约和影响着组织薪酬水平变动的幅度。

三是劳动力市场价格水平。当货币薪酬水平不变，或其上涨幅度小于生活费用价格水平上涨幅度时，价格上涨将导致实际薪酬水平的下降。这时为了保证员工实际生活水平不受或少受影响，组织将采取必要的补偿措施，如采取补贴、提高薪酬标准、增发奖金、实行薪酬与物价挂钩等方式，从而使薪酬水平上升。

2. 组织内部薪酬水平及其影响因素

一是员工的劳动和绩效差别。不同的劳动岗位和职务，在劳动强度、劳动条件、所需知识技能、劳动熟练程度等方面具有不同要求。

二是组织的经济实力及其分配方式与结构。经济实力较强的组织，一般薪酬水平较高；反之，则较低。报酬总额既定时，不同的分配方式和结构会直接影响薪酬水平，主要包括员工福利及各种优惠水平、基本薪酬与奖励薪酬等其他薪酬形式之间的比例等。

三是劳资双方的谈判。在薪酬谈判与签订有关协议时，劳资双方在每一轮谈判中所提出的薪酬水平主张都会影响实际薪酬水平的确定，主要影响因素有物价指数、组织经济效益、利润增加程度、劳动力市场价位、劳动关系双方力量对比及竞争状况等。

四是生产要素的边际生产率。以追求利润最大化为目标的组织必然要将劳动者的边际生产率作为其决策薪酬水平的依据。此外，在劳动与资本这两个要素中，人们会选择资本与劳动中成本最低的形式组合。如果投入一定量的资本所获得的产出比投入同量的劳动所获得的产出高，那么，组织便会用资本代替劳动，在这种情况下，薪酬水平不会提高；反之，薪酬水平则会相应提高。

五是心理因素。基于现有的薪酬水平，人们对提高薪酬水平的心理期望及其程度，主要受其他行业同类组织薪酬水平的示范效应和攀比效应的影响，也会受到消费方式的变化对薪酬结构与水平的影响。

(二) 薪酬水平的衡量

对薪酬水平进行衡量的最常用指标有三个：薪酬平均率、平均增薪额和平均增薪率。

1. 薪酬平均率

薪酬平均率的计算公式为：

$$薪酬平均率 = 实际平均薪酬 / 薪酬幅度的中间数$$

薪酬平均率的数值越接近于 1，则实际平均薪酬越接近于薪酬幅度的中间数，薪酬水平越理想；当薪酬平均率等于 1 时，说明组织所支付的薪酬总额完全符合平均趋势；若薪酬平均率大于 1 时，表示组织支付的薪酬总额过高，因为实际的平均薪酬超过了薪酬幅度的中间数；若薪酬平均率小于 1，表示组织实际支付的薪酬数目较薪酬幅度的中间数要小，大部分职位的薪酬水平是在薪酬中间数以下。利用薪酬平均率指标可以衡量组织支付的薪酬标准，从而控制组织的总支出。

2. 平均增薪额

平均增薪额是指组织全体员工的平均薪酬水平增长的数额。计算公式为：

$$平均增薪额 = 本年度的平均薪酬水平 - 上一年度的平均薪酬水平$$

平均增薪额越大，说明组织平均薪酬水平增加的强度越大；反之，说明组织平均薪酬水平增加的强度越小。强度的强弱应充分考虑组织的经济实力和竞争的要求，以及调动劳动者积极性的需要。要注意将平均增薪额控制在组织所能承担的范围内。

3. 平均增薪率

平均增薪率，又称增薪幅度，是指薪酬水平递增的速率。计算方法为：

$$平均增薪率 = 平均增薪额 / 上年平均薪酬水平$$

平均增薪率越大，说明组织的人工成本增长得越快；如果平均增薪率过小，则说明组织的平均薪酬水平比较稳定，人工成本变化很小，但也可能意味着该组织是一个处于停滞中的组织，仅是维持了生存而没有发展。在这种情况下，必须弄清原因，采取有效的措施激励员工提高绩效，促进组织的不断发展。因此，将组织的增薪幅度控制在合理的范围内，使其既不超出组织的承受能力，又能激励员工努力工作，为组织的发展做出贡献，应作为薪酬水平确定的重要目标。

(三) 国家的最低工资水平管理

最低工资是指劳动者在法定工作时间或依法签订的劳动合同约定的工作时间内提供

正常劳动的前提下,用人单位依法应支付的最低劳动报酬。

国际上确定最低工资一般考虑城市居民生活费用支出、平均工资、劳动生产率、失业率、经济发展水平等因素。

我国最低工资的确定与调整应考虑的因素有:城镇居民最低生活费用支出、社会平均工资水平、劳动生产率、就业状况、地区之间经济发展水平差异等。

四、薪酬结构

(一)薪酬结构的方法论导向

薪酬结构就是指一个组织中各种工作之间报酬水平的比例关系,包括不同层次工作之间报酬差异的相对比值和绝对水平。薪酬结构可以分为工作型薪酬结构、技能型薪酬结构和市场型薪酬结构,并可以运用工作评价、技能测定、市场定位等方法加以确定。

1. 工作导向法和技能导向法

薪酬结构设计最常用的方法是以工作评价为基础,以员工所承担的工作为导向来确定薪酬结构。近年来,以技能为导向的薪酬结构日益普遍。技能导向的薪酬结构有两种表现形式:一种是以知识为基础,即根据员工所掌握的完成工作所需要的知识的深度来确定薪酬;另一种是以多种技能为基础,即根据员工能够胜任的工作种类数目或技能的广度来确定薪酬。技能导向方法与工作导向方法的一个重要区别在于前者强调的是员工方面的特征,后者强调的是工作方面的特征。

2. 市场导向法

市场导向法,即根据市场上本组织竞争对手的薪酬水平来确定本组织内部的薪酬结构。其具体做法是:首先根据本组织内所有工作岗位对组织目标实现的贡献大小进行排序,然后调查市场上与本组织有竞争关系的若干组织的薪酬状况,并按照这些竞争对手与本组织相同工作岗位的薪酬平均水平来确定这些可比较的工作岗位的薪酬水平,最后参照这些可比较的岗位的薪酬水平调整那些不可比较的工作岗位的相应薪酬水平。

薪酬结构调整的市场导向法实际上是依据外部劳动力市场上的薪酬关系来确定组织内部的薪酬结构,它的重点是组织人工成本的外部竞争力,而不是组织内部各类工作对组织整体目标贡献上的相对关系。换言之,市场导向法是让竞争者来调整组织内部的薪酬结构,有可能导致本组织内部薪酬结构的不一致。

（二）内部一致性决定薪酬结构

1. 工作差异化与薪酬结构

薪酬决策的重要组成部分就是评价各种工作的相似与差异，并判断这些差异是否值得用不同的薪酬政策来体现。工作的相似和差异构成薪酬的内部结构，不同的组织其薪酬结构的分层往往是不同的。在功能型组织中，员工工作的价值取决于职位本身的价值，因此薪酬结构要反映职位差异；在流程型组织中，员工工作的价值取决于其对全流程的贡献，因此薪酬结构需要淡化职位约束，认可员工能力的发展；在时效型组织中，员工的工作具有成果导向，薪酬结构需要着重于产出；而在网络型组织中，员工工作的合作性质决定它更可能采取协议薪酬结构。

2. 以员工职位为基础的薪酬结构

以员工职位为基础的薪酬结构反映了科学管理的思想。在此种薪酬结构中，每项工作被细分为一系列的步骤，并加以分析，从而确定"最好的方法"。实施这种薪酬结构的关键环节是通过职位评价确定各职位的相对价值。

依照职位评价标准的不同，以职位为基础的薪酬结构还可分为基于职位内容的薪酬结构和基于职位价值的薪酬结构。其中，职位内容是指该职位所要求的技能以及该职位的职责；职位价值是指该职位对组织目标的相对贡献。

3. 基于任职者的薪酬结构

与以员工职位为基础的薪酬结构不同，基于任职者的薪酬结构，其薪酬等级标准体现了员工与所开展工作相关的技能或能力方面的差别。基于任职者的薪酬结构可分为基于任职者技能的薪酬结构和基于任职者能力的薪酬结构。其中，基于任职者技能的薪酬结构是将员工的薪酬与其技能、能力和知识的深度或广度相联系的结构，它要求组织必须进行技能分析，建立员工技能资格测试体系；基于任职者能力的薪酬结构是指依据员工与组织战略直接联系、能适应不同情况的能力来确定的薪酬结构，能力的确认过程是其核心，能力往往表现为员工具备但不一定在实际工作中运用的素质。

（三）薪酬结构的制定与调整

1. 确定薪酬带域

薪酬结构的厘定与调整首先必须确定薪酬等差和级差，即薪酬带域。在现代薪酬体系中，随着对员工技能增长和能力提升的重视，以及组织扁平化趋势的发展，宽带薪酬的应用变得更加普及。所谓宽带薪酬，是指组织将原来十几个甚至二十几个、三十几个薪酬等差压缩成几个等差，同时将每一个薪酬等差所对应的薪酬级差拉大。实行宽带薪酬往往使职位变动与薪酬变动的联系松散化，有利于职业流动和导入重大变化的组织文化。

2. 内部薪酬结构与外部薪酬水平的结合

这是薪酬结构厘定与调整的第二步。统一的薪酬标准（如基于职位、技能、能力）有助于组织内部公平的实现，但是组织在确定薪酬结构的时候，不但要考虑内部一致性，还必须考虑外部竞争性。因此，组织须把以工作分析和技能或能力评价为基础的内部薪酬结构与以外部竞争市场数据为基础的外部薪酬水平结合起来，同时实现内部一致性与外部竞争性的要求。

3. 平衡内部与外部压力

调整薪酬结构，使用两个依据（内部一致性和外部竞争性）构建薪酬结构可能存在的问题是有可能出现两种不同的结构，即根据内部因素和外部因素确定的职位排序并不完全相同。如果职位评价和市场定价存在差异，就需要重新检验职位分析、职位描述和职位评价，或者市场调查数据是否存在问题，这便是平衡内部与外部压力的过程。这是个两难困境，目前还没有一个完全正确的解决办法。一些组织倾向于打破组织内部与外部市场的界限，采用强化外部竞争力、弱化内部一致性的市场定价策略。

4. 薪酬结构的动态优化

由于外部环境或组织自身条件的变迁，构成薪酬结构合理性的基础在发生变化，因此必须对薪酬结构本身实行动态的优化来适应变化的形势。薪酬结构的动态优化包括纵向结构和横向结构两个维度的优化。纵向结构是指薪酬的等级结构，横向结构是指各薪酬要素的组合结构。纵向结构优化常用的方法有两个。（1）薪酬等级的增减。增加薪酬等级的主要目的是细化岗位之间的差别，从而更加明确按岗位和职位付薪的原则；减少薪酬等级就是将等级结构"矮化"，是薪酬管理的一种流行趋势。（2）调整不同等级的人员规模和薪酬比例，即在薪酬等级结构不变动的前提下，调整不同薪酬等级中的人员规模和比例。横向结构的优化主要是在薪酬构成的不同部分中，通过增加或减少薪酬要素以及改变不同要素之间的比例进行优化。薪酬要素比例优化有两种方式：一是在薪酬水平不变的情况下，重新配置固定薪酬与浮动薪酬之间的比例；二是利用薪酬水平变动的机会，增加某一部分薪酬的比例。

五、薪酬战略和薪酬策略

（一）薪酬战略

薪酬战略与一般意义上理解的薪酬不同，它不仅将薪酬视为对员工贡献的承认和回报，还将其视为一套把组织的战略目标和价值观转化为具体行动的方案，以及支持员工实施这些行动的管理流程。它将薪酬看成联结雇主与员工的纽带，从战略角度看，一套好的薪酬体系不但能帮助组织吸引和留住优秀人才，还能够影响员工的责任感和他们为组织付出努力的程度。

薪酬战略计划是指能够增进员工积极性并促进其发展，同时使员工的努力与组织的目标、理念和文化相一致的薪酬计划。它不仅根据市场薪酬水平来支付员工薪酬，而且有目的地将员工薪酬与组织的使命和整体目标结合起来。

影响薪酬战略的因素主要有：（1）组织的文化价值观，特别是对组织员工本性和价值的认识；（2）组织发展战略和政策；（3）劳动力市场供求趋势；（4）员工薪酬激励和公平性要求；（5）薪酬竞争性与控制薪酬成本的权衡；（6）有关薪酬的法律、法规。

（二）薪酬策略

薪酬策略就是指实现薪酬战略和贯彻薪酬制度的方法、技巧和艺术。它通常关注的是在薪酬支付标准上与规模相当的竞争性组织的相对高低和差异，包括薪酬等级和薪酬幅度，加薪基础，晋升、降级、调职、付酬的机密性，小时工资率，加班、休假、工作时数和工作时间段等各个方面。一般而言，薪酬策略目标包括提高生产率、控制成本，以保持企业的竞争力，并实现对所有员工的公平对待。

薪酬策略应该具有以下几个方面的效果：第一，吸引和保持组织需要的优秀员工；第二，鼓励员工积极提高工作所需要的技能和能力；第三，激励员工高效率地工作；第四，营造组织所希望的文化氛围。

第二节 激励性薪酬体系框架和设计思路

一、生产营销类人员薪酬方案设计

(一) 生产人员薪酬方案设计

生产人员薪酬方案设计从方法上看，主要采用以下三种方法。(1) 考核法。为组织中所有的岗位确定不同的薪酬标准，然后对这些岗位赋予不同的职责和劳动定额，生产人员按其实际考核结果获得报酬。(2) 市值法。通过市场薪酬调查获取有关生产人员岗位薪酬状况的资料，然后以此为基础，确定生产人员的薪酬标准。(3) 评价法。在工作分析的基础上，利用工作评价资料设计生产人员薪酬的方法。生产人员薪酬常见的设计模式主要有以下三种。

1. 岗位薪酬制

岗位薪酬制是对不同的岗位规定不同的薪酬标准，并按生产人员实际操作的岗位确定薪酬标准的一种制度。岗位薪酬制设计的一般程序是：(1) 对岗位进行分类，根据各行业的性质和特点决定岗位数目；(2) 划分各岗位工作的等级，根据岗位的技术复杂程度、劳动繁重程度、工作责任大小确定等级；(3) 确定岗位薪酬标准，岗位薪酬制有一岗一薪制和一岗多薪制两种。

2. 岗效薪点制

岗效薪点制，即岗位效益薪点薪酬制。在这种薪酬模式中，薪酬标准不以金额表示，而是用薪点数表示，点值取决于经济效益，员工的收入与组织的经济效益和个人贡献紧密挂钩，使薪酬对应效益。由于薪酬受组织效益制约，所以薪点点值及生产人员收入都将随着组织经济效益的升降而相应浮动。岗效薪点制实行动态管理、以岗定薪、一岗一薪，员工岗位晋升或调低岗位，则按新岗位的最低一档核定岗位要素点。

岗效薪点制也可以将薪酬结构设计成四部分：岗位基本薪酬，岗位业绩薪酬，岗位附加薪酬（工龄补贴、工作补贴、加班补贴等）和岗位专项奖金。其中岗位基本薪酬占30%，岗位业绩薪酬占60%，岗位附加薪酬和岗位专项奖金占10%。

3. 综合薪酬模式

综合薪酬模式主要适用于生产维修人员。其薪酬体系一般由三部分构成：基本薪酬、附加津贴和奖金。基本薪酬由起点薪酬、经验薪酬和工龄薪酬组成。附加津贴一般分为资格津贴和技能津贴。资格津贴一般根据生产维修人员取得的职业资格类型和等级确定不同的薪酬，技能津贴依据生产维修人员技能测验的成绩，分别给予不同等级的技能津贴。奖金有工作业绩奖和集体成绩奖，前者根据修理人员的修理工作量，按其薪酬水平的一定比例发放，后者是在集体取得奖金的情况下，个人依据其表现获得的奖励。

（二）营销人员的薪酬方案设计

营销人员薪酬方案包括：（1）以营销量为基础的薪酬方案；（2）以营销额为基础的薪酬方案；（3）以营销绩效的点数为基础的薪酬方案；（4）以营销额加权数为基础的薪酬方案；（5）以营销目标完成率为基础的薪酬方案等多种。目前，在营销人员薪酬设计中最常见的薪酬模式主要有以下六种。

1. 纯提成制

在这种模式下，营销人员的销售提成比例取决于销售业绩，即其报酬按营销额的某一百分比提取，这个百分比一般根据产品的价格、销售量、推销的难易程度确定。这种报酬模式在那些难度较高、市场广阔而很难界定营销范围的销售行业，如房地产、人寿保险、药品、化妆品等行业中比较流行，对于临时性的推销人员也非常适用。

2. 固定工资（基本工资）+营销提成制

在这种薪酬模式下，营销人员每月领取某一数额的固定工资，然后再按工作绩效领取营销提成。这种模式可保障营销人员有最基本的工资收入，解决了纯提成制下营销人员因收入不稳定而可能出现的生活问题，同时又吸收了营销提成制的优点，保留了其激励作用。

固定工资与营销提成的比例因推销产品的不同而略有差别，通常采取各种不同的组合。在多数情况下，固定工资部分所占的比例大致保持在50%以上，其营销提成部分所占比例则根据营销量、营销额、配额等不同形式加以具体规定。

3. 固定工资（基本工资）+奖金制

这种薪酬模式与固定工资（基本工资）+营销提成制模式有些类似，但奖金制度与营销提成制度是不同的，奖金虽然也是根据营销额、利润额、配额目标实现率标准等来设计并支付，但在通常情况下，只要营销人员所完成的业绩超过某一营销数量，就可以获得一定数量的奖金。因此，奖金与报酬的关系是间接的。

除了根据销售额来制定奖金外，还有根据新客户开发、货款回收速度、市场调查报告、客户投诉、组织规章制度执行等各种因素，按照超过特定的标准或完成特定的目标综合设定奖金。为了激励营销人员发挥团队精神，还可以以部门、分公司、营业场所等为单位分别制定奖励标准。

4. 基本工资+加给制

这种薪酬模式中的加给与销售提成和奖金不同,它不是根据销售实绩来直接计算佣金或奖金,而是采用考核的方式,对营销人员的销售业绩进行综合评定,划分出等级,再决定各等级营销人员的薪酬加给额。

5. 固定工资(基本工资及各种津贴)+出差津贴制

在这种薪酬模式中,营销人员的薪酬体系与组织中一般从业人员的薪酬体系相同,只是针对营销人员的工作特点再增加出差津贴、业务津贴或营销津贴等项目。在这种模式下,基本工资部分的确定与组织中的一般行政人员相同,设立出差津贴等项目的目的主要是弥补营销人员从事销售工作或提供售后服务所必要的开支,如招待费、误餐补贴等。举例来说,如果某公司营销部的某营销员月基本工资位于公司工资表中第三职等第二级,即5 200元,另外发给出差津贴或营销津贴1 000元,则其工资总额将达到6 200元/月。有些组织根据营销人员出勤的天数按月发给出差津贴。

6. 基准内工资+红利制

这种模式是营销人员除了领取组织规定的所有工资项目以外,还可以从组织红利中分红。在这种模式下,营销人员采用的基准内工资与组织其他人员是完全一样的,这样可以保障营销人员的收入,使他们对组织有强烈的归属感,同时组织可以有固定的成本预算,减少营销人员因分配的工作区域不利而影响收入的抱怨,并会分出时间兼顾其他非营销活动,如市场调查等。至于红利部分,其分配依据可以是营销人员个人直接实现的营销利润额,也可以是整个营销部门所实现的销售利润总额,所使用的标准可为实际营销利润与目标或预期营销利润的比率。

二、企业高管激励与约束

企业高管(即高级管理人员)的激励和约束机制概括为报酬机制和控制权机制。

(一)报酬机制

一个完整的报酬激励体系主要由基本工资、绩效奖金、股权激励和福利计划等组成。它是目前国内外各上市公司运用最广泛也是最主要的激励手段。

1. 基本工资

赫茨伯格的"激励-保健"双因素理论认为,基本工资报酬只属于保健因素,不会引发被激励者内心的积极性,只能算是一种"约束"因素,约束那些可以导致结束员工职业生涯的渎职行为。

2. 绩效奖金

绩效奖金主要根据当期的企业业绩来确定。这是一种短期激励措施,往往容易导致管理层过度关注当期业绩、操纵利润以及各种行为短期化等问题。

3. 股权激励

股权激励主要是通过授予企业高管人员股票或股票期权,将高管人员薪酬的一部分以股权收益的形式体现,将其收入的实现与企业业绩和市场价值挂钩,激发高管人员通过提升企业长期价值来增加自己的财富,从而分享企业成长收益。股权激励是国际上通行的一种长期激励方式,其实质是建立企业的长期自我激励与约束机制,有利于企业的长远发展。股权激励的形式大致有:股票期权、股票增值权、业绩股票、强制持股、"期股+期权"的组合模式以及员工持股等。

4. 福利计划

高管除了享有法定社会保险之外,还有高级培训机会、较长的带薪休假、免费的全家旅行、退休金计划等。

(二) 控制权机制

控制权机制的激励有效性和激励约束强度,取决于高管的贡献与所获得的控制权之间的对称性。控制权回报意味着以"继续工作权"和"更大的继续工作权"作为对高管努力工作的回报。掌握控制权可以在一定程度上满足高管施展才能、体现其企业家精神的自我实现需要,满足控制他人或感觉优越于他人、享受自己处于负责地位的权力需要;高管具有的职位权力或享受的在职消费,给高管带来正规报酬激励以外的利益满足。

1. 声誉机制

高管的职业追求,并非仅仅是为了占有更多的剩余价值,还希望得到职业经理人市场的高度评价和尊重,追求良好的声誉。良好的声誉不仅可以保持其现有职位,而且可以增加其在劳动力市场上讨价还价的能力。但是这种激励作用是动态变化的,极大的可能是:高管一旦获得良好的声誉,其努力程度可能低于其开始追求声誉的时候。

2. 市场竞争机制

对高管行为的市场竞争约束包括职业经理市场、资本市场和产品市场。职业经理市场存在的激烈竞争,使高管始终保持"生存"危机感,从而自觉地约束自己的机会主义行为；资本市场的约束机制一方面表现为股票价值对高管业绩的显示，另一方面则直接表现为兼并、收购和恶意接管等资本市场运作对高管控制权的威胁；产品市场的约束机制来自产品市场的盈利率、市场占有率等指标，在一定程度上显示了高管的业绩，产品市场的激烈竞争所带来的破产威胁会制约高管的"偷懒行为"。

三、股权激励方案设计

（一）股权激励（一种长期激励机制）

股权激励是以获得企业股权的形式，使经营者享有一定的经济权利，得以以股东身份参与企业决策、分享利润、承担风险，从而使其尽心尽力地为企业的长期发展服务，这是企业发展必要的一项相对长期的核心制度安排。

（二）股权激励的模式

股权激励有不同的形式，包括对科研人员实行股份优先购买权，并鼓励科研人员持有企业较多的股份；向科研人员赠送干股，或采取科研成果折股；实施具有长期激励机制的股票期权；实行兼有激励与约束机制的期股等。安排股权激励时可以根据企业实际来灵活赋予，由此就会使得股权激励产生很多种激励的模式。最为常见的模式主要分为三大类。

1. **虚拟股份激励模式**

虚拟股份只有分红权（有的还带有净资产增值权），不涉及企业股权结构的实质性变化。所以，此类股份也叫岗位股份，如虚拟股票激励、股票期权模式等。

2. **实际股份激励模式**

实际股份激励不仅涉及企业股权结构的实质性变化，而且会直接影响企业治理结构。所以，此类股份也叫实股，如员工持股计划、管理层融资收购模式等。

3. **虚实结合的股份激励模式**

规定在一定期限内实施虚拟股票激励模式，到期时再按实股激励模式将相应虚拟股票转为应认购的实际股票，如管理者期股模式、限制性股票计划模式等。

第三节　薪酬福利的预算、控制与管理

一、法定福利与非法定福利

（一）法定福利及其特点

法定福利是指企业根据国家法律的要求必须向劳动者提供的福利，即企业只要雇用了劳动者，不论企业和劳动者的意愿如何，都必须按法律要求实施的福利项目。目前很多这方面的福利措施已经转化成法定的社会保险制度。

法定福利具有四个特点。

1. 强制性

法定福利是通过国家立法强制实施的，在法律规定的范围内，企业必须依法提供，否则要追究其法律责任。

2. 保障性

法定福利由法律规定提供保障，凡是符合国家法律规定的劳动者均可享受这种福利保险待遇。

3. 互济性

法定福利具有运用社会力量进行风险分摊和相互补偿的功能，直接体现了它的互济性。随着覆盖面的扩大，社会化程度的提高，这种互济性越强。

4. 差别性

法定福利不是平均福利，它在享受待遇上具有一定的差别性。当劳动者同样出现年老、患病、死亡、失业、生育等风险时，由于个人的工龄、工资和缴纳的费用不同，其享受的福利待遇也会有差别。

（二）法定福利的组成部分

目前我国已经提供和正在提供的法定福利项目有以下四个方面。

1. 养老保险

养老保险是国家为保障劳动者退休后的基本生活而建立的一种社会保险制度。它是经法定程序确立，由政府主管部门负责组织和管理，单位和员工共同缴费，退休时按缴费状况享受基本养老保险待遇的一项保障制度。

法定福利所指的养老保险是指社会基本养老保险。目前我国实行社会统筹与个人账户相结合的待遇给付制度。

2. 失业保险

失业保险是指依据国家法规，通过国家、单位和个人等渠道筹资建立失业保险基金，在劳动者失业时给予失业救助，以保障其最基本生活需要的社会保险制度。

3. 医疗保险

医疗保险是指参加医疗保险的被保险人在遭受疾病困扰时获得经济帮助的一种社会保险制度。目前生育保险与医疗保险合并实施。

医疗保险与人们日常工作的关系最为密切，对提高人们生活质量的意义也最为明显。医疗保险有丰富的内容，并与其他的各种保险制度有密切的关系。

4. 工伤保险

工伤保险是国家对因工负伤、致残、死亡而暂时或永久丧失劳动能力的劳动者及其供养亲属提供经济帮助的一种社会保险制度，国家强制性筹集工伤保险费。根据2003年4月国务院颁布、2010年12月修订的《工伤保险条例》，工伤职工评定伤残等级后，停发原待遇，按规定享受伤残津贴待遇。

（三）福利的影响因素

1. 法定福利

法定福利主要受三种因素影响。（1）政府的政策法规。许多国家和地区的政府都明文规定企业员工应该享受哪些福利。一旦企业不为员工提供相应的福利就是违法。（2）工资的控制。由于所得税等原因，一般企业为了控制成本，不能提供很高的工资，但可以提供良好的福利，这也是政府所提倡的措施。（3）医疗费用的急剧增加。由于种种原因，近年来世界各地的医疗费用大幅度增加。员工一旦没有相应的福利支持，如果患病，尤其是危重病，往往会造成生活困难。

2. 非法定福利

非法定福利主要是指企业根据自身的发展需要和员工的需要选择提供的福利项目。它包括多种形式，主要有以下五种。（1）经济性福利，如住房性福利、交通性福利、饮食性福利、教育培训性福利、医疗保健性福利、带薪休假、文化旅游性福利、金融性福利、其他生活性福利、津贴和补贴等。（2）非经济性福利，如压力管理、非经济性家庭援助计划等。（3）咨询性服务，如免费提供法律咨询和员工心理健康咨询等。（4）保护性服务，如平等就业权利保护、隐私权保护等。（5）工作环境保护，如实行弹性工作时间等。非法定福利在增加员工满意度和安全感、吸引和留住人才以及改善人际关系方面，可以起到直接增加工资所难以起到的作用。

二、非法定福利方案设计

（一）确定福利购买力

确定福利购买力可以通过资历审查、绩效考核等手段，确定一定的标准，评定出员工的购买点数，它具有类似货币的购买力，可以购买福利。点数的确定依据主要有资历和绩效。

（二）对福利物品定价

福利物品的定价需要根据物品的现实价格，再折算成相应的点数作为价格。为简便起见，通常规定一个点数对应一元钱。对于那些不能用货币衡量的物品，可以采取相应的转换方法。如对带薪假期的衡量，可以用它在这期间的工资额加上因不工作造成的损失定价。

（三）配置机制

企业首先向广大员工公布福利物品的种类及价格，由广大员工进行挑选，然后按照员工选择的情况向他们提供物品。在这一过程中，将不可避免地发生员工购买力不足和员工"储蓄"的情况。员工购买力不足是指员工本身所积累的点数不足以购买福利物品。员工"储蓄"是指员工暂时不购买，而把点数储存起来以备下次购买。对于员工购买力不足的情况，企业可以考虑实行分期付款的方法进行预支。预支不可避免地会占用企业大笔资金，因此，应采取各种会计方法加以管理，以减少损失。

（四）提供福利方案

在设计弹性化的福利方案时，要充分考虑以下方面：（1）对企业目前所有提供的福利项目进行系统清点；（2）查明自行设立福利项目的目的；（3）对向员工个人和员工整体按规定提供和自行设立的福利项目进行精确的年度预算，包括绝对数值和所占的百分比（如占工资总额、销售额、盈利和行业平均数的比例）；（4）开展员工调查和问询，了解他们对所设立的福利项目的重要性和满意程度的意见；（5）将企业自身的福利政策与其他行业协会政策，以及人力资源市场上存在竞争关系的机构的政策（依据相关的薪酬和福利调查）进行比较；（6）在符合经济原则和福利导向的前提下，向员工提供具有吸引力的福利项目，并将其全面系统地编写到员工手册中。

三、薪酬预算和薪酬福利全成本控制

(一) 薪酬预算

1. 薪酬预算的目标

企业在每一个财务管理年度开始前会制定下一年度的财务预算,而薪酬预算是财务预算的一个重要组成部分。薪酬预算是指企业在薪酬管理过程中进行的一系列人工成本开支方面的权衡和取舍。企业在编制薪酬预算时,首先应该充分掌握和分析企业面临的内部条件和外部环境,这样可以清楚地知道企业目前的状况、竞争对手的动向以及面临的挑战和机遇。薪酬预算的目标有三点:使人工成本的增长和企业效益增长相匹配;使员工流动率控制在合理范围;引导员工的行为符合组织的期望。

2. 薪酬预算的方法

企业常用的薪酬预算方法有自上而下法、自下而上法以及这两种方法的综合应用。

一是自上而下法。自上而下法是通过对企业经营数据(销售收入、企业增加值等)作出预测,结合人工成本历史数据,分析企业面临的环境和条件,对年度人工成本作出预测,并将人员配置及人工成本分配到各部门。

二是自下而上法。自下而上法是各部门根据企业制定的经营目标,提出本部门人员配置数量及薪酬水平,人力资源部门根据人力资源市场状况、企业内部条件、物价上涨水平等各方面因素对薪酬水平的影响,综合确定企业人均薪酬增长率,依据相关经营数据及各部门提交的建议,确定各部门的人员配置和薪酬水平,通过汇总各部门数据,就可以得出企业整体的薪酬预算。

三是综合法。实践中,企业薪酬预算都是自上而下法和自下而上法的结合,只有坚持企业发展战略导向,将企业目标层层分解,同时充分尊重各级管理者和员工的意见和建议,企业才能对内部条件以及外部环境有更清楚的认识,这样的预算才更切合实际,才易于被广大员工接受和理解,得到切实、有效的执行。

(二) 薪酬福利全成本控制

成本控制的关键是如何将企业的每一种资源用到最需要它的地方。从企业成本控制入手,把人工成本控制放入企业成本的"大局"之中来分析,引入了人工成本控制的新思路,逐渐建立企业人工成本的弹性控制机制。企业薪酬福利全成本控制有如下三个步骤。

1. 明确战略目标

进行企业内部价值链与行业价值链分析，分析企业内部、所处行业以及竞争对手的价值链的构成状况，从战略角度确定控制成本的基本方向。通过分析竞争对手的价值链，分析其和本企业价值链在行业价值链中是否处于平行位置，可以测算出竞争对手的成本。然后，将本企业与之比较，就找出了与竞争对手在作业活动上的差异，最终就可以确定扬长避短的策略，争取成本优势。

2. 四步执行法

四步执行法指削减、明确各部门的成本任务、精细化管理与成本管理的提前和延伸四个部分。在制订成本控制计划时，要树立"成本管理提前"的概念。在企业成本结构中，流程的前端与后端的成本比重逐步增加，所以成本管理不应停留在过程的耗费控制方面，更应着眼于前端产品选择及采购的成本控制、后端的营销和客户使用成本的控制以及跨组织的成本管理等方面，深入企业的供应、营销及售后服务部门，超越企业边界，相互协调地进行成本改进。

3. 不可不察的细节

不可不察的细节包括延长应付账款期限、区分人工工资与人工成本、做好淡旺季的人员资金衔接与消除人员重叠。人工工资与人工成本的区别在于生产效率。杰克·韦尔奇认为，支付更高工资的同时，使人工成本最低是完全有可能的。即使工资在增长，但如果总体生产效率上升幅度大于工资增长，总人工成本相对总产值的比例也下降了。此外，彻底清查公司各部门间是否存在职能相互重叠的现象，可以减少无谓的人工成本浪费。将相互重叠的职能整合起来，通过共享作业或服务来降低人工成本。

> **案例分析**

H 公司的薪酬体系

岁前岁后，总有人才流失，也有新鲜的血液进来，如何把一年年积累下来的好员工通过薪酬体系留下来，怎样才能把中高层管理人员的积极性调动起来，就这些问题，我们来看看 H 公司是怎么做的。

曾经担任 H 公司副总裁、人力资源总监的张某从 H 公司的薪酬模型上具体地分析了企业的用人理念和方法。首先是 H 公司的战略观念：在薪酬体系构建上的内部公平性和外部竞争性的辩证统一。其次是在具体的职位评估上的完善分级：（1）明确公司价值导向；(2) 确定职位评估原则；(3) 确定职位评估方法；(4) 评估职位等级。

确定了这些评价体系与标准后，还要有详细、充分的调查研究，以保证论证的合理性。譬如，1995年，H公司已经有500多人，当人力资源经理把他们的薪酬数字报给总裁任某时，由于员工人数已经不是创业时的那几十个人，任某不可能对每一个人的绩效都熟悉，那么，这个时候任某怎么签字呢？于是，任某就要求人力资源部拿出一个薪酬方案。随后，人力资源部成立了一个薪酬设计小组，三个月开了十几次会，每次都吵架，每次都无所得。但在这十几次会议和吵架中找出了问题，积累了经验，从中也可以看出，做这件事情是非常需要耐心的。当然，一些问题还是没有想明白，最后还得请香港地区的咨询公司来做。

但这些吵架也得出了一个很好的结论，那就是做薪酬体系框架的时候，一定要把人与职位分开。这其中就需要人力资源部总结出的三要素评估法，即知识能力（投入）、解决问题（做事）、应负责任（产出）。经过这样的评估后，把计算出的每个职位的分数制成职位系列表，从而得出哪些职位等级是平行的，哪些职位是重叠的。在平行职位上的就可以实行薪酬相等制度，在科研公司里就有利于消除官本位思想；有职位重叠的就合并，以便节约成本，压缩管理层级，有效地解决了企业内部的公平性问题。

一个好的薪酬结构体系将有效地保证企业发展中的动态合理性，并促进企业的竞争力与提升员工的成就感。能否在士气上与员工的归属感上创造价值是一个好的薪酬体系的评价标准，这个体系也能随着企业的发展而成长。因此，H公司也形成了"H公司人力资源大厦"，这就是：以企业远景战略目标为地基，企业文化价值观为依托（地面），以任职资格（选）、培训开发（育）、绩效考核（用）、报酬认可（留）四大支柱为支撑的选、育、用、留体系；在这个基础上才形成了风吹不散、雨打不进的，以业务管理为屋顶、以双向沟通为经纬的人力资源管理大厦。

资料来源：网上资料收集整理。

讨论题：H公司薪酬体系的特点是什么？该体系对企业与员工有什么影响？

深度阅读

刘昕．薪酬管理 [M]．6版．北京：中国人民大学出版社，2021．

该书是一本适合人力资源管理专业或企业管理专业学生的专业书籍，共有10章。包括：薪酬与薪酬管理基础，战略性薪酬管理，职位评价与职位等级设计，薪酬水平决策，薪酬结构设计，技能及能力薪酬体系，绩效奖励，员工福利管理，特殊员工群体薪酬，薪酬预算，控制与沟通。

本章小结

本章首先对薪酬的功能、形态、体系做出概括，并对薪酬水平和结构的影响因素、表现形式和确定方法做了介绍；其次对生产营销类人员、企业高管薪酬方案设计做出阐述；最后分析了薪酬福利的预算、控制与管理。

重要概念

薪酬　职位/岗位薪酬体系　技能/能力薪酬体系　绩效薪酬体系　混合薪酬体系　薪酬水平　薪酬平均率　平均增薪额　岗位薪酬制　岗位薪点制　法定福利　非法定福利

复习思考题

1. 薪酬与工资有何区别？薪酬有哪些功能？
2. 薪酬的形态、体系包括哪些方面？
3. 什么是薪酬战略？如何从战略角度理解薪酬？
4. 影响薪酬水平的因素有哪些？
5. 如何平衡内部薪酬一致性与外部薪酬竞争性之间的关系？
6. 结合一个企业的实际，具体说明各类人员的薪酬如何设计。
7. 非法定福利计划有哪些类型？应如何设计？

第九章
职业生涯开发与管理

第一节 职业生涯概述

一、职业、职业生涯及其开发与管理

(一) 职业生涯的概念

职业是指人们从事的相对稳定的、有收入的、有专门类别的工作。它是人们的生活方式、经济状况、文化水平、行为模式的综合性反映,也是对一个人的权利与义务、权力与职责及社会地位的一般性表征。有人认为,职业是一种文化、声誉、身份和具有特殊规律的相关生活方式。由此也可以说,职业是一个人的社会角色。

职业生涯又称职业发展,是指一个人在其一生中遵循一定道路(或途径)从事工作的历程,是指与工作相关的愿望、活动、行为、价值等的综合。职业生涯分为内职业生涯和外职业生涯。内职业生涯是指从接受教育开始,经工作直至退休这个全过程中,通过提升自身素质和职业技能而获得的个人综合能力、社会地位及荣誉的总和。内职业生涯各项要素的取得主要取决于个体的努力追求和实践,它是别人无法替代和窃取的人生财富。外职业生涯是指个人在职业生涯过程中所经历的职业角色(职位)及获得的物质财富的总和,它是依赖于内职业生涯的发展而增长的。[①]

(二) 职业生涯的特点

职业生涯具有四个特点。

1. 独特性

每个人都有区别于他人的职业条件、职业理想和职业选择,以及为实现职业所做的

---

① 赵楠,施晨越. 职业生涯开发与管理操作手册 [M]. 北京:经济管理出版社,2006:21-22.

种种努力，从而有着与别人相区别的、独特的职业生涯历程。

2. 动态性

每个人的职业生涯可以分为不同的时期或阶段，处于一种不断发展、演进的动态过程之中。

3. 整合性

一个人的工作或职业，往往会决定他的生活形态，因此，职业生涯应涵盖人生整体发展的各个层面，而非仅仅局限于工作或职位。

4. 互动性

人的职业生涯，都是个人与他人、个人与环境、个人与社会互动的结果。人的"自我"观念，人的主观能动性，个人所掌握的与职业相关的信息和职业决策技术，对其职业生涯有着重要的影响。

职业生涯开发与管理是指在机制设计上把个人职业生涯的目标与组织机构的人力资源需要联系起来的一套理念、方法和实践系统。[1] 自20世纪70年代以来，职业生涯开发不再仅仅是帮助个人成长的手段，已逐渐成为有远见的组织的关键性战略资产，当职业生涯开发与管理和组织机构的各种人力资源系统、政策以及常规做法结合并统一起来的时候，往往会给组织带来极大的战略优势。[2]

二、职业生涯周期理论

职业生涯一般被看作包含了几个阶段的发展过程。职业生涯周期也称为职业生涯发展阶段的基本分期，比较通用的有"六分法"和"三分法"。

（一）职业生涯周期"六分法"

1. 职业准备期

职业准备期是一个人就业前从事专业和职业技能学习的时期，这是一个人职业生涯的起点，也是其各类素质形成的主要时期。在这一时期，青年会建立一个独特的自我概念或个性，或逐步形成对他们的兴趣和能力的某些基本看法，甚至已经开始对各种可选择的职业进行带有某种现实性的思考。当然，也有许多人职业生涯的起点是盲目的，甚

---

[1] ［美］托马斯·G.格特里奇，等. 有组织的职业生涯开发［M］. 李文明，吕峰，译. 天津：南开大学出版社，2001：12.

[2] ［美］托马斯·G.格特里奇，等. 有组织的职业生涯开发［M］. 李文明，吕峰，译. 天津：南开大学出版社，2001：2.

至是由别人（如父母）代替确定的。

2. 职业选择期

在这一阶段的开始时期，人们往往根据社会需要以及自己的素质和愿望，做出一些带有试验性质的较为宽泛的职业选择。其后，随着个人对所选择职业的了解以及对自我认知的进一步深化，最初的选择往往会被重新界定。职业选择是人的职业生涯的关键，也是个人的综合素质与社会见面、碰撞和获得承认的时期。如果这一时期的选择失误，会带来很高的机会成本。

3. 职业适应期

人的职业岗位是对人的综合素质的实际检验。人们在这一阶段需要完成的最重要任务也许就是对自己的能力和天资形成一种现实性的评价。在这一时期，基本具备工作岗位要求的人，能够顺利适应某一职业；素质较差者、素质特点与职业要求相异者，可能需要通过教育、培训来实现职业适应；自身的职业能力、人格特点等素质与工作岗位的要求差距较大者，可能会重新进行职业选择；而个人素质超过岗位要求很多或个人兴趣与现职业类别很不相符者，也可能重新进行职业门类的转换。

4. 职业稳定期

这一时期占据职业生涯的绝大部分，一般是在人的壮年时期。这一时期是大多数人工作生命周期中的主体和核心部分，人们不仅劳动效果最好，同时也要养儿育女、赡养父母，担负起繁重的家庭责任。在这一时期，员工往往倾向于稳定在某种职业甚至某一特定岗位上。在职业稳定期，经过长期的职业活动，一般能够使人的素质有较大的提高，潜力得以体现，成为某一领域的专家，或者得到晋升，达到其一生事业的巅峰。

5. 职业衰退期

这一时期对应着人的中年后期和老年前期。人的生理状况的变化使其职业能力发生着缓慢的减退，心理上也趋向于求稳，许多人就此进入了维持阶段。在这一职业阶段，人们一般都已经在自己的工作领域中创立了一席之地，因而他们的大多数精力主要放在保有这一位置上。在这一阶段上，许多人都不得不面临这样一种前景：接受权力和责任减少的现实，学会接受一种新角色，如学会成为年轻人的良师益友。也有一些人在其中年后期或老年前期，智力并没有减退，知识和经验有着越来越多的积累，乃至会出现第二次创造高峰。这些人往往是专业领域内的行家里手和拔尖人才。

6. 职业退出期

当人们由于年老或其他原因不可避免地要退出工作领域时，所面临的问题是如何度过原来用在工作上的时间。

上述职业生涯周期反映了随着生理年龄的变化,个人职业生涯发展的一般规律。实际上,一个人从童年与少年时代所带来的需要模式、动机与价值观,对于职业选择过程只是一套初步的目标与制约条件而已,以后,这个人会一直处于一种变化的动态过程之中,不断地试图把自己内在的驱动力与冲动,与外界的机会和限制结合起来,以便能实现自我概念。而这个自我概念本身,作为各种新的经历的结果,也总是在不断地变化与扩展之中。

(二)职业生涯管理的"三分法"[①]

1. 社会前职业生涯管理

社会前职业生涯管理主要针对在校大学生和研究生,甚至可以延伸到高中在校学生以及刚刚走上工作岗位的新员工。社会前职业生涯管理的侧重点在于对其树立职业目标、选择就业方向等方面的引导和设想。

2. 社会后职业生涯管理

社会后职业生涯管理,对应工作 2~5 年之后的阶段,基于个人已形成的职业兴趣、潜能挖掘、个人从业背景及资质分析,再结合当时职业发展及行业发展趋势,进行职业生涯设计与规划。这时的规划一般会更加具体、时效性更强。

3. 员工职业生涯管理

员工职业生涯管理结合了社会前职业生涯管理以及企业文化、企业绩效、激励制度、岗位评估、职级划分等方面的内容。这是组织内部职业生涯管理的主要内容,也是最复杂的分支体系。

三、员工职业生涯开发与企业战略的互动

(一)"以人为本"的理念

市场经济给了交易双方选择权,个人有择业的自由,企业也有选择员工的自由,但是,总的趋势是越来越讲求企业运行中的社会文化和组织成员"人"的地位的逐步回归。因此,怎样利用职业机会谋取员工自身的职业成长和发展,怎样利用现有的社会条件激发员工的努力,取得企业的发展,是个人和企业面临的一个重要课题。个人发展是企业发展和社会发展的基础,只有员工的职业成功,企业才可能真正持续的成功。因此,无论企业经营状况如何,都要密切关注员工个人的发展,甚至,在经营陷入困难的

[①] 越楠,施晨越. 职业生涯开发与管理[M]. 北京:经济管理出版社,2006:6.

时候，通过挖掘员工的潜能来激活企业也许就是走出困境的一大法宝。

通过职业生涯开发与管理来协调个人和企业的相互关系，其意义在于：（1）促进企业的人力资源规划和人力资源开发改善；（2）改进个人职业计划，帮助陷入工作困境的人有效应对并走出困境；（3）改善不同职业阶段上人与岗位的匹配程度，使处于职业危机的企业和员工能更有效地解决这些危机，包括在不同的生命阶段平衡家庭和工作的关系；（4）使那些有贡献的和无意升迁的员工能够保持生产效率和生产动力。

（二）企业对员工职业生涯规划的指导和支持

现代管理学的发展趋势是，员工的职业发展问题逐渐被关注，而不再仅仅是企业的专业分工问题。员工职业生涯规划包含着使个人潜在贡献最大化的自觉尝试。由于员工面临多变的环境以及客观机遇的限制，或者由于对自己职业生涯认识不足，因而准确地定位职业生涯方向和目标不是件很容易的事情。企业应该指导和支持员工设计其职业生涯规划，为员工提供企业环境及企业发展的信息，如企业发展前景、战略规划、人员要求、选拔提升人员的政策、组织员工参加潜能测评及职业生涯研讨会等。企业管理体系设计应包括促进员工成长的内容，不能只是注重企业的发展，或者单方面地强调企业权威和员工服从企业。

第二节　职业生涯规划

一、职业生涯规划的内容

职业生涯规划是指通过员工的工作及职业发展的设计，协调员工个人需求和组织需求，实现个人和组织的共同成长、发展的一种人本主义管理工具。职业生涯规划可以从员工个人的角度和组织的角度加以考察。

（一）员工角度的职业生涯规划

员工角度的职业生涯规划是个人对自己一生职业发展道路的设想和规划，包括选择什么职业，在什么地区和什么组织从事这种职业，以及打算担任什么职务等。组织中的成员，尤其是那些受过良好教育的成员，都有从自己现在和未来的工作中得到成长、发展的强烈愿望和要求。个人通过职业生涯规划，可以使自己的一生职业发展有方向，从而努力地围绕这个方向，充分地发挥自己的潜能，使自己走向成功。

员工的职业生涯规划可以划分为人生规划、长期规划、中期规划和短期规划等。人生规划涵盖整个职业生涯，设定整个人生的发展目标，时间长至40年左右；长期规划主要设定较长远的目标，一般为5~10年的规划；中期规划一般为2~5年的目标与任务；短期规划一般为2年以内的规划。就一般情况而言，人在年轻时意气风发，成功的目标和择业的标准都较高。人到中年，就会越来越实际。因为不论是一般的劳动者，还是事业上有成就的人，在有了相当多的职业实践和各种阅历以后，都更容易看到个人潜质及其发挥所受到的社会环境的约束，其成功的标准和择业目标较为适合社会与所在组织的情况。

（二）组织角度的员工职业生涯规划

组织的人力资源管理部门根据员工个人的特点，了解他们成长和发展的方向及兴趣，并使其与组织的发展和需要统一协调起来，制订有关员工个人成长和发展的计划与组织需求和发展相结合的计划，称为组织角度的员工职业生涯规划。

二、员工职业生涯规划的影响因素

员工的职业生涯规划作为一种职业生涯的自觉管理，包括职业道路选择和发展，以及获得的成就等多个方面。其影响因素如图9-1所示，下面主要介绍教育背景、家庭影响、个体的个性与职业理想。

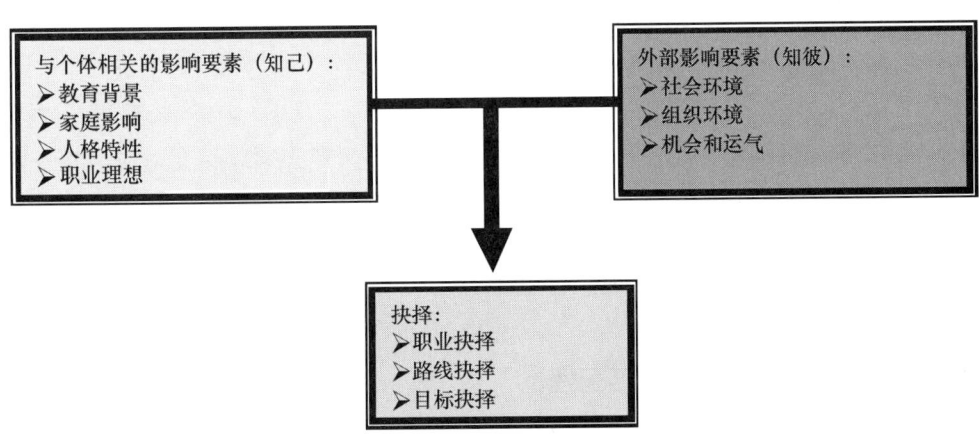

图9-1 员工职业生涯规划的影响因素

（一）教育背景

教育通过赋予个人才能、塑造个人人格促进个人发展，奠定一个人的基本素质。人们所接受的不同层次教育、所学的不同学科门类、所在的不同院校及接受的不同的教育思想，会给受教育者带来不同的思维模式，从而使人们以不同价值观对待职业选择与职业生涯的发展。事实上，学历、学位等也是一种职业选择信号和筛选机制。人们所获得的学历以及选择的大学类型，对人们未来的职业有重大的影响。许多职位招聘都把通过高等教育所取得的学历当作必备条件。然而，教育背景的取得是有成本的，包括时间和货币投资以及所承受压力和其他代价。

（二）家庭影响

家庭是个体最早接触到的学习环境。父母是孩子的第一任老师，也是造就人的素质以致影响人的职业生涯的主要因素之一。人在幼年时期受到家庭长期的深刻影响，会使人形成特定的价值观和行为模式。这种价值观、行为模式从根本上影响着一个人的职业理想和职业目标，影响其职业选择的方向、种类，以及选择中的冒险与妥协程度，影响其对职业岗位的态度乃至工作中的种种行为表现等。

（三）人格特性与职业理想

职业理想源自人的动机和需要。人们在就业时会根据对不同职业的评价和价值取向以及各种约束条件，从社会众多的职业中选择其一，并基于发展机会做出职业生涯的调整，从而使自身获得尽可能好的归宿。个人的职业理想一般会反映在职业目标上。当然，只有理想是不够的，还要有实现理想的才能。

三、个人职业生涯选择中的人职匹配

个人选择职业的同时，职业也对个人进行着选择，两者必须以相互适应、相互匹配为前提。人与职业匹配的理论，可以分为"人格特性与职业因素匹配"和"人格类型与职业类型匹配"两种。与这两种理论相对应，在职业选择、职业指导及职业管理中出现了不同的模式。

（一）人格特性与职业因素匹配理论

人格特性与职业因素匹配理论是指依据人的生理、心理及能力特点，寻找与之具有对应因素的职业种类，该理论由美国波士顿大学教授帕森斯创立。

这一理论认为，每个人所具有的独特人格特性及能力模式与社会某种职业的实际工作内容及其对人的要求之间有较大的相关度，个人进行职业选择时，以及社会对个人职业选择进行指导时，应尽量做到人格特性与职业因素的接近和吻合。人格特性与职业因素匹配过程包括三个步骤。

一是特性评价。特性评价的客体是将要选择职业的人的各种生理、心理条件，以及社会背景，如对常规性身体与体质检查、能力测验（尤其是职业能力测验）、兴趣测验、人格测验、学业成绩、家庭经济收入、父母职业、家庭文化背景等多方面的因素做出综合评价。

二是职业因素分析。分析职业对人的要求，包括各种职业（职位、职务）的不同工作内容，职业对人的不同生理、心理、文化等条件的要求等。

三是适配过程。把对个人的特性评价与对职业的因素分析结果对照，找出个人适合从事的职业。人格特性与职业因素匹配理论处于动态更新之中。例如，"自我实现预言"和"认知冲突"框架等新概念，尤其是五种基本人格向度，被引入人格特性与职业因素匹配的分析框架。[①]

（二）人格类型与职业类型匹配理论

人格类型与职业类型匹配理论，是将人格与职业均划分为不同的大类，当属于某一人格类型的人选择了相应类型的职业时，即达到了匹配。这一理论由美国著名职业指导专家霍兰德提出，沿用至今并被公认为是有效的理论。

霍兰德从心理学、价值观等理论出发，经过大量的职业咨询与指导的实例积累，提出了职业活动意义上的人格分类，包括现实型、调研型、艺术型、社会型、企业型、常规型六种基本类型。相应地，社会职业也分为下述六种基本类型。

（1）现实型人格者，喜欢从事技艺性或机械性的工作，能够独立钻研业务、完成任务，长于动手，但是人际关系协调能力可能较差。属于这一类型的职业有各类操作工（木工、车工、钳工、电工等）、制图员，农民，技师，机械师，司机等。

（2）调研型人格者，喜欢思考，乐于从事智力性、独立性、自主性的工作。这类人往往有较高的智力水平和科研能力，注重理论，但往往不重视实际，考虑问题偏于理想化。属于该类职业的有科学家、技术发明家、计算机程序设计员、实验员、科研人员等。

（3）艺术型人格者，喜欢通过各种媒介表达自我的感受（如绘画、表演、写作），其审美能力较强，感情丰富且易冲动，热衷于标新立异，不顺从他人，但是往往缺乏从

[①] 耶胡迪·巴鲁，等. 西方工商管理硕士（MBA）精品教材译库：第2辑 [M]. 北京：经济管理出版社，2005：63-64.

事常规性具体工作的能力。该类职业有作曲家、画家、作家、演员、记者、诗人、摄影师、雕刻家、室内装饰专家等。

（4）社会型人格者，喜欢与人交往，乐于助人，关心社会问题，常出席社交场合，对于公共服务与教育活动感兴趣，但是往往缺乏机械能力。该类职业有社会学家、导游、咨询人员、社会工作者、心理治疗医生、精神病工作者、公共保健护士等。

（5）企业型人格者，其性格外向、直率、果敢、精力充沛、自信心强，有支配他人的倾向和说服他人的能力，敢于冒险，也称为决策型或领导型，但是这种类型的人往往忽视理论，自身的科学研究能力也可能较差。该类职业有厂长、经理、推销员、律师、政治家、调度员等。

（6）常规型人格者，喜欢从事有条理、有秩序的工作，按部就班、循规蹈矩、踏实稳重，讲求准确性（如数字、资料），愿意执行他人命令、接受指挥而不愿独立负责或指挥他人，不足之处是为人拘谨、保守、缺乏创新。该类职业有财会人员、速记员、成本估算员、打字员、办公室职员、统计员、计算机操作者、图书资料档案管理员、秘书等。

霍兰德认为，这些特征越相似或相容性越强，则一个人在选择职业时面临的内在冲突和犹豫就会越少。霍兰德建议将这六种特征分别放在一个六角星形的每一个角上，每一个角代表一个职业特征。霍兰德相信，如果某人的两种特征是紧挨着的话，那么他将会很容易选定一种职业。如果此人的特征是相互对立的（如同时具有实际特征和社会特征），这将驱使他在多种不同的职业之间进行选择。[①]

社会中的人是复杂的，往往以一种类型为主，同时具备他种类型的特点，而不能用一种类型简单地加以概括。因此，职业指导专家进而提出了若干种中间类型或同时具备几种类型特性的职业类群方法。

上述每一种类型的人各有其适应性，从全社会的角度，以及从人的心理差异的角度来看都是中性的，无所谓哪一种好些或哪一种差些，而只是与职业类型是否协调和匹配的问题。

四、员工职业生涯规划实施步骤

从员工的角度看，其职业生涯规划的制定如图 9-2 所示。

---

① 越楠，施晨越. 职业生涯开发与管理北京 [M]. 北京：经济管理出版社，2006：6.

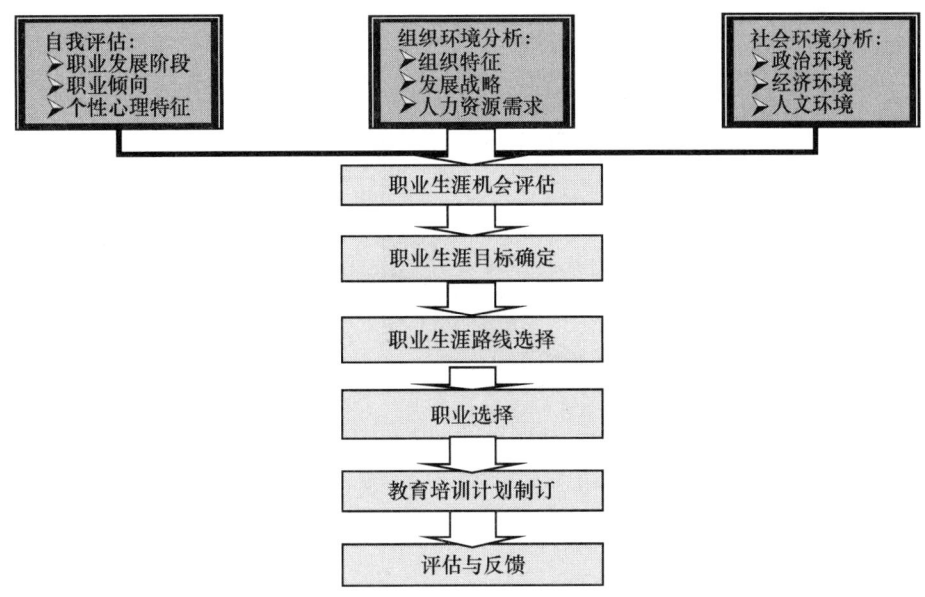

图 9-2 员工职业生涯规划的步骤

(一) 自我评估

自我评估是个体对自己的需求、能力、兴趣、性格、气质等的分析,以确定自己具备哪些能力以及什么样的职业比较适合自己。

(二) 组织环境与社会环境分析

组织环境与社会环境分析是个体对自己所处的环境的分析,以确定自己是否适应组织环境或者社会环境的变化,以及怎样来调整自己以适应组织和社会的需要。短期的规划比较注重组织环境分析,长期的规划更多地注重社会环境分析。

(三) 职业生涯机会评估

职业生涯机会评估既包括基于对社会环境分析基础上的长期发展机会评估,也包括基于对组织环境分析基础上的短期发展机会评估。职业生涯机会的评估是确定职业和职业发展目标的重要前提。

(四) 职业生涯目标确定

根据个人的专业、心理特征和价值观以及社会的发展趋势确定自己的人生目标和长期目标,然后再把人生目标和长期目标进行分化,根据个人的经历和所处的组织环境制定相应的中期目标和短期目标。

一般而言,个人职业生涯规划中的大部分问题可以归结为两个匹配:个人能力与工作复杂程度匹配，现在的工作任务与理想的发展方向匹配，如图9-3所示。

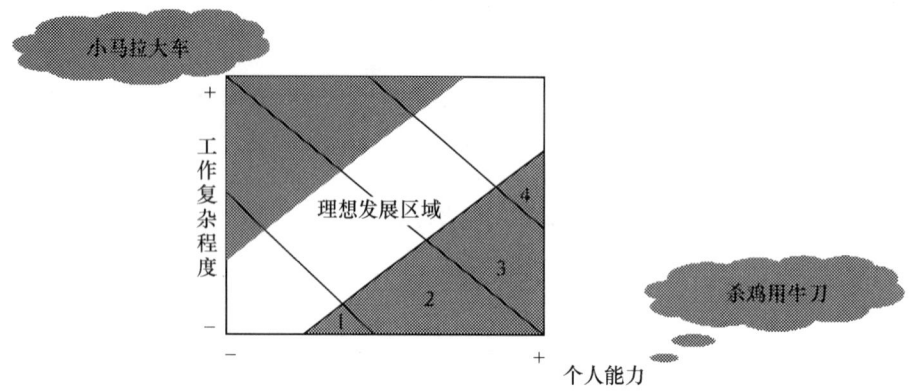

图9-3 员工职业规划中理想发展区域示意图

（五）制定行动方案

职业生涯目标确定后，就要把目标转化成具体的方案和措施。这一过程中比较重要的行动方案有职业生涯发展路线的选择、职业选择和相应的教育培训计划制订。

（六）评估与反馈

社会环境的变化和不确定因素的存在，需要对职业生涯目标与规划进行动态评估和适当调整。具体涉及两个方面，一是规划本身的制定，二是与上级主管（或组织）讨论自己的职业生涯规划。在制定规划阶段，非常重要的是思考自己的相关强项与相关弱项。相关强项是发挥自身作用的关键，如你自认为最擅长什么？得到的反馈和感受一致吗？哪些是你理想的工作任务必需的相关强项？是否具备以及具体的水平如何？相关弱项是自我认识和别人反馈中已经意识到需要改进的方面，如有必须加以说明的弱点吗？为争取感兴趣的工作任务，可列举必须改善的技能。

五、职业发展道路

（一）立足本职的道路

人在职业成长的初期，通常是把"本职发展"道路作为首选道路。因为组织的事业是不断发展的，个人的职业能力、素质也是具有可塑性的。立足本职的职业道路可以为新进入的人员提供一种低成本的职业适应和针对培训和成才方面的路径。

（二）转换职业的道路

当一个人不适合在某个职业岗位上发展时，也可以转换职业道路。人不适合某个岗位,原因是多方面的,如组织文化与个人的个性或心理品质有严重的冲突,或者是个人与领导难以相处,或是所在组织的效益、前途欠佳,从而需要改弦更张、另作他图。转换职业往往能收到"柳暗花明"之效,体现了人对环境的积极适应和主动寻求,是一种对职业生涯自觉的调整行为。在转换职业决策过程中,应把握的要点有以下三个方面。

1. 准确研判现状

一般而言,当个人和组织之间的相互需要程度下降的时候,也许就是到了该离开的时候,认识到这一状况并不是承认失败,而是正确地把握现状,即对本人现有工作中存在的职业发展机会作出清醒的判断。此时,组织已不能为个人提供更多的发展机会,同时个人对组织的贡献也开始下降。这种情况有五种征兆:对所做的工作不感兴趣;提升受阻;组织管理不善,正在丢失市场份额;劳动付出没有得到相应的报酬;无法实现梦想。

2. 慎重选择职业的领域和用人单位

每个人的职业生涯规划,都应该有一个长期目标做统率,并且随着时间的推移以及实际情况变化而动态调整职业目标。因此,根据长期职业目标来观察、审视潜在的组织和职位,这项工作对个人的最终目标有很大帮助,人们往往可以为长期利益接受短期折中方案,如一些低工资的工作可能提供相当宝贵的培训机会或职业接触机会;对那些高度专业化的工作安排要慎重选择,因为这类工作可能会限制今后职业生涯发展。

3. 流动(离职)时机的选择

把握住对本人最有利的离职时机有两个要点:一是再次审视离开原组织的动机,友好地离开现在的组织,而不是在有争议的情况下离开;二是是否已发现适合自己长期职业生涯规划的新的工作机会。

除非找到另一份工作,否则不要辞掉现在的工作,因为当一个人仍处于被录用状态时更易找到新的工作。

(三)自我创业的道路

自我创业,即不是从劳动力市场现存的职业需求岗位中求职和谋求发展,而是运用自己的能力及各种资源创办个体、私营、私人合伙企业,开拓自己的事业。自我创业是一条自由、艰辛的道路,然而又是广阔的、富有挑战性的职业生涯之路。

第三节 组织的职业生涯规划

一、职业生涯开发与管理中多方主体的职责

员工攀登职位金字塔与其对组织的贡献相辅相成、互为表里。企业扶助是个人顺利发展的必要前提，员工职业发展类型由特定的工作需求来确定。

成功的职业生涯系统鼓励员工、管理者（主管领导）和组织的积极参与，各自扮演一个具体的角色并承担相应的责任。其中，员工负责自我评估，结合组织的现实条件制定职业生涯规划，进行特定的开发活动；管理者帮助员工理解组织的需要；组织则负责提供工具、资源和设施来支持这一进程，职业生涯规划无疑需要组织、主管领导和员工的共同参与。

组织的扶助是个人职业成长得以顺利进行的必要前提，组织内部职业成长路径的提供需要遵循三项原则：挑战性原则，工作的挑战性对职业发展有牵引和提升功能；特定性原则，员工的职业生涯发展类型由特定的工作需求来确定；发展性原则，通过发展员工新的能力来推进其职业生涯发展。

二、组织的职业生涯规划管理系统

组织的职业生涯管理系统包括基础制度系统与实施系统以及相应的培训工作，其架构如图9-4所示。

三、职业生涯发展途径及选择

（一）职业生涯发展途径的类型

职业生涯发展途径，亦称职业途径，可分为纵向、横向、网状和多阶梯四种类型，这可以看作是职业生涯维度理论的具体应用。纵向职业途径是指员工在组织内逐步向上晋升的过程。由于现代企业中组织结构扁平化以及等级层次减少，因而这种传统的职业途径方式已经难以满足员工的现实发展要求。横向职业途径是指通过横向调动增加员工的阅历，锻炼员工的综合能力并发挥员工的潜力，在职位未提升的情况下增加员工满意度。网状职业途径是指综合纵向、横向和径向的一系列工作职务发展，它比传统的职业途径更能代表员工在组织内的进步机会。多阶梯职业途径是为了解决受过技术培训且并

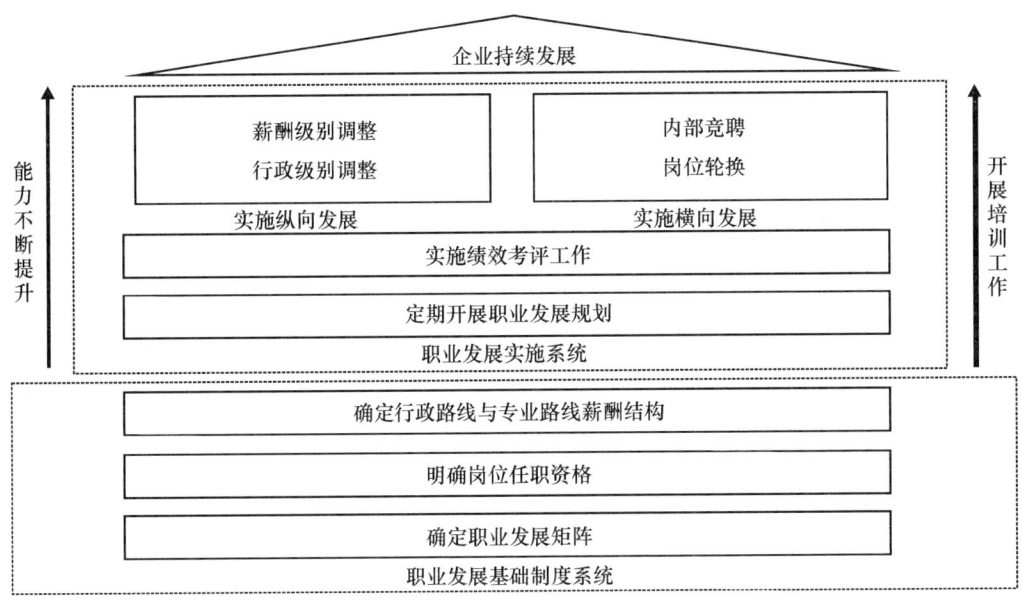

图 9-4 组织的职业生涯管理系统架构

不期望在组织中通过正常升迁程序调到管理岗位的员工而开发的一种职业发展方法。

下面重点介绍多阶梯职业途径。

在很多组织中,技术好的工程师、项目领导者、科学家或销售人员,在职业发展中往往会面临一种进退两难的境况。在技术领域,他们是出色的一员,属于技术专家型的人物,他们很希望在自己的专业技术领域继续得到发展,但个人的技术生涯发展到一定程度往往会面临领导和组织的管理任务。然而,不是所有的工程师都愿意承担这种任务,组织同样也面临类似的困境。为了使技术人员的职业生涯有进一步的发展,应该将他们提升到领导岗位,但结果通常是他们的管理业绩并不理想,专业技术的拔尖人物很有可能成为中等水平的管理人员。这种提升最优秀的技术人员到领导岗位的做法使组织的实际价值下降了。

多阶梯职业途径解决了这一困难。所谓多阶梯职业途径,就是建立一种平行的职业轨迹:一个是管理职业,另一个是技术职业。在管理职业阶梯中向上运动将带来更多的决定权和责任,在技术阶梯中向上移动则给予更多的资源进行开发和研究,使其更具有自主权和独立权。

图 9-5 的示例表示了多阶梯职业途径的基本内容。图的中间部分是管理发展的路径,左边的路径强调研究的专业性和独立性,而右边则与特定的技术项目相关,并附带有管理责任。多阶梯职业途径常用于工程、研发及信息系统员工中。国际上一些著名的

大公司等很早之前就开始运用这样的职业途径进行管理。

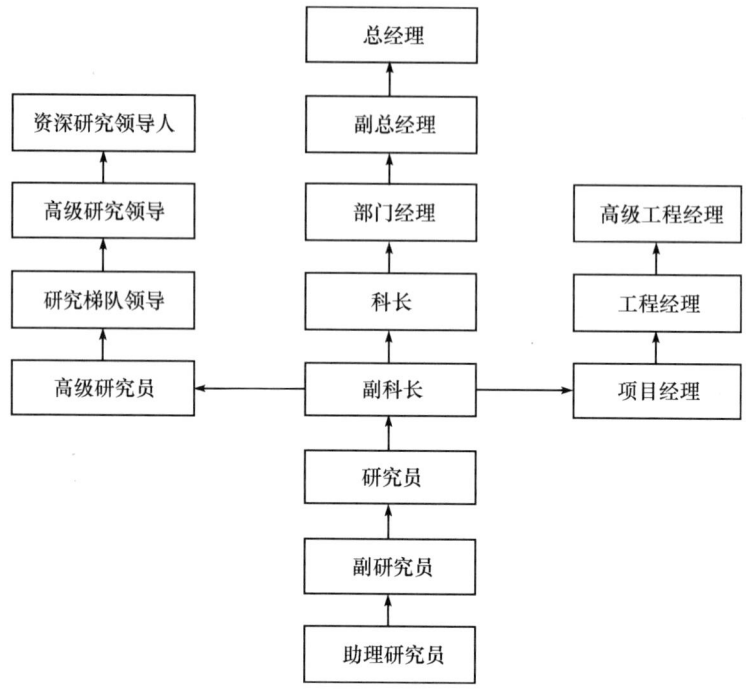

图9-5 多阶梯职业途径示例

(二)职业生涯发展途径管理的实施步骤和影响因素

职业生涯规划和发展途径的实施必须由企业的高层管理人员负责,必须考虑到组织的业务性质、竞争者的用人政策、现时和未来的组织结构等,这些内容都是实现人力资源开发和企业发展战略结合的重要因素。

具体概括为如下几个步骤:

第一步,分析各项岗位,发现它们之间的相似性与差异性;

第二步,把相似的岗位整合成职务群;

第三步,设计职务群内部和职务群之间的职业途径;

第四步,将整个网状职业途径组织为一个完整的职业生涯系统。

以职务分析为基础的职务途径系统为组织提供了进行职业生涯管理的一个重要基础,并为员工个人的职业生涯规划及发展实践活动提供了重要的参照系。在职业途径管理的实践中,组织的职业生涯管理有时会因下述原因而失败:(1)员工认为管理者不关心他们的职业发展;(2)员工和组织都没有充分意识到员工的需要和组织实际条件的限制;(3)职业计划实施中没有考虑到完成计划所需要的支持系统。

四、职业生涯周期的管理

(一) 对处于职业生涯早期员工的管理

员工在进入某个特定组织开始其职业生涯的过程中,员工的社会化过程至关重要。所谓社会化,是指新员工与新组织间的相互适应,了解组织的有关政策、规章制度,熟悉组织的文化传统、价值观,熟悉上级、同事和下级的过程。由于大多数人员流动发生在加入组织的早期,加速这种社会化过程将有助于降低流动性,从而降低公司总的流动率。

加速员工社会化的有效方法:一是向新员工展示组织发展的前景和员工工作发展的前景;二是新员工的培训;三是给新员工配备职业顾问。

在早期职业生涯中,第一份工作对以后的职业成功与否影响很大。例如,许多调查表明,工程技术人员的第一份工作,如果富有挑战性并取得良好业绩,那么将会提高其整个职业生涯中的竞争力和工作业绩。第一位上级的作用同样关键,他必须值得信赖,不压制新员工的雄心,不嫉妒新员工的活力,并为其提供各种发展机会,能在贯彻组织的意图和传播组织的价值观方面起到示范作用。另一个影响员工日后取得高成绩的因素是最初期望值。组织应当鼓励员工制定高的发展目标,或曰"跳起来摘桃子",一般来说,高目标往往会成就高业绩。

(二) 对处于职业生涯中期员工的管理

1. "中年危机"的表现形式

44~55岁的员工处于职业生涯的中期,这一阶段员工常常出现下述问题:随着年龄的增长,意识到自己的身体发生变化,甚至开始有衰老的感觉;对自己的职业目标有多少已经实现、还有多少将能够实现已有清楚的认识;开始寻找新的生活目标;家庭关系发生明显的变化,如子女长大成人;工作关系发生变化,对新员工的指导功能加强;工作废退感日益强烈;工作流动性下降,对工作安全的关注增长。

这些问题被称作"中年危机",处于这一职业生涯时期的个人所考虑的问题可能是最多的。

2. 解决"中年危机"的途径

解决"中年危机"的途径之一是对职业成功进行重新定义。传统的职业成功的定义是职位的提升,而20世纪90年代以后,越来越多的大公司使员工认识到通过横向调动也会获得相应的回报和乐趣。

解决"中年危机"的途径之二是让处于职业生涯中期的员工去指导年轻员工，这需要加强对其指导能力方面的培训。

解决"中年危机"的途径之三是阻止中年员工的工作废退现象的延续。美国企业界对工程师的调查发现，防止废退现象，还可以运用以下方法：给予其挑战性的工作，进行阶段性的工作调整；通过培训、继续教育和拓宽交流渠道等促使其知识技能得到更新；付给与业绩相对应的报酬及参与领导决策等。

事实上，中年员工职务提升的停滞现象也有其有利的一面。由于对更少的工作岗位而言有更多的竞争者，迫使中层管理人员的素质得到提升。大公司中不愿坐等提升的人可以成为创业者，开始自己的事业，其余的人可能接受现状，重新调整生活和职业目标。

（三）对处于职业生涯晚期员工的管理

随着人类平均寿命的延长，组织内老年员工的工作年龄延长，他们在组织中依然是具有生命力的重要力量。许多企业的成功做法是：雇用新员工时不排除老年人，雇用那些对组织有用的老年人才，否则他们会由于退休而流失；要注意留住老员工，不要轻率地用年轻的新员工替代老年员工；使工作内容更具有吸引力，让老年员工感觉到工作比退休更有意义等。

案例分析

如何找准职业生涯阶段？

张刚是公司技术部的副经理，今年40岁，在公司工作了整整12年，从普通的技术员做到目前的职位。他工作勤奋，技术过硬，也有一定的管理能力。今年，张刚参加了公司内部竞聘的选拔，申请了技术部经理的职位，由于有其他竞争者技术能力和管理能力都比他更胜一筹，张刚竞聘未能成功。根据公司规定，参加内部竞聘上岗的年龄不得超过40岁，张刚未来在公司晋升的可能性已经不大。

资料来源：网络资料收集整理。

讨论题：张刚目前处于职业生涯的哪个阶段？人力资源部应当采取哪些措施为其拓宽职业路径？

深度阅读

林枚，等. 职业生涯开发与管理[M]. 北京：清华大学出版社，2010.

该书全面介绍了职业生涯开发与管理的基本内涵及策略。内容主要包括职业生涯管理概论，职业生涯管理的含义、意义与角色，职业生涯管理与人力资源管理的关系。职业生涯管理理论包括职业选择理论、帕森斯的人职匹配理论、佛隆的择业动机理论、霍兰德的职业性向理论、施恩的职业锚理论与职业生涯决策理论。职业生涯发展理论包括萨帕的职业生涯发展理论、金斯伯格的职业生涯发展理论、格林豪斯的职业生涯发展理论、施恩的职业生涯发展理论与廖泉文的职业生涯发展"三三三"理论。

本章小结

职业生涯是指一个人在其一生中遵循一定道路（或途径）从事工作的历程，包括与工作相关的愿望、活动、行为、价值等。职业生涯分为外职业生涯和内职业生涯。职业生涯具有独特性、动态性、整合性、互动性等特征。

职业生涯周期可分为准备期、选择期、适应期、稳定期、衰退期、退出期六个时期。

影响个人职业生涯的因素有教育背景、家庭影响、人格特性与职业理想等。

职业生涯发展的人职匹配理论，包括人格特性与职业因素匹配理论和人格类型与职业类型匹配理论。霍兰德将人格类型分为现实型、调研型、艺术型、社会型、企业型、常规型六种基本类型。

职业发展道路可分为立足本职的道路、转移职业的道路、自我创业的道路等。

组织内员工职业生涯发展途径可分为纵向、横向、网状和多阶梯四种类型。

重要概念

职业　职业生涯　职业生涯规划　职业生涯周期

复习思考题

1. 职业生涯的含义是什么？职业生涯的主要理论有哪些？
2. 人的职业生涯如何划分？影响因素有哪些？
3. 什么是人职匹配？霍兰德对职业人格是如何划分的？

4. 如何进行职业适应？如何进行职业流动？
5. 分析职业生涯规划在组织管理中的地位。
6. 组织在人力资源管理中进行职业生涯规划的原则和方法是什么？
7. 人的职业生涯发展方面有哪些机会与风险？
8. 教材中涉及的职业生涯理论范畴对人力资源管理各有哪些启迪？

第十章
员工关系管理

第一节　新劳动法下的劳动用工

一、员工关系管理原则

（一）员工关系的概念

人力资源是组织中最宝贵的财富。员工关系是否和谐，直接关系到人力资源潜力的发挥，是影响组织竞争力的关键环节。从狭义上看，员工关系是指组织内一系列的人力资源行为关系，它通过管理者和员工双方的努力，使员工承诺变得可靠并与组织的目标协调一致。从广义上看，员工关系不仅仅指组织内部的管理者和员工、员工和员工之间的关系，还包括发生劳动争议后组织内部、外部的第三方调解机制。可见，员工关系的主体涉及员工（劳动者）、组织（也指作为组织代理人的管理者）和第三方调解者。

（二）员工关系管理的六大原则

1. 人岗匹配

人岗匹配是为了实现人适其岗，需要对员工和岗位进行匹配性分析。每个人的能力和性格不同，每个岗位的要求和环境也不同，只有事先分析、合理匹配，才能充分发挥人才的作用，才能保证工作顺利完成。实践中，常通过以下四种方法来促进人岗匹配：多名管理人同时会见一名新员工，多方面了解他的兴趣、工作能力、工作潜能；组织除定期评价员工工作表现外，还有相应的工作说明和要求规范；用电子数据库储存有关工作要求和员工能力的信息，并及时更新；通过"保荐信"，由区域经理人向管理中心推荐到重要岗位的候选人；等等。

2. 予以激励

员工对组织的贡献受到诸多因素的影响，如工作态度、工作经验、教育水平、外部环境等，虽然有些因素不可控，但最主要的因素是员工的个人表现，这是可以控制和评价的因素。

其中一个原则是，员工的收入必须根据他的工作表现确定。员工过去的表现是否得到认可，直接影响到未来的工作结果。论功行赏不但可以让员工知道哪些行为该发扬、哪些行为该避免，还能激励员工重复和加强那些有利于组织发展的行为。因此，在工作表现的基础上体现工资差异，是建立高激励机制的重要内容。此外，还根据员工的表现提供不同膳食补助金、住房、股票等福利。

3. 提供培训

为员工制定和提供培训，由专门的部门负责规划和组织。培训计划包括一些基本的技能培训，也涉及高层的管理培训，还有根据组织实际情况开发的培训课程，以帮助员工成长。

4. 职业发展

将员工的职业生涯规划嵌入组织发展规划中。每个员工都知道自己岗位在组织中的位置和作用，使员工了解到有哪些升迁途径，并可获取相关的资料。在晋升方面可以有明显的内部导向特征，更趋向于从内部提拔管理人员，这为那些有志于发展的人才提供了升职机会。

5. 改善工作环境

改善工作环境有利于提高工作效率，调节员工心理。根据生理需要设计工作环境，可以提高工作效率、节省体力、缓解疲劳；根据心理需要设计工作环境，可以营造愉悦、轻松、积极、活力的工作氛围。

6. "抱合作"态度的领导方法

在领导与被领导的关系中，强调合作态度。领导者在领导的过程中，就如同自己被领导一样，在相互尊重的氛围中坦诚合作。领导者的任务是商定工作指标、委派工作、收集情报、检查工作、解决矛盾、评价下属职工和提高他们的工作水平。其中，最主要的任务是评价下属，根据工作任务、工作能力和工作表现给予公正评价，让下属感受到自己对组织的贡献，认识到在工作中的得失。评价的原则是尊重员工，用合作的方式帮助其完成任务。任务被委派后，领导必须亲自检查，员工也应自行检验中期工作和最终工作结果，共同促进工作顺利完成。

二、员工参与管理

员工参与管理在西方国家也称为工业民主化,是指一个能允许员工对他们的工作以及工作环境施加一定影响的过程,即员工在一定范围内参与资本构成、参与决策管理、参与利润分配。

(一) 员工参与管理的原因

管理学家们提出了四种主要的原因来解释为什么用人单位要引入员工参与管理。

1. **实现对员工的有效激励**

实施以人为本的人才战略,实现员工参与、人尽其才,是尊重和发挥人的价值,满足员工较高层次需要,从而实现对员工有效激励的必然要求。

2. **伦理、政治和道德的要求**

这种观点认为,在一个民主社会里,当那些决策的结果对员工的生活造成很大冲击时,员工应该被纳入决策过程。因此,员工参与管理实际上提供了一种社会可以接受的管理模式。

3. **功利主义的原因**

这种观点认为,员工参与管理能够提高决策的质量和效率。这一观点受到北美地区的"最优模型"学派的追捧。他们认为,员工参与管理能潜在提高决策质量,而且有很大机会在工厂里成功地实现。同时,员工参与能提高其工作效率并使其能精力充沛地工作,还能提高其在管理过程中的信任度以及减轻工作压力。

4. **解决管理冲突的需要**

在管理过程中,经常会发生诸如对变化的抵触、停工怠工和其他形式的冲突。员工参与管理能在员工和组织之间形成更大的一致性的利益关系,提高信任度,在一定程度上能够减少这些冲突。

(二) 员工参与管理的方式

员工参与管理可分为直接参与和间接参与两种形式。直接参与包括问题解决团队、自我管理团队等方式。间接参与是指由员工团体的代表参与决策过程,如成立联合协商委员会等旨在提高工人民主参与程度的相关方式。无论是哪种方式,良好的信息沟通机制都是实现有效员工参与的基础。

管理学家提出了员工参与管理的概念模型,将员工参与管理视为一个连续、统一的整体。图 10-1 显示了员工参与管理的形式、组织授权程度、组织介入程度三个维度的关系。

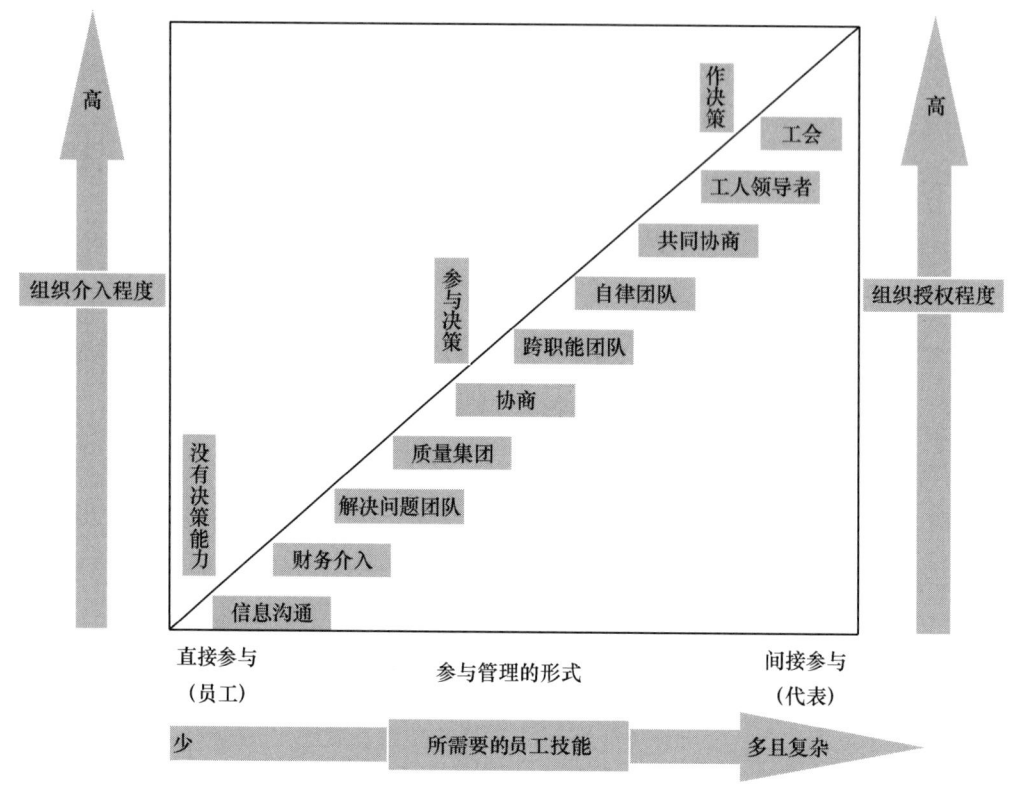

图 10-1　员工参与的维度

(三) 员工参与管理的障碍

员工参与管理在员工关系管理实践中可能会碰到两个障碍：商业协会的态度以及独裁式管理者的态度。

1. 商业协会的态度

商业协会在观念上强调多方参与的共同磋商，关注雇佣双方的利益，促进和谐员工关系。

2. 独裁式管理者的态度

管理者都试图建立组织文化，这种文化能够反映出他们的管理理念和管理类型，并且会强化他们的管理战略和控制力。对于独裁式的管理者而言，员工参与往往被他们看作是对自己的威胁和无声的抗议。

三、主动性的员工调配管理

人员调配主要有晋升、平级调整职位、降职、辞职、免职、暂时解雇、退休与提前退休等内容。主动性的员工调配管理的核心是在因事择人的同时，考虑当事人的专长和工作志趣，将组织的需要和员工的职业生涯发展需要有机地结合在一起，并积极采取措施减少被降职、辞职、免职的相关当事人心理上受到的负面冲击。主动性的员工调配管理对构建和谐的员工关系具有重要的意义（见图10-2）。

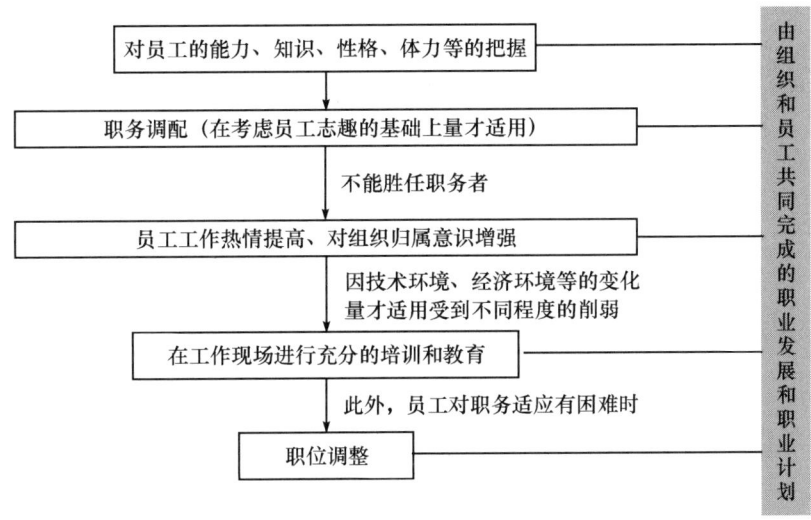

图10-2 主动性的员工调配管理

（一）晋升管理

晋升是指员工由原来的职位上升到另一较高的职位，给予员工发挥能力的机会，防止员工的工作单调化，提高员工工作积极性，满足员工自我发展、自我完善的需要。

1. 科学设计晋升路线

从发展趋势看，精简机构使得传统意义上的纯粹职务晋升的机会相应减少。因此，组织有必要设计多重晋升路线来激励表现优异的员工。图10-3是一个多重晋升路线的示例。值得注意的是，不同的员工因兴趣、性格、气质的差异而导致工作志趣各异。因此，即使某个员工的能力和专长符合晋升更高职位的要求，也需要在正式做出决定前征求员工本人的意见。比如，对于一个不愿意担任高级主管职务的人，即使他完全符合组织的要求，也不能强行将其晋升到高级主管职位，只能考虑非主管类职务的晋升或纯薪酬的晋升。

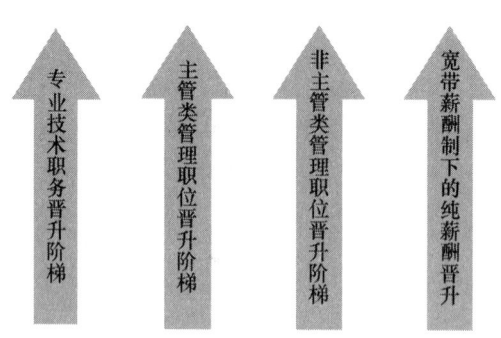

图 10-3 多重晋升路线示例

2. 做好员工晋升的储备与配套工作

晋升不应该是盲目和草率的，应建立员工的详细信息档案供晋升储备之用，目的是准确了解组织内员工的构成状况，为选择合适的晋升对象提供条件。在作晋升决策之前，应广泛征集晋升的候选人。同时，对所有候选人的信息资料都要事先进行标准化处理，以便于比较。此外，对某个员工的晋升有可能给那些没有获得晋升而又有晋升意愿的竞争对手带来心理上的负面影响。因此，要让所有的相关人员明晰晋升的依据，并让他们参与最后的晋升决策，使他们相信晋升是公正的，从而能继续努力为组织工作。

（二）平级调整职位管理

平级调整职位是指组织根据实际需要，调剂各岗位员工的余缺，将员工从原来的职位调离，担任和原来相同等级的新的职位。

1. 平级调整职位的效果

无论是对组织，还是对员工，平级调整员工的职位有诸多正面效果。第一，可以使员工具备多部门工作经验，为组织选拔高层管理者奠定基础。第二，由于较高层次的管理职位很少，而候选员工又较多，为了增加工作的挑战性和减少枯燥感，平级调动是一个合理的选择。第三，当发现小团体矛盾时，平级调动可以在组织内实现更好的劳动组合，减少能量损失，提高整体效率。

2. 主动性平级调整职位的方式

（1）新员工巡回实习。新员工在就职训练结束后，根据最初的适应性考察被分配到不同部门去工作，但不立即确定他们的工作岗位，而是让他们在各个岗位上轮流工作一定时间，让他们亲身体验不同岗位的工作情况。管理者也对他们的工作适应性进行考察，然后再确定他们的正式工作岗位。

（2）培养"多面手"的职位平调。组织为了适应日趋复杂的经营环境，都在设法建立"灵活反应"式的弹性组织结构，要求员工具有较强的适应能力。因此，员工不能只满足于掌握单项专长，必须是"多面手"和"全能工"。

（3）为培养高级管理人员的职位平调。对于高级管理人员来说，应当具有对组织业务工作的全面了解和对全局性问题的分析判断能力。培养这种能力，显然不能够只在狭小部门内作自下而上的纵向晋升，必须使管理人员在不同部门间横向流动，开阔眼界，扩大知识面，并且与组织内各部门的同事有更广泛的交往接触。这种轮换以基层管理者为最多，且每一职位的任职周期也较长。

（三）降职管理

降职管理是将一名员工调动到低一级职位上，是一种带有惩处性质的管理行为。降职意味着减少工资、降低地位、失去权力和发展机会。降职很可能导致员工情绪低落，工作效率下降，并影响到员工所在工作小组的士气。因此，必须科学地进行降职管理，以减少上述负面影响。

1. 严格降职程序

由于降职会对当事人产生负面效应，做出降职决策必须公正公开。降职程序一般应由用人部门提出有充足理由的申请，报送人力资源部门；人力资源部门根据组织政策，对各部门主管提出的降职申请，予以人事调整，然后呈请组织中主管人事的上级核定。凡是予以核定的降职人员，人力资源部门发布人事变动通告，通告中要说明降职理由，以免打击其他员工的士气，同时要以书面形式通知被降职的当事人。

2. 注重降职面谈

做出降职决策后，组织应指派专人与被降职者进行面谈。面谈的目的是帮助当事人认识到自己工作中的失误或能力上的不足，鼓励当事人勇于面对挫折，使当事人能充满信心地进行针对性提高与改进。同时，还要向当事人传递组织决策公正的信息，即一旦当事人做出了优异的成绩，组织仍将会给予晋升奖励。

3. 维护被降职员工的申诉权利

如果被降职的员工对降职处理不满，应允许其向人力资源部门申诉，以免其消极怠工。

（四）辞职、免职、暂时解雇管理

1. 辞职管理

辞职是指员工主动要求脱离现任岗位，与组织解除劳动合同、退出组织的行为。对于员工的辞职，应注意以下两个方面。

一是组织对员工辞职应采取措施。辞职是员工的权利，组织应予以尊重。但当人员更新过于频繁时，组织就应采取一些措施，避免高素质员工流失。组织应当采取诸如离职面谈或离职后问卷调查等方式分析员工辞职的原因。

二是员工辞职时应有的行为规范。对于员工而言，应选择友好辞职，即至少提前30日提出辞职请求，以便组织能及时招聘到接替人员。当然，如果员工和组织之间存在敌对情绪，辞职的员工有可能会成为一种扰乱性力量。

2. 免职管理

免职是指免去员工职务。免职属于一种强制性解雇，将损害被解雇者的尊严，使他们感到痛苦或愤怒。如果因为被强制性解雇而失业，还会导致当事人精神上和经济上的压力，甚至激化家庭矛盾。因此，组织应该帮助那些因为解雇而暂时失业的人。同时，解雇也会影响到继续留任者的预期，组织应通过恰当的免职管理使留任者保持对组织的信任和忠诚。

3. 暂时解雇

暂时解雇在国外企业中被广泛采用，许多组织在经济状况周期性下降期间，除了暂时解雇员工之外，没有别的选择。暂时解雇和解雇虽然是不同的，但同样都对当事人有诸多负面影响。而且，被暂时解雇的员工很可能日后还会被组织所需要。因此，需要对暂时解雇进行科学的管理。

（五）退休与提前退休

退休是指员工达到法定退休年龄后退出工作岗位，转而领取养老金的行为。虽然退休是员工正常退出组织的行为，但是，组织应尽可能地关心退休员工，使在职员工也能感同身受。

提前退休是指员工没有达到法定退休年龄就退休的行为。对组织而言，对于满足提前退休条件的员工，他们自愿提前退休可以为年轻的员工打开晋升的通道，但要注意的是，尽可能不给愿意提前退休的员工带来负面心理效应。对员工而言，有潜力且满足提前退休条件的员工可能会选择提前退休，以便寻求另外一份更合适的工作，而组织也可腾出空余岗位去招聘更年轻、更有潜力的新员工。

四、纪律管理与员工申诉管理

纪律是员工自我控制及行为有序的状态，表明了组织内部员工相互配合的程度。纪律管理是指针对员工的错误行为进行惩戒处理以及运用正面的方式鼓励、说服员工遵守组织规章制度等一系列管理行为的总称。

（一）纪律管理

1. 纪律管理、纪律处理与纪律处分

纪律管理、纪律处理和纪律处分都是组织为维持组织内部良好秩序，对员工行为进行管理的手段。第一，纪律管理的方式既包括奖励性措施以强化员工行为，也包括惩罚性与非惩罚性的措施；而纪律处理是对于违反组织规范和章程，依照规定对员工不当行为所采取的惩罚措施。第二，依照规定对于组织和员工不当行为进行的惩戒，分为纪律处理和纪律处分两类。其中，纪律处理的对象是组织，包括改组和解散；纪律处分的对象是员工个人，包括口头批评、通报批评、记过处分、终止劳动合同或解除劳动关系。

2. 纪律管理目标

纪律管理有以下诸多目标。

第一，惩罚。纪律管理过程被视为加以惩罚的过程。

第二，阻止及威慑。纪律管理被视为在惩罚错误行为的同时，产生阻止或威慑效应，避免其他员工去重复错误行为。

第三，改善。纪律管理被视为劝告、帮助那些不服从组织规范的员工重新采取可以接受的行为。

第四，修复员工关系。纪律管理被视为谋求员工关系改善和协调的一种必要解决方案。

3. 纪律处理方式

纪律处理应当是一个有助于改善员工关系的建设性行为。因此，纪律处理的方式既包括惩罚性的惩戒，也包括非惩罚性的惩戒。

第一，惩罚性惩戒。惩罚性惩戒一般包括指责、警告、降级、停职、解除合同等惩罚方式。惩罚应当只针对员工的错误行为，而不是针对员工本人。

第二，非惩罚性惩戒。非惩罚性惩戒是指给员工一段时间，使其离开岗位带薪反省，让其考虑自己是否愿意遵守规章制度，以及是否愿意继续为组织工作的方式。这一方式有利于员工自愿对自己的行为承担责任，以维护组织的整体利益与形象。

当然，无论是惩罚性惩戒，还是非惩罚性惩戒，即便是必要的，也会或多或少产生一些副作用。只有和对组织需要的行为进行奖励相结合，纪律管理才能取得良好的效果。

4. 纪律处理原则

第一，公平公正原则。纪律处理应严格依照组织的规章制度进行，不带有任何私心；要确保在事情没有得到仔细调查前不采取纪律行动；在作出处理决定前，要允许员工有机会辩解；员工对纪律处理不服，应允许其申诉。

第二，每次处理原则。员工每一次违反组织的规章制度，都应该受到纪律处理，以消除侥幸心理。

第三，及时处理原则。在错误发生后，组织要立即采取行动进行纪律处理，以免随着时间的推移削弱处理的效果。

第四，预先警告原则。对组织不能接受的行为事先提出警告，使员工明白如果违反就会受到纪律处理，从而使他们有机会避开错误的行为。

5. 纪律处理的程序与实施步骤

纪律处理的程序如图10-4所示。

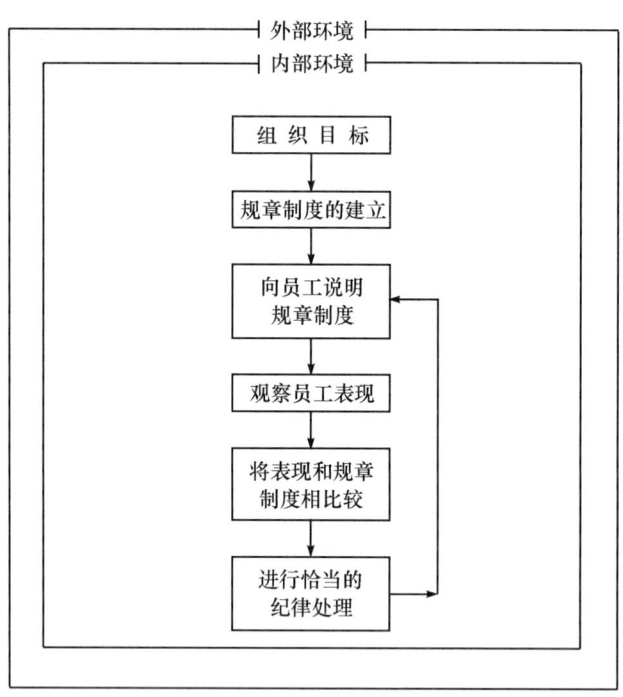

图 10-4 纪律处理的程序

资料来源：[美] R.韦恩·蒙迪，等. 人力资源管理 [M]. 8 版. 葛新权，等，译. 北京：经济科学出版社，2003：528.

纪律处理的实施步骤：每项纪律处理都涉及许多变量，比如，同样的错误行为，对一名忠诚工作了20年的员工和对一名进入组织不满6个星期的员工的纪律处理不可能是一样的。考虑到现实情况的千差万别,纪律处理的步骤应当是渐进式的。

渐进式的纪律处理步骤试图确保对违反规章制度的行为施以最低限度的适当惩戒,其目的在于通过一种直接的方式适时地向员工正式指出问题所在,使他们能够改进自己的表现。渐进式的纪律处理要求回答一系列与所犯错误的严重程度有关的问题,管理者必须按顺序提出一些问题来决定实施什么样的处理,这些问题如图 10-5 所示。

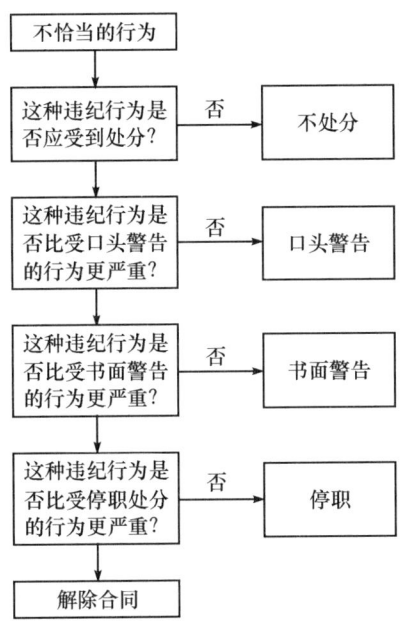

图 10-5 渐进式的纪律处理

资料来源:[美] R. 韦恩·蒙迪,等. 人力资源管理 [M]. 8 版. 葛新权,等,译. 北京:经济科学出版社,2003:530.

(二)员工申诉管理

申诉是指员工因对工作不满或在工作中受到不公正待遇而依公开程序进行指控的行为。申诉可视为对员工利害关系的协调,申诉允许员工表达他们的不满而不会危及他们的工作,它还能帮助管理者找出申诉产生的原因和解决的办法。

1. 申诉的原因

可能引起申诉的原因有很多,概括起来大致有六个方面:组织违背劳资协议条款;组织或主管触犯法律、法规,损害员工合法权益;组织违背了合同中所规定的双方权责;员工违反了组织的规章制度受到纪律处理的程度不恰当;工作条件或组织原有制度的改变;组织或主管违反了健康和安全标准。

2. 有效处理申诉的指南

申诉程序有许多常见特点，但是这些特点会因组织或决策的结构不同或因组织的规模不同而有所变化。以下是在广泛实践的基础上总结出来的一般规律，可以作为有效处理申诉的指南：对申诉问题应迅速加以调整；申诉的程序和形式必须便利，而且员工和主管都能很好地理解；对主管的裁决进行上诉的渠道必须直接和及时。

3. 有工会的组织中的多步骤申诉程序

图 10-6 所示为有工会的组织中的多步骤申诉程序最普通的类型。第一步，员工通常当着工会代表的面，非正式地向其直接主管口头提出申诉。如果申诉可以在这一步得到解决的话，该申诉程序就到此结束了。如果申诉仍未得到解决，下一步是部门经理或人力资源部经理会同工会高一级主管进行会谈。会谈之前，要将申诉事项整理成书面材料，标明时间，并由员工和工会代表签字。书面申诉要从员工的角度来陈述事实，指出涉嫌违约或侵权的行为，提出相关的解决办法。如果申诉在这一次会谈中没有得到解决，就要进入第三步，即由组织高层员工关系问题代表（如主管员工关系的副总裁）和工会高级主管举行会谈。如果到这一步问题仍未能解决，可以借助第三方调解机制解决，如申请仲裁。

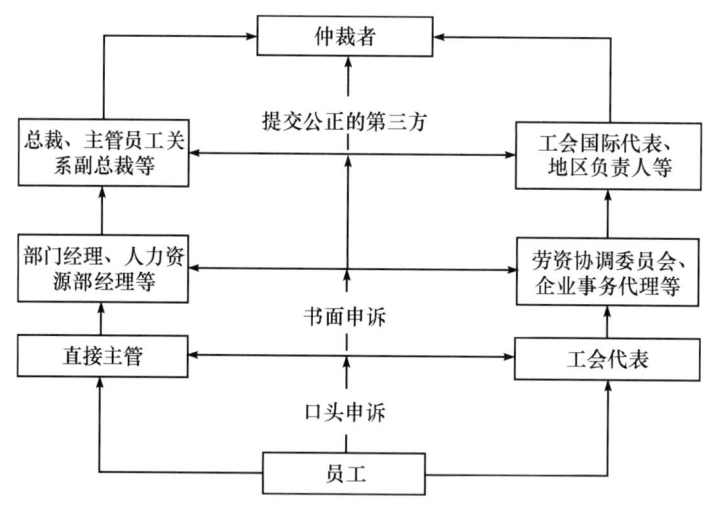

图 10-6 有工会的组织中的多步骤申诉程序示例

资料来源：ECKLES R W, CARMICHAEL R L, SARCHET B R. Essentials of management for first-line supervision [M]. J. Wiley, 1974.

4. 无工会的组织中的申诉程序

在无工会组织中，一般采用分步检查系统、同业检查系统和调查专员系统来处理员工的申诉。

第一，分步检查系统。图10-7显示了无工会的组织中常见的分步检查申诉程序。在分步检查申诉程序中，一般预先设定了四个步骤，以便更高层次的管理者成功地审查员工的申诉。该程序一般要求员工将其申诉转化为书面形式。在每一步骤中，要求管理者在具体的期限内对该申诉提供完整的答复，一般不超过5个工作日。为防止员工的直接主管可能施加的报复行为，分步检查申诉程序实行所谓的"门户开放"政策，即允许员工绕过其直接主管进行申诉，规定员工可联系其直接主管之上的不同管理层级。当申诉进入第四步，即员工和高层管理者联系后仍不能解决问题，可以借助第三方调解机制解决，如申请仲裁。

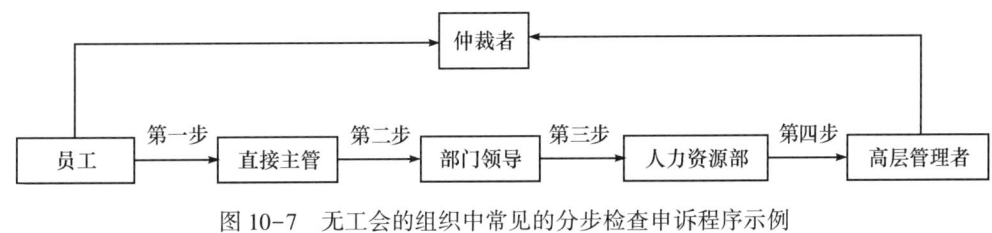

图10-7　无工会的组织中常见的分步检查申诉程序示例

第二，同业检查系统，也称为抱怨委员会。它由同等数量的员工代表与管理方代表组成。员工代表一般通过他们的同事定期轮流秘密投票选举产生。管理方代表则是被指派的，也是轮流担任。同业检查系统具有听审的功能，即由它的成员衡量证据、考察论证，并在深思熟虑后独立投票提交一份最终裁决。

同业检查系统可单独被用于解决员工申诉，也可和分步检查系统结合使用。例如，员工若对管理方在分步检查系统中第一步和第二步的处理不满，就可将申诉递交给同业检查系统，以寻求最终的解决。

第三，调查专员系统。调查专员是指一个受指派的人，员工从他那里可以为解决申诉而寻求咨询。调查专员倾听员工的申诉，并试图在员工与管理者之间进行调停。调查专员与双方合作以达成某项安排，通常是一种临时的解决方案。由于调查专员没有权力直接解决问题，也无权否决员工或管理者的决定，因此最有可能的结果是妥协，使所有相关方对结果感到满意。为成功地履行其职能，调查专员必须能在一个保密的环境中操作，以免威胁到正在进行申诉调查的管理者或员工的安全。除了帮助员工获得公正对待外，调查专员系统还有助于为管理者提供自我检查机会。

第二节　互联网时代下的员工关系管理

一、互联网时代员工关系管理特征

在互联网时代的浪潮下，移动互联网、云计算、大数据、物联网等信息技术推动专业化整合，加速各个行业运作模式的调整，以及个人思维和行为方式的转变，企业的员工关系管理实践将发生革命性的变化。

（一）互联网时代的主要特征

1. 资源联动性

互联网技术加剧企业、社会、个人等资源的整合，淡化产业与行业的边界。互联网技术推动各个行业的跨界整合，加速向服务化、网络化发展，打破传统的"隔行如隔山"状态。互联网技术将人、信息、商品等要素进行整合，形成一批新业态，如图10-8所示。

2. 用户个性化

互联网的开放性和透明化，以及信息获取的便利性，能够使消费者具有主动权。企业为了吸引和保留客户，必须提高服务与产品的质量，关注用户体验，以提高用户黏性。近年来出现的个性化、定制化、主题化等商业模式，迎合并增加了消费者的个性化需求。我国消费者对于个性化服务的需求旺盛，也进一步催生并促进相关产业的发展，如图10-9所示。

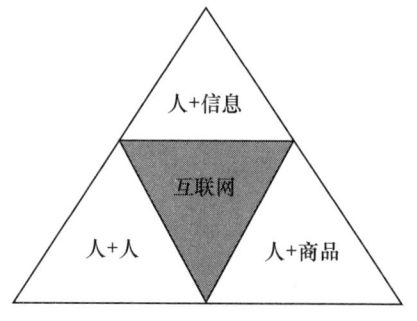

图10-8　互联网的基本运作模式

3. 变革性

互联网技术开启时代转型，带来生活、工作和思维的重大变革。第一，从个人来看，人们可以快速捕捉市场机会，获取市场变化的信息，降低战略风险；从企业来看，资源配置和流动更加透明、迅速和高效。第二，践行"客户至上"原则成为市场竞争中的关键，大数据技术为企业贴近客户赋能，能够精准地把握客户需求，以此为基础开展产品设计、采购和营销等活动。

（二）互联网时代员工关系管理特征

互联网时代不但使商业运作过程发生变化，也重新定义了劳动管理，重塑了组织运

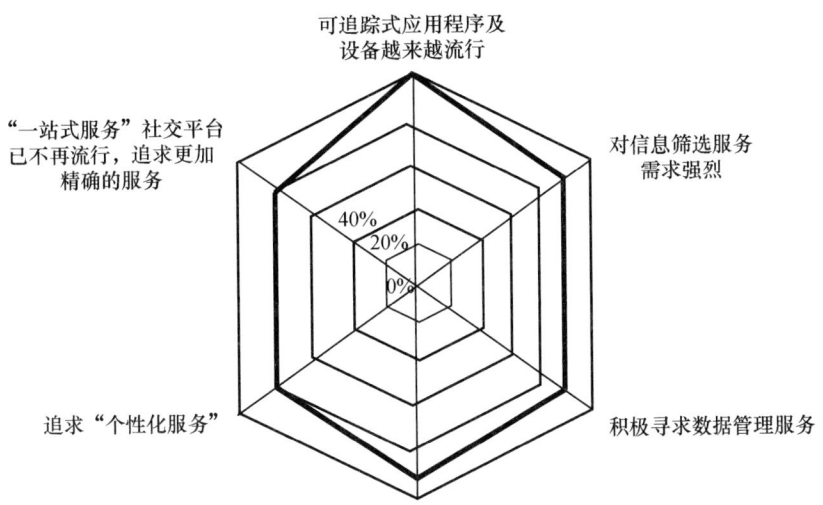

图 10-9 互联网时代的个性化诉求

资料来源：微软发布的"'2015 数字趋势'白皮书"。

作与工作模式，改变了员工劳动关系。

1. 数据信息化

对于传统的劳动关系管理活动，人事专员在日常工作所接触的信息与数据，包括人员入职、离职、考核、培训等各种事项的记录，需要员工按照项目进行分类和整理，时间成本较高。随着互联网技术的运用，企业的重要数据可以借助互联网的强大功能，依靠移动客户端、应用程序工具、办公软件等实现数据的信息化，还可以及时对数据进行追溯，从而提高工作效率，实现工作的便捷化与清晰化。

2. 工作智能化

互联网技术取代传统工作模式，让企业员工从重复性工作任务中解脱出来，管理者的角色从以往的传统人力资源管理中的领导者向互联网背景下人力资源管理中的合作者转变。在互联网时代成长起来的年轻人逐渐成为就业市场的主力军，该群体的思想和价值观更为活跃，对员工关系管理产生影响。管理者为适应时代变化，给予员工人性化的管理制度和薪酬奖励，增强企业员工的认可度和忠诚度，从而使得企业与员工之间的关系达到最优状态，提高企业效率与工作的高智能。[1]

3. 资源充分化

在互联网时代下，企业能够通过多样化的网络平台，获取利益相关者对于企业的意

---

[1] 苏天. "互联网+"背景下企业人力资源管理分析 [J]. 当代经理人，2020（2）：60-64.

见,借助大数据平台对相关建议进行分析和处理,持续改进企业的管理制度,使得人力、物力、财力资源得到充分利用,为企业创造更大的价值。在资源充分整合下,企业员工关系管理突破传统的企业边界,依靠公众号、微博等形式维护客户关系,不断缩短员工与客户之间的界限,促进企业与客户之间建立良好的关系。

4. 关系平等化

互联网平台不仅改变了企业内部人与组织的关系,也改变了人与组织之间的力量对比。个体与组织之间的关系不再是传统员工关系管理中的简单依附与绝对服从关系,每一个员工都是独立自主的个体。企业为适应互联网带来的挑战,不仅追求员工对企业的忠诚度,更是把合作期内员工与企业共同的价值创造作为追求,建立一种合作共赢的新型劳动关系。在这一新型劳动关系下,企业得到价值增值,员工得到个人能力乃至品牌的增值,企业从封闭的人才观转变为开放的人才观,面向的是整个行业、整个人才市场的人才,不再强调人才专有,而是追求知识共享。[1]

5. 时间弹性化

互联网技术改变了传统的固定办公模式,赋予办公时间和地点的弹性和机动。企业通过构建的信息化社交平台,能够实现在线上的实时交流和沟通,员工的工作地点和时间更加自由,员工的工作自主选择权增加。弹性工时制度能够节省企业的办公成本,优化劳动力资源配置,构建和谐的员工关系。对于员工个人而言,办公时间与地点的弹性化有利于促进其灵活就业,兼顾生活和工作。[2]

二、互联网时代员工关系管理改革的必要性

(一)员工层面

互联网技术渗透到员工工作、生活的诸多方面,导致员工思想、行为、主体角色、工作模式等发生变化。第一,员工思想行为变化。在互联网视域下,员工获取职位信息的渠道更加多样,对某一份工作的依赖性减少,更加关注与自身价值、职业生涯规划、思维模式等相匹配的工作。第二,工作模式变化。互联网时代下,远程办公、居家办公、异地办公兴起,工作模式更加灵活,许多行业呈现出了去雇主化的发展趋势。第三,员工角色变化。自由的网络空间以及多元化的信息获取渠道,让企业每一位员工都

---

[1] TANNER J F. 大数据营销:"互联网+"时代如何定位客户 [M]. 宋杰,译. 北京:人民邮电出版社,2015.

[2] 孙闪闪. 移动互联网时代企业员工关系管理探讨 [J]. 现代商贸工业,2016,37(13):83-84.

有机会成为信息的创造者，企业员工关系管理的主体发展为双向对称主体。对此，应通过调整员工关系管理体系变革，积极引入多样化管理手段，采取一系列举措稳定企业与员工之间的劳动关系。

（二）企业层面

互联网技术与企业经营管理的高度融合给企业发展带来了冲击。第一，互联网时代下的员工思维发展多维化，而传统的员工关系管理是垂直管理模式，企业意志与员工思想不匹配。员工关系管理应结合互联网工具，打造个性化、结构宽松的新型生态的员工关系，这样有利于掌握员工的思想动态。第二，互联网技术的迅猛发展转变了企业的经营管理模式。企业的信息化调整推动着员工关系管理的信息化转变，企业顺应互联网时代发展，以信息化、数据化的管理标准和方式对员工进行创新管理，可以达到稳定企业与员工关系的目的。

三、互联网时代员工关系管理内容

随着互联网的加速发展，信息技术重塑了传统员工关系管理的方式，员工关系管理领域发生了深刻的变化。为了能在互联网时代的竞争中占据有利地位，企业也必须进行改革，创新员工关系管理模式。

（一）创新组织管理模式

互联网思维对组织结构具有深刻影响，催生项目团队制、扁平化、社会网络化等组织结构。如图10-10所示，互联网技术使得客户和员工能够互相转化，企业员工可以成为企业客户和粉丝，也是企业的价值贡献者。企业产品创新需要客户和粉丝参与，人力

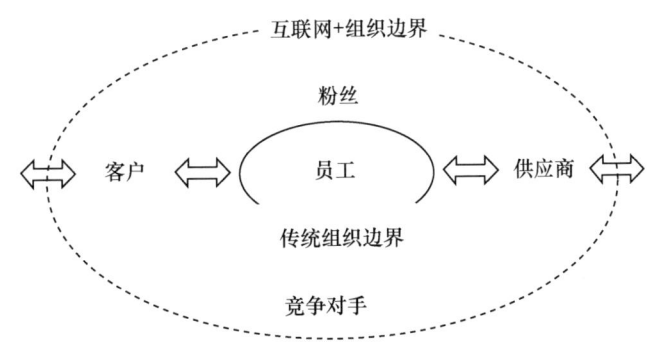

图10-10　互联网时代的组织结构演变

资料来源："互联网+"对企业人力资源管理的影响. http://www.cafst.org.cn/cafst/content/?655.html.

资本拓展到客户，在与客户和粉丝互动的过程中逼近消费者真正的需求。对此，企业需要在实施员工关系管理过程中，将工作重点放置在人性化环境构建、员工主导地位凸显等方面，培养员工成为企业的客户和粉丝。

第一，组建灵活型组织结构。根据企业战略目标、发展阶段、外部竞争环境等因素，转变以往层级结构，打造扁平化管理模式。灵活型组织结构一方面有利于管理者纵向管理和横向协调，减少员工的汇报层级，拉近管理者与员工的沟通距离，为新生代员工提供参与决策的机会；另一方面使得新生代员工能够畅通地表达自己的观点，有利于提升员工对企业的认同感，增强员工对组织的信赖度。

第二，科学确定员工关系管理制度。企业应结合互联网时代员工需求的个性化、多元化特征，引入人性化管理理念，在兼顾企业利益且与多数员工达成共识的基础上，参照评定标准科学制定员工关系管理规范，加强员工信息的动态化管理，为员工专业技能、个人优势展示提供合适的平台，激发员工的创造性。

（二）构建内外兼备的员工激励体系

互联网放大了员工的个性化需求，员工流动性增加，企业应考虑到这一特征，在开展员工关系管理阶段，以满足员工精神需求、提升员工归属感为出发点，构建科学的激励体系。

第一，建立信息化员工福利平台。营造尊重人才价值的企业氛围，强调员工学习、创造、变革能力为基础的新型绩效管理机制，创新适合互联网时代新型人才成长的工作环境。从线上与线下打造员工福利平台，为员工提供餐饮、购物、医疗、保险、健康、商旅等多元化福利，提升员工的福利体验感。设置离职员工职业发展跟踪渠道，提供人才回流渠道。

第二，设计灵活的薪酬福利体系。在互联网时代下，复合型人才、互联网人才的价值评价具有模糊且滞后的特点。在薪酬设计方面，应坚持"保障基本、激励回报、允许试错"的原则，激励员工积极投入、发挥价值。同时，给予员工一个合适的准备期和缓冲期，允许员工试错。企业还应结合员工个人发展需要，探索长期激励机制，采取多元化的物质激励手段，通过股权激励、现金分红、股票期权等方式，打造员工与企业发展利益共同体。

（三）拓展信息化企业文化宣传渠道

企业立足于优化员工管理成效的视角，构建企业内部的网络生态文化。利用新技术、新思想与新媒体来拓展企业文化传播渠道，创新宣传模式。

第一，借助微信、微博、公众号等渠道，连接互联网平台与企业文化宣传平台，将企业制度规范、战略目标、企业文化等向外界与员工进行充分展示，持续扩大企业文化的影响范围，推动企业树立新形象。

第二，以互联网平台为依托，为宣传优秀员工事迹、奖励表彰等企业文化活动助力，制作企业文化工作的动态视频，对员工思想有潜移默化的影响，提升员工对企业的认同感与归属感。

（四）打造信息化内部交流平台

互联网技术在沟通交流、信息传达等方面具有巨大优势，企业应结合组织架构、内部人员结构等，充分利用互联网时代带来的机遇，切实解决传统员工关系管理中存在的信息共享滞后、沟通程序烦琐、沟通不畅的问题。

第一，打造信息化内部交流平台，缩短企业部门与部门之间的沟通距离，提升企业内部工作流程的效率，促进企业纵向与横向的双维度内部沟通。

第二，内部信息交流平台要设计管理者与员工的直接沟通功能，既便于管理者了解员工的动态，也有助于员工向管理者表达观点、提出意见，增强员工的主动参与度，提升企业员工管理效率。

（五）搭建信息化人才选拔和培养机制

在互联网时代下，企业要想实现可持续发展，就必须具有前瞻性视野，将企业的人才选拔和培养工作与战略发展相结合。

第一，发挥信息化技术的优势，转变传统的由部门领导推荐的选拔模式，建立专门的信息化人才选拔和培养网络服务窗口，由专职人员筛选申请资料，结合人力资源的绩效考核数据和员工档案数据，对企业所需的人才进行选拔。

第二，企业还可以依靠大数据技术进行广告精准投放，锁定和跟踪目标群体，结合人才的诚信记录、履职情况等大数据资料，使用结构化考核方法，实现人与工作任务的精准适配。信息化人才选拔和培养机制能够减少企业人才选拔层级，提高企业人才选拔效率、扩大人才培养范围，提升员工对企业制度的认可度。

第三节 劳动用工管理操作实务

一、员工手册和规章制度制定

(一) 员工手册和规章制度应以法律规定为遵循

员工手册和规章制度制定中的核心条款涉及以下三项法律规定。

1. 关于对员工严重违反规章制度的法律规定

《中华人民共和国劳动合同法》第三十九条规定,劳动者有下列情形之一的,用人单位可以解除劳动合同:(1) 在试用期间被证明不符合录用条件的;(2) 严重违反用人单位规章制度的;(3) 严重失职,营私舞弊,给用人单位造成重大损害的;(4) 劳动者同时与其他用人单位建立劳动关系,对完成本单位的工作任务造成严重影响,或者经用人单位提出,拒不改正的;(5) 因本法第二十六条第一款第一项规定的情形致使合同无效的;(6) 被依法追究刑事责任的。

2. 关于劳动者的保密义务和竞业限制的规定

《中华人民共和国劳动合同法》第二十三条是关于劳动者的保密义务和竞业限制的规定。该法律条款的主要内容是:用人单位与劳动者可以在劳动合同中约定保守用人单位的商业秘密和与知识产权相关的保密事项。对负有保密义务的劳动者,用人单位可以在劳动合同或者保密协议中与劳动者约定竞业限制条款,并约定在解除或者终止劳动合同后,在竞业限制期限内按月给予劳动者经济补偿。劳动者违反竞业限制约定的,应当按照约定向用人单位支付违约金。

3. 关于处理劳动争议的法律规定

《中华人民共和国劳动合同法》第四条规定,用人单位应当依法建立和完善劳动规章制度,保障劳动者享有劳动权利、履行劳动义务。用人单位在制定、修改或者决定有关劳动报酬、工作时间、休息休假、劳动安全卫生、保险福利、职工培训、劳动纪律以及劳动定额管理等直接涉及劳动者切身利益的规章制度或者重大事项时,应当经职工代表大会或者全体职工讨论,提出方案和意见,与工会或者职工代表平等协商确定。在规章制度和重大事项决定实施过程中,工会或者职工认为不适当的,有权向用人单位提出,通过协商予以修改完善。用人单位应当将直接涉及劳动者切身利益的规章制度和重大事项决定公示,或者告知劳动者。

（二）员工手册和规章制度的主要内容

企业员工手册和规章制度的主要内容模块如图 10-11 所示。

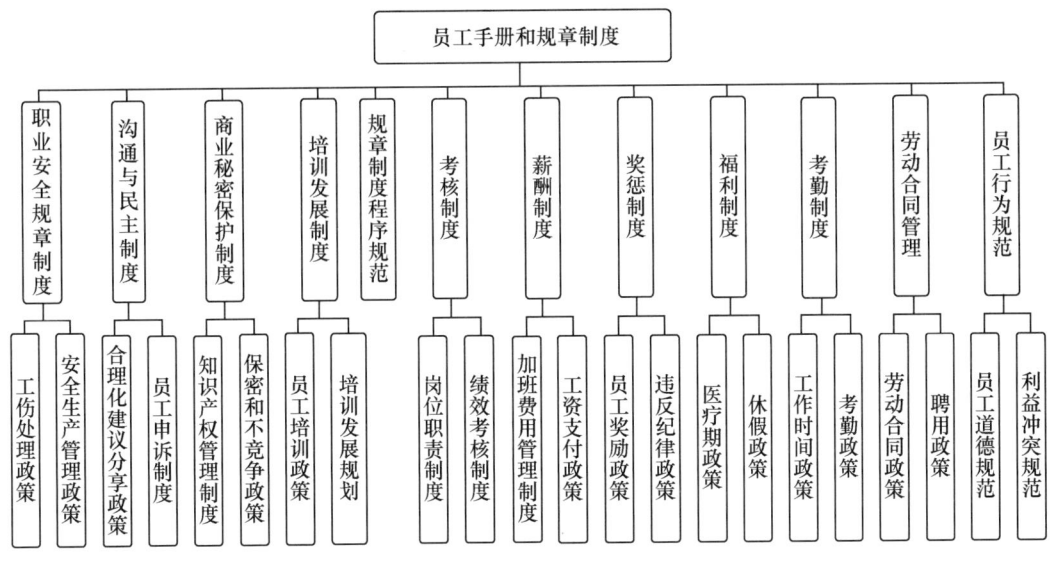

图 10-11 企业员工手册和规章制度内容

企业员工管理中常见的核心内容有四项。

1. 劳动合同管理

劳动合同管理设计目的：第一，实现员工关系管理；第二，制定企业劳动合同的管理流程；第三，明确劳动合同履行过程中各阶段的处理方式。

劳动合同管理的主要内容如下。

一是劳动合同签订的主体。包括：董事会与人力资源部签订劳动合同权的划分，劳务人员与正式员工的划分，集团人力资源部与下属公司人力资源部职权的划分，总公司与分公司之间劳动合同签订的要求。

二是劳动合同签订流程。包括：签订的时间，签订时的审查义务，签订合同应履行的相关承诺与公示。

三是不同性质用工的劳动合同。包括：固定期限劳动合同，无固定期限劳动合同，以完成一定工作任务为期限的劳动合同和灵活用工的劳动合同等。其中，灵活用工合同的选择包括小时工、劳务派遣、业务外包、个人承包、委托代理等。

四是劳动合同中止。包括：中止履行的情形，中止履行协议的签署，中止期间权利义务的约定。

五是劳动合同续订。包括：续订前的考核，续订的要求，续订的审查义务。

六是劳动合同终止。包括：用人部门提出终止的时间与依据要求，终止合同的注意事项，终止补偿的计算。

七是劳动合同解除。包括：用人部门提出解除的证据要求、程序要求、送达要求和面谈要求。

八是人事关系与社会保险关系的转移。包括：转移的时间要求，问题员工转移的特殊处理。

九是劳动合同试用期规定。试用期与劳动合同期限相关，试用期考核机制包括：考核的要求、时间、流程，不符合条件的解除要求等。

2. 工时制度

工时制度包括三种。

（1）标准工时制，每日8小时，每周40小时，每月加班时间不超过36小时，每周至少休息一天。

（2）不定时工作制，适用于因生产特点、工作特殊需要和职责范围而无法按照标准工时衡量或需要机动作业的工作。

（3）综合计算工时制，适用于因工作性质特殊，需连续作业或受季节限制，采用周、月、季、年等为周期。

此外，工时制度还涉及标准工时之外的加班，如延长工作时间、休息日加班未安排补休、法定节假日安排工作所支付的工资等。

3. 假期和福利管理制度

假期和福利管理制度主要包括四个部分：

（1）年休假、探亲假等法定假期休假安排与待遇；

（2）医疗期待遇、医疗期工作安排；

（3）补充保险；

（4）对服务年限比较长的员工的奖励措施。

企业的假期和福利制度体现了企业的文化内涵。

4. 行为规范和纪律处分

《中华人民共和国劳动合同法》第三十八条规定，用人单位有下列情形之一的，劳动者可以解除劳动合同：（1）未按照劳动合同约定提供劳动保护或者劳动条件的；（2）未及时足额支付劳动报酬的；（3）未依法为劳动者缴纳社会保险费的；（4）用人单位的规章制度违反法律、法规的规定，损害劳动者权益的；（5）因本法第二十六条第一款规定的情形致使劳动合同无效的；（6）法律、行政法规规定劳动者可以解除劳动合同的其他情形。

《中华人民共和国劳动合同法》第三十九条规定了用人单位可以解除劳动合同的情形，前文已述及。

二、员工奖惩制度

员工奖惩制度具有双重功能。对于员工而言，奖惩制度明确了奖惩的情形，起到约束、激励员工的作用。对于企业而言，规范奖励的流程可以实现对员工奖惩的公平、公正；奖励机制的建立还可以调动员工的积极性；奖惩制度可以实现对员工的约束。

（一）奖惩的原则

一是奖惩有据原则。奖惩的依据是企业的各项规章管理制度、员工的岗位描述及工作目标等。

二是奖惩及时原则。为及时鼓励员工对企业的贡献和正确行为以及纠正员工的错误行为，使奖惩机制发挥应有的作用，奖惩必须及时。

三是奖惩公开原则。为了使奖惩公正、公平，并达到应有的效果，奖惩结果必须公开。

四是有功必奖、有过必惩原则。严防企业员工特权的产生，在制度面前所有员工应人人平等。

（二）奖惩的主要内容

1. 奖励机制

奖励对象是企业的所有员工。奖励方式包括精神奖励与物质奖励。

奖励事项按照从大到小的分类方法，主要有三类。

一是重量级奖励。例如，在完成企业工作、任务方面取得显著成绩和带来经济效益的；对企业提出合理化建议积极、有实效的；保护企业财物，使企业利益免受重大损失的；对突发事件、事故妥善处理的；为企业带来良好社会声誉的；其他应给予奖励的事项。

二是一般性奖励。如全勤奖、绩效考核优异奖、工龄工资奖、带薪年休假等。

三是其他奖励。如业绩冠军等。

2. 处罚机制

处罚的目的是促进企业各项规章制度更好地得到执行、严肃工作纪律，涉及对象是企业的所有员工。处罚方式包括：通报批评、一次性罚金、减薪、留用察看与辞退。

处罚事项有三类。

一是重量级处罚。包括：因个人原因给企业财产造成重大损失或给企业名誉造成严重影响的；损失/遗失公司重要物品和设备；包庇员工舞弊，弄虚作假；泄露企业机密；品行不正，有损企业名誉；没有及时阻止危害企业事件，任其发生；在企业内从事不良活动；造谣滋事等。

二是一般性处罚。包括：未经许可擅自使用权限外物品、设备；玩忽职守或督导不力而对公司造成损失；工作不力，屡劝不听者等。

三是轻微处罚。包括：工作时间处理私人事务，未经许可擅自离岗；未按规定要求进行值日、值班的；开会、培训无故迟到、缺席等。

（三）奖惩结果的其他应用

一是奖惩结果将作为员工日常考核的参考数据之一，将与员工在企业的晋升调薪息息相关。

二是任用与提拔员工时，同等条件下，优先选择受过奖励的员工，对德才兼备者还可破格提升。

三是管理人员年度被记大过者，将处以降职或撤职处分，由人力资源部重新考核定岗。

三、企业用工风险规避

（一）企业规章制度的法律规定

1. 企业规章制度若不合规将失去法律效力

《中华人民共和国劳动合同法》第四条第一款规定，用人单位应当依法建立和完善劳动规章制度，保障劳动者享有劳动权利、履行劳动义务。法律赋予了企业有制定内部规章制度的权利，但如果企业不依据法律规定的内容和程序制定内部规章制度，就会失去法律效力。

一是倘若企业制定的规章制度在法律上无效，企业将失去抵御劳动争议风险的手段。企业制定规章制度的主要目的是维护企业日常管理及生产正常秩序，但是，由于劳动争议的复杂多样，仅靠劳动合同是不够的，企业更需借助规章制度才能处理解决。因此，作为调解劳动争议重要依据的企业规章制度，在处理劳动争议时具有不可替代性。如果制定的规章制度在法律上无效，企业在处理劳动争议时将陷于被动局面。

二是倘若企业制定的规章制度在法律上无效，将不能作为审理劳动争议案件的依据，这本身就是一种严重的法律风险。最高人民法院《关于审理劳动争议案件适用法律若干问题的解释（一）》规定，用人单位根据劳动合同法第四条规定，通过民主程序制定的规章制度，不违反国家法律、行政法规及政策规定，并已向劳动者公示的，可以作为确定双方权利义务的依据。否则，用人单位的规章制度将会不予适用。

2. 企业可能承担民事赔偿责任和行政责任

《中华人民共和国劳动合同法》第八十条规定，用人单位直接涉及劳动者切身利益的规章制度违反法律、法规规定的，由劳动行政部门责令改正，给予警告；给劳动者造成损害的，应当承担赔偿责任。

3. 劳动者可以随时解除劳动合同

《中华人民共和国劳动合同法》第三十八条规定，用人单位的规章制度违反法律、法规的规定，损害劳动者权益的，劳动者可以解除劳动合同。

（二）风险规避方法

1. 成立职工代表大会，健全工会组织

劳动合同法赋予了企业职工代表大会和工会帮助、指导劳动者与用人单位依法订立和履行劳动合同，并与用人单位建立集体协商机制，维护劳动者的合法权益的权利和义务，这直接涉及与劳动者切身利益相关的规章制度的平等协商确定权，以及劳动规章制度实施过程中的建议修改权等职权。因此，企业需建立健全职工代表大会和工会制度，在制定规章制度时，要与职工代表大会和工会充分协商，讨论确定直接涉及劳动者切身利益的内容；在企业规章制度的实施过程中，要尊重职工个人或代表及工会的修改建议，完善规章制度相关内容，充分发挥工会的桥梁和监督作用。

2. 依法制定，确保合法有效

企业制定规章制度必须做到制定主体适格、内容合法合理且程序完备，不得违反公序良俗，不得与劳动合同和集体合同相冲突。另外，企业需注意四个细节。（1）企业要重点注意法律的一些强制性规定，不得违背。（2）规章制度中应避免没有责任的条款。（3）规章制度中不能规定本应在合同中约定的事项。虽然劳动合同法从程序上加大了对企业制定规章制度的限制力度，但企业仍然享有比较大的自主权；而劳动合同中的事项是双方当事人协商确定的事项,因此两者有着本质的区别。实践中,仲裁机构和法院在衡量企业规章制度的效力时往往会认为,凡是应当由双方协商确定的事项,如果没有经过协商而由企业单方面在规章制度中进行规定时,一般情况下都不会作为审理案件的依据。(4)明确规章制度的效力范围。规章制度制定时应明确其效力范围,即对哪些人有效,在哪些场合有效,适用于哪些事情,什么时候生效,有无溯及力等。

3. 严格执行,依章治企

企业规章制度要想"令行禁止",必须公平公正公开。事实上,企业职工对规章制度的意见经常表现在执行过程中的"选择性",也就是对违反规章制度职工处理的标准不一致,尤其是管理者在实施规章制度时带有人为因素,这会造成职工对规章制度的不认同乃至反感。

4. 建立与法律规定一致的规章制度

规章制度应及时清理、修改和补充。一是企业要随时关注现行法律的修改及新法律法规的出台,修改不合法的内容,完善法定程序。二是企业要尊重法律赋予工会或职工在规章制度实施过程中的建议修改权,协商修改相应内容。三是企业要依据自身发展及内外环境的变化,依法修改、补充不适合的相关内容。四是制定员工手册,公示现有规章制度。五是依法对现有规章制度重新修改后,采取适合的方式公示或告知劳动者。

综上,完善的规章制度体现了职、权、责的统一,有利于通过对企业规章制度的良性实施,实现企业与职工发展在目标和行为上的统一,形成完善的企业文化,构建和谐稳定的劳动关系。

第四节 劳资协商、谈判与第三方调解

一、劳资协商和集体谈判

劳资协商制度是指集体劳动关系的双方主体及其代表在对等的基础上就双方关心的问题经过协商后作出决定的制度。协商制度以员工关系双方的生存和维持为前提,站在协调的立场上,就组织发展和劳动过程中发生的各种问题在用人单位和员工之间开展对话。劳资协商可以促进员工关系双方的良好、有序合作。

在发达国家和新兴工业化国家的劳动力市场中,劳资协商和集体谈判的主要内容是:工资标准、劳动条件、解雇人数,还有其他有关职工权益的问题。劳资双方的代

表，一方是工会，另一方是用人单位。集体谈判在形式上主要可分为国家级谈判、企业级谈判、行业级谈判。由于每个国家的具体情况不同，因而集体谈判的推进方式也有所不同。

（一）国家级谈判

国家级谈判又叫中央级谈判。举行中央级谈判的国家比较少，世界上比较著名的是挪威，由雇主中央联合会和国家联盟签订基本协议。该基本协议规定：雇主和工会有结社权利和集体谈判权，在集体协议履行期间所发生的争议通过谈判解决，如果解决不成，提交到劳动法庭解决，在集体协议履行期间，禁止罢工、闭厂等其他行为。

（二）企业级谈判

企业级谈判较之国家级谈判更容易达成共识。因为对员工而言，可以不费力气地聚在一起，不需要复杂的谈判机构，在选举员工代表的问题上不存在其他争议，人们相互之间交换看法不是难事；对用人单位来说，企业级谈判锁定在相对较小的范围内，雇主可以亲自参与谈判，谈判对手都是他了解的人。企业级谈判在发展中国家和部分发达国家（如美国、日本）应用较为广泛。

（三）行业级谈判

由于企业级谈判更适合规模较大的企业，而从事类似工作的小企业员工可能没有能力争取到合理的报酬，行业范围的集体谈判也就应运而生。行业谈判是西欧国家的通常做法，因为这些国家的企业组织和工会组织都是按行业建立的，这种做法在发展中国家也逐渐受到关注。

《中华人民共和国劳动法》规定，集体合同由工会代表职工与企业签订；没有建立工会的企业，由职工推举的代表与企业签订。因此，我国集体谈判的形式属于企业级谈判。目前，企业内部集体协商谈判所要解决的事项范围也在逐步扩大，如用工与辞退员工、工作时间及休假、补充保险与职工福利、劳动保护等，都被逐步纳入协商谈判的议程。协商谈判的层次也可扩展到行业、产业和地区一级。

二、员工关系的第三方调解

管理者经过主动性的内部员工关系管理，可以有效地减少恶性劳动争议和一般性劳动争议，但由于员工关系双方行使劳动权利、履行劳动义务的复杂性，劳动争议是不可能完全避免的。发生劳动争议后，首先应进行协商，协商一致后，双方可达成和解协议，由双方当事人自觉履行。当双方当事人不愿协商或协商不成时，就需要借助第三方进行调解，以维持稳定和谐的员工关系。员工关系的第三方调解可分为：调解、仲裁、诉讼，如图10-12所示。

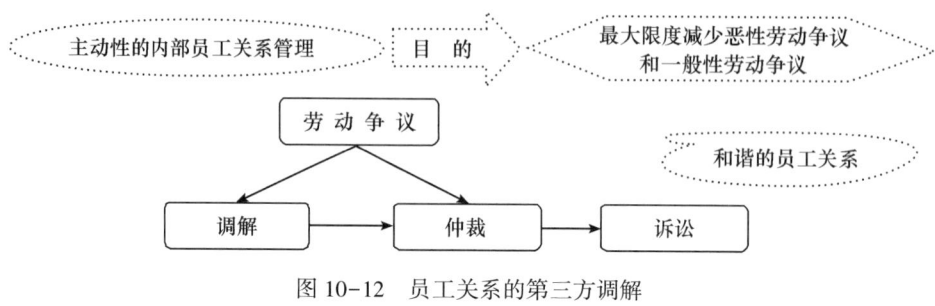

图10-12 员工关系的第三方调解

（一）员工关系第三方调解的原则

1. 着重调解、及时处理的原则

用人单位和员工发生劳动争议，当事人可以依法申请调解、仲裁，提起诉讼。在这三大调解机制中，调解始终是基本手段，以促使争议双方相互谅解。及时性体现在三个方面：一是企业调解委员会调解不成，应及时结案，以免当事人错过仲裁时效；二是劳动争议仲裁委员会对案件先行调解不成，应及时裁决；三是人民法院在调解不成时，应及时判决。

2. 查清事实、依法处理的原则

劳动争议处理机构应当对争议的起因、发展和现状进行深入细致的调查，在查清事实、明辨是非的基础上，依据劳动法规和政策作出公正处理。达成的调解协议、作出的裁决和判决不得违反劳动法规和政策规定，不得损害国家利益、社会公共利益和他人合法权益。

3. 当事人在适用法律上一律平等的原则

这一原则包括两层含义：一是劳动争议双方当事人在处理争议过程中法律地位平等，平等享有权利和履行义务，任何一方都不得把自己的意志强加于另一方；二是劳动争议处理机构应当公正执法，保障双方当事人的权利，对当事人在法律适用上一律平等，不得偏袒或歧视任何一方。

（二）劳动争议调解

1. 劳动争议调解的机构设置、概念与性质

企业设立的劳动争议调解委员会由职工代表、企业代表、企业工会代表三方组成，由工会代表担任主任。没有设立工会组织的企业，劳动争议调解委员会的设立及组成由职工代表和企业代表协商决定。

劳动争议的调解就是指本企业的劳动争议调解委员会对企业与员工发生的劳动争议，以国家的劳动法律、法规为准绳，以民主协商的形式，使双方当事人达成协议，消除纷争的活动。

劳动争议的调解性质，既不属于司法范畴的基层政权组织设立的调解机构，即人民调解委员会的调解，也不同于企业主管机关进行的行政调解，同时与劳动争议仲裁程序和诉讼程序中的调解也有所不同。它是企业内基层群众性组织所作的调解，是我国处理劳动争议的基本形式。

2. 劳动争议调解的原则

劳动争议调解遵循自愿原则和民主说服原则。自愿原则体现在三个方面：一是是否向调解委员会申请调解，由当事人双方自行决定，不得强迫任何一方；二是在调解的过程中，始终贯彻自愿协商的原则；三是调解协议的执行是自愿的，没有强制执行的法律效力。民主说服原则是指在调解劳动纠纷时，主要运用国家的法律，通过民主讨论、说服教育，在双方认识一致的前提下，促进其自愿协商后达成协议。

三、劳动争议仲裁

（一）劳动争议仲裁的概念、机构

劳动争议仲裁就是指劳动争议仲裁委员会对用人单位与员工之间发生的争议，在查明事实、明确是非、分清责任的基础上，依法作出裁决的活动。

劳动争议仲裁机构主要包括仲裁委员会、仲裁委员会办事机构以及仲裁庭。

（二）劳动争议仲裁的原则

劳动争议仲裁遵循三个原则：一是先行调解原则，即仲裁庭处理劳动争议应先行调解，调解不成再实行仲裁，但要当事人双方自愿；二是及时、迅速处理原则，即劳动争议仲裁委员会必须严格依照法律规定的期限结案；三是一次裁决原则，即劳动争议仲裁委员会对每一起劳动争议案件实行一次裁决即行终结的法律制度，当事人不服裁决的，只能在规定的时效内向人民法院起诉。

（三）劳动争议仲裁的时效、程序与期限

劳动争议当事人应当从知道或应当知道其权利被侵害之日起一年内，以书面形式向

仲裁委员会申请仲裁。劳动争议仲裁一般分为申请与受理、调查取证、调解、裁决、执行五个阶段。仲裁裁决一般应在受理仲裁申请之日起45日内作出。

（四）劳动争议仲裁后的调解书或裁决书的效力

仲裁庭处理劳动争议时促使当事人双方自愿达成协议的调解书经双方当事人签收后发生法律效力。

调解未达成协议或调解书送达前一方当事人反悔的，仲裁庭应当及时裁决。仲裁裁决是仲裁庭对劳动争议作出的、对当事人具有约束力的、具体解决争议的决定。当事人对仲裁裁决不服的，自收到裁决书之日起15日内，可以向人民法院起诉；期满不起诉的，裁决书即发生法律效力。一方当事人对发生法律效力的调解书或裁决书逾期不履行的，另一方当事人可以申请人民法院强制执行。

四、劳动争议诉讼

（一）劳动争议诉讼的概念

劳动争议诉讼，是指劳动争议当事人不服劳动争议仲裁委员会的裁决，在规定的期限内向人民法院起诉，人民法院依照民事诉讼程序，依法对劳动争议案件进行审理的活动。劳动争议的诉讼还包括当事人一方不履行仲裁委员会已发生法律效力的调解书或裁决书，另一方当事人申请人民法院强制执行的活动。

（二）劳动争议诉讼的受理与时效

人民法院受理的劳动争议案件，一般先经过劳动争议仲裁委员会仲裁。当事人对裁决不服的，必须在接到仲裁裁决书之日起15日内向人民法院提起诉讼，超过15日的，人民法院不再受理。

（三）劳动争议诉讼案件中举证责任的特殊性

劳动争议诉讼案件举证责任以"谁主张，谁举证"为主，以举证责任倒置为辅。当事人对自己提出的主张，有责任提供证据，否则要承担不利的诉讼后果。但在坚持该举证原则的同时，不排除举证责任倒置，即原告提出的主张，由被告对自己作出的与原告相关联的事实提供证据和相应的法律政策依据，但这种举证责任倒置只适用于作为劳动者的员工一方。这主要是由员工在员工关系中的从属地位所致，为了避免其因客观原因无法举证或举证不力而导致的必然败诉。

案例分析

互联网时代员工关系管理的变化

前几年,互联网公司吸引了大批人才、客户和资金。2017年8月,张某入职北京某互联网共享汽车公司,随后一年多的大撤退给他留下了深刻印象,公司从复兴门搬到竞园再到百子湾,从二环到三环再到四环,随着地址偏远和空间变小,租金越来越便宜。张某没有对两次搬家作出评价,他比较满意这家公司,快速的成长环境和惜才的伯乐正是职业生涯的必需品。

2018年10月的一天,企业人力资源部经理来到技术部工位区,把张某叫到了会议室。对方以公司经营不善为由,将一份解除劳动合同协议书和赔偿承诺摆在了他的面前。短短的两个月里公司规模从300多人减到了不足50人,公司组织从紧密变得支离破碎,整栋楼显得异常宽敞。

从可查数据来看,2018年备受关注的互联网行业指数从2017年同期的12.62下滑至4.2。互联网行业变化之快,让从业者对这种行业局限性感受深刻。张某对媒体说:"今年是朝阳行业,明年就是夕阳行业。有时候是你被迫要换工作,所以导致你在一家互联网公司的工作年限不是特别长,人家会觉得你工作年限不长,就是待得不踏实,但实际上并不是这样的。"

对失意的互联网人来说,换工作并不可怕,跳槽也被他们视为涨薪最快的途径。与之对应,他们更关注劳动力市场价格和价值的对等问题。在这个以能力为导向的地方,个人能力越高价值自然越高。他们有自己的互联网行业标尺,张某知道一名拥有四年经验的中级软件测试员价值多少。有时候还会参考同级别的同行,有时候浏览招聘网站的招聘信息。四年前大专毕业时,他的口袋里每月都能有6 000元,接近平均薪资的1.5倍。

总而言之,期待和实际薪资水平之间的差距,让张某犹豫徘徊、望而止步。他反复调整了期望的薪资水平,其中包括两次上调和两次下降。11月份的第一次面试失败,他内心觉得"工资可能要得有点高",回到家把薪资往下改一改,薪资涨幅从30%下调到了10%。然而,态度的转变却未必能跨越另一次面试。那家在线教育公司面试官向他表示,一周六天,朝十晚十一,月薪无法和前一份工作持平,打车不报销。这种待遇全面降级的情况下,张某坐不住了,他不想放弃本行去选择一种更为艰难的赚钱方式。

资料来源：网上资料收集整理。

讨论题：分析互联网企业对员工关系管理的方式。

深度阅读

1. 李新建，孙美佳，苏磊. 员工关系管理［M］. 2 版. 北京：中国人民大学出版社，2020.

该书是一本既关注理论前沿，又符合实践发展，反映我国企业人力资源管理特色的员工关系管理教材。全书体系完整，内容充实，从多个方面阐述了员工关系管理的相关内容，包括劳动合同管理，员工离职、解聘和裁员管理，员工纪律，员工参与和沟通，劳动争议处理，员工职业安全管理，员工压力管理，员工援助计划，员工工作-家庭平衡计划，员工满意度，非正式雇佣员工关系管理，多元化员工关系管理等。书中收录了大量企业案例和资料，方便读者加深对员工关系管理的认识，更好地处理实际管理问题。

2. 李旭穗，倪春丽. 员工关系管理［M］. 广州：华南理工大学出版社，2011.

该书共设置6个学习情境，分别是劳动合同管理、特殊劳动关系管理、社会保险管理、职业健康安全管理、劳动争议管理、营造和谐的员工关系。教材内容适合开展项目载体、任务驱动式教学，具有实践性强的特点。各个学习情境由教学目标、任务描述、知识链接、工作示范、知识拓展、考证训练等内容构成。

3. ［英］约翰·布里顿，等. 人力资源管理理论与实践［M］. 3 版. 徐芬丽，等，译. 北京：经济管理出版社，2011.

该书对当代的人力资源管理进行严谨而又深入的分析。专业、清晰地讲述了人力资源管理的内容与结果。让读者在轻松的气氛中接受规范的管理知识，该书具有很强的综合性和可接受性，对关于人力资源管理主题的发展做出了重要评价。

本章小结

在组织中，员工关系是否和谐，直接关系到人力资源潜力的发挥。员工关系是指组织内一系列的人力资源行为关系，还包括组织内部、外部对劳动争议的第三方调解机制。

引入员工参与管理的四个可能的原因是：实现对员工的有效激励；伦理、政治和道德的要求；功利主义的原因；解决管理冲突的需要。员工参与管理可分为直接参与和间接参与。员工参与管理在实施中可能会遇到一些障碍。

主动性的员工调配管理主要包括对晋升、平级调整职位、降职、辞职、免职、暂时解雇、退休与提前退休等的管理。主动性的员工调配管理的核心是将组织的需要和员工的职业生涯发展需要有机结合，并积极采取措施减少被降职、辞职、免职的相关当事人心理上受到的负面冲击。

互联网时代，员工关系管理发生深刻变化，需创新组织管理模式、构建内外兼备的员工激励体系、拓展信息化企业文化宣传渠道、打造信息化内部交流平台、搭建信息化人才选拔和培养机制。

员工申诉程序允许员工表达不满而不会危及他们的工作，还能帮助管理者找出申诉的原因和解决的办法。在有工会的组织中，一般采用多步骤申诉程序；在无工会的组织中，常见的申诉程序有分步检查系统、同业检查系统、调查专员系统。

企业员工手册和规章制度的主要内容包括：职业安全规章制度、沟通与民主制度、商业秘密保护制度、培训发展制度、规章制度程序规范、考核制度、薪酬制度、奖惩制度、福利制度、考勤制度、劳动合同管理与员工行为规范。

劳资协商与集体谈判是员工关系和谐的重要基础性条件。集体谈判主要有三种形式：国家级谈判、企业级谈判、行业级谈判。

员工关系的第三方调解主要包括劳动争议的调解、仲裁和诉讼。

重要概念

员工关系　员工参与管理　晋升管理　降职管理　辞职管理　纪律管理　申诉　分步检查系统　同业检查系统　调查专员系统　劳资协商制度　劳动争议

复习思考题

1. 员工关系的概念是什么？
2. 员工关系管理的内容主要有哪些？
3. 员工参与管理的原因是什么？
4. 在主动性的员工调配管理中应注意哪些问题？
5. 简述纪律处理的方式与原则。
6. 简述有工会的组织中的多步骤申诉程序。
7. 员工关系第三方调解的原则是什么？

第十一章 职业安全与健康管理

第一节 职业安全与健康管理的演变趋势

一、职业伤害及其危害

(一) 职业伤害与工伤

在国际劳工领域，职业伤害又称职业事故，是指在工作或劳动过程中意外发生的，或者与从事本职工作有直接关系的伤害，包括劳动者职业伤害事故和职业病。国际上通常将职业事故所造成的伤害称为工伤。工伤是指劳动者由于生产或工作过程中的不安全、不卫生等因素而造成的负伤或残疾。职业伤害的具体原因多种多样且错综复杂，但归根到底是由于工业化生产产生的。劳动者发生职业伤害，从具体个人来说是偶然的，但从社会总体来说是普遍且必然的。从200年前的产业革命至今，无论是发达国家还是发展中国家，无一例外地都发生过各类不同程度的职业伤害事故和职业病。

(二) 无过失赔偿原则

19世纪末，英、法、德等早期工业化国家确立了职业危险原则。该原则认为，凡是利用雇员以体力或机器从事经济活动的雇主或机构都可能使雇员受到职业方面的伤害。雇主应对受伤害工人实施无过失赔偿[①]，即事故无论是雇主的疏忽还是受害人或其同事的粗心大意，甚至根本不存在什么过失，雇主都应进行赔偿；雇主支付职业伤害赔偿金是一笔日常开支，就像修理和维护设备的保养费和给付工资一样；赔偿金应该是企业所负责的一部分管理费用。

---

① 在西方工业化过程中，雇主与雇员之间确认职业伤害的责任归属，经历了"劳动者自身责任""雇主过错赔偿责任""雇主无过失赔偿责任"三个阶段，反映出人们对劳动风险性质的认识在不断深化。

在世界历史上，根据职业危险原则产生的职业伤害保险制度已实行了100多年。历史经验和实践表明：职业伤害是工业化生产的伴生物，劳动保护和职业伤害保险是国家治理职业伤害所采取的基本对策，劳动保护和职业伤害保险都是为了保障劳动者的基本权利。

二、职业安全与健康管理的对象与主体

（一）秉持人本管理理念

在职业安全与健康管理中，个人（员工/职工）既是对象，又是主体。职业安全与健康管理工作要坚持人性化理念，体现"尊重人，依靠人，为了人，发展人"的人本管理思想。在职业安全与健康管理中，研究人的生理、心理、行为的基本规律，遵守并按照这些基本规律组织生产经营活动，关心、爱护员工，尊重员工价值；发挥人的创造性和主动性，引导和鼓励员工进行有关安全与健康的管理改革，发明和革新有关安全与健康的技术和设备，提高工作设备和场所的安全与健康可靠度，从而消除安全与健康的事故隐患；提高员工的安全健康意识，引导员工的安全健康行为，培养员工的安全健康习惯，营造良好的安全健康环境和文化；树立安全健康管理理念，创建员工自我管理机制，运用并创新安全健康管理模式。研究个人（员工/职工）在生产经营过程中保证自身与他人的安全与健康，是职业安全与健康管理的首要任务，是安全与健康管理的根本。

在现代经济运行中，个人（员工/职工）在保留个体特征的前提下，以群体的组织形式参与生产经营过程，组织（企业/机构）的状况直接影响员工个体之间组合的优劣、员工与岗位配备的优劣等，决定了职业安全与健康事故存在和发生的可能性。职业安全与健康管理制度依靠组织制定和实施，职业安全与健康技术依靠组织创造和运用，职业安全与健康管理科学和理论依靠组织创建和发展，职业安全与健康文化依靠组织凝练和发扬。因此，组织（企业/机构）也是职业安全与健康管理的重要主体。

组织（企业/机构）的领导者（如法人代表、项目经理等）是职业安全与健康管理的组织者和领导者，是安全与健康关键（第一）责任人，是安全与健康管理的重要主体。

个人、领导者、组织三个主体的有机配合，形成"个人保护安全健康、领导者管理安全健康、组织促进安全健康"的机制，使生产安全与健康事故发生频率趋于零（见图11-1）。

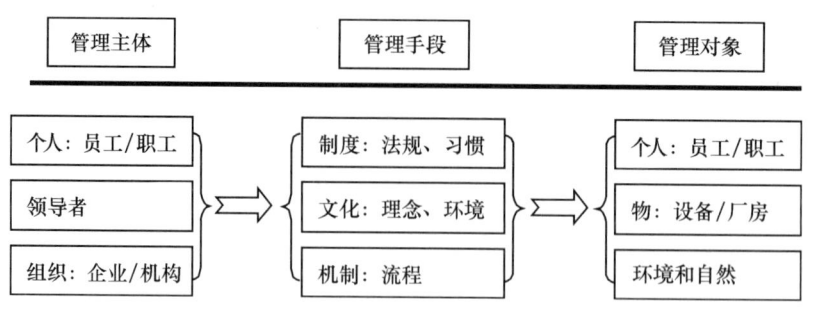

图 11-1 职业安全与健康管理的主体、手段和对象

（二）"物"是职业安全与健康管理的主要对象

"物"可以划分为两类：一类是工作人员所生产经营的产品，如建筑物、化工品等；另一类是为了完成产品而投入的设备（如机床）、设施（如车间）、工具（如电锯）等。这些"物"，既是生产经营的目的、手段和工具，有效地替代了人力和人手，提高了生产经营效率，又是职业安全与健康事故的制造者，不仅使安全与健康事故以新的方式出现，而且极大地加重了职业安全与健康事故的危害程度。"物"的安全标志为本身的安全和使用的安全。因此，保障安全与健康的生产和经营，管理好和利用好"物"是重要的。

（三）环境、自然与安全健康生产和经营之间的关系

在生产经营过程中，保证环境和自然不受损害和污染是安全与健康管理的又一对象。环境和自然与安全健康生产和经营存在间接关系，是安全与健康管理的外部条件。环境和自然一般泛指物候条件、地下和周围的情况。"环境和自然"的安全标志为本身不受污损以及对工作人员和物不造成损害。管理"环境"，一是工作所在地管线、古文物的保护，易燃易爆物、有毒有害物的清除；二是控制工作中产生的尘埃、噪声和排污等。管理"自然"应包括冬季、雨季、高温季节工作场所的防冻防汛防晒。

三、企业社会责任与安全健康管理

（一）企业管理顺应安全健康管理趋势

企业社会责任指企业在创造利润、对股东承担法律责任的同时，还要承担对员工、消费者、社区和环境的责任，企业的社会责任要求企业必须超越把利润作为唯一目标的传统理念，强调在生产过程中对人的价值的关注，强调对环境、消费者、对社会的贡献。科技发展在不断改变着人类的生活方式和工作方式，企业管理模式也随之不断变

化，顺应安全健康管理的趋势是企业管理的发展方向。

（二）人性化安全健康管理模式及其特点

安全健康管理模式是安全健康科学管理不断探索的命题。安全健康管理模式很多，如企业健康、安全与环境三结合的管理模式[①]，企业的综合安全健康管理模式[②]，社会化安全健康管理模式[③]等。在此将重点介绍人性化的安全健康管理模式及其设计。

人性化的安全健康管理模式的特点是关注个性差异，体现人文关怀，实现情感化管理、民主化管理和自我管理，因人而异采取不同的管理方法，有利于发挥每个人的优势。它是一种积极的、前瞻性的安全健康管理模式，其目标是从根本上实现安全健康管理目的。人性化安全健康管理模式的特点主要体现在以下方面。

一是人性化的安全健康管理模式强调人在安全健康管理中的主体地位，注重发挥每个人的优势，以全面提高人的综合安全意识与水平为目标，能够实现人事相宜、人称其职、人尽其才。

二是在充分考虑人的个性差异的基础上，将岗位设计与管理模式设计进行有机结合，运用系统的观点进行安全健康管理设计，对于安全健康管理工作具有一定的实践意义。

三是将人机工程学原理运用到安全健康管理工作中，摆脱要求人去适应各种安全健康管理制度的情况，提倡安全健康管理制度的建立与完善要处处考虑人的特点与要求，积极发挥人的积极性与创造性。

人性化的安全健康管理模式及其实施方法，对于企业安全健康管理工作中的岗位设计与职位分析、人员招聘与任用等具有一定的参考价值。

---

① 企业健康、安全与环境三结合的管理模式的目标是强化企业管理者对健康、安全与环境的管理意识，激发企业员工对健康、安全与环境的工作热情，最终改进企业健康、安全与环境管理的效能，实现社会和企业的综合效益。

② 在企业，无论是人身伤亡事故还是财产损失事故，无论是交通事故还是生产事故，甚至火灾或治安事件，都对人类造成危害和损害，其根源、过程和后果具有共同的特点和规律，人类对其防范和控制，也需要共同的对策和手段。因此，对企业的生产安全、交通安全、消防、治安、环保等进行综合管理，能有效地提高企业的综合管理效率和降低管理成本。

③ 从国家安全、社会安全、人身安全、生产安全、生活安全等目标出发，建立社会化的安全健康管理模式（机构、组织、立法、管理体系等），实现全面防范来自技术因素和人为因素的意外事故与灾难，减轻来自自然因素的灾害和危害，防止和减少来自社会因素的公共事故与危害和治安事件，以及"黄、赌、毒"对人类身心和生命的危害与毒害等。

四、职业安全与健康管理的发展趋势

（一）事故管理向隐患管理的演进

从职业安全与健康管理的发展趋势看，安全健康管理由近代的事故管理向现代的隐患管理演进。早期，人们把安全健康管理等同于事故管理，仅仅围绕事故本身研究和探索对策，安全健康管理的效果是有限的，只有强化了安全健康隐患的控制，消除危险源，事故的预防才能高效。因此，20世纪60年代发展起来的安全健康系统工程，强调了系统的危险控制，揭示了隐患管理的机理。隐患管理取代了事故管理，在职业安全健康管理过程中得到全面推行和普及。被动、辅助、滞后的安全健康管理模式将转变为主动、本质、超前的安全健康管理模式。

（二）事故后管理向预防型管理的演进

从管理过程的角度看，早期的安全健康管理主要是事故后管理，进展到20世纪60年代强化了超前和预防型管理，这种转变以安全健康系统工程的开展为标志。随着安全健康管理科学的发展，人们逐步认识到，安全健康管理是人类预防事故三大对策之一，科学的管理要协调安全健康系统中的人—机器—环境诸多因素，管理不仅是技术的一种补充，更是对生产人员、生产技术和生产过程的控制与协调。这种认识和过程将在职业安全健康管理中得到推广和落实。

（三）纵向单因素管理向横向综合管理的演进

从管理论的角度考察，由建立在事故致因理论基础上的安全健康管理，发展到现代的科学管理。动态的、常规的安全健康管理将取代静态的、应急的安全健康管理。20世纪30年代，美国著名的安全工程师海因里希创立了事故致因理论，提出了"300∶29∶1"的安全健康管理法则。事故致因理论的研究和运用为近代工业生产和发展做出了非凡贡献。但到了20世纪后期，现代的安全管理理论得到全面发展，一大批安全健康科学，如安全系统工程、安全人机工程、安全行为科学、安全法学、安全经济学、风险分析与安全评价等发展起来。

（四）传统手段及常规监督检查向现代手段的演进

从管理技巧的角度考察职业安全健康管理，已从传统的行政手段、经济手段，以及常规的监督检查，发展到现代的法治手段、科学手段和文化手段；从基本的标准化、规范化管理，发展到以人为本、科学管理的技巧与方法。安全管理系统工程、安全评价、风险管理、预期型管理、目标管理、无隐患管理、行为抽样技术、重大危险源评估与监控等将成为现代安全健康管理的主要方法，安全健康文化的相关手段将成为主要的安全健康管理技术。"内激型"的安全健康目标管理将取代"外迫型"的安全健康指标管理，职业安全健康管理的主要对象——个人（员工/职工）将从被动的安全健康管理对象，转变成为现代安全健康管理的主要动力。

第二节 职业安全与健康管理理论

职业安全与健康管理理论是职业安全与健康管理实践的基石，是人类预防职业安全与健康事故的理论核心。职业安全与健康管理的方法与对策进步，需要职业安全与健康管理的理论作为基础。研究和认识职业安全与健康管理的科学理论，揭示职业安全与健康管理的科学规律，是职业安全与健康管理科学化的前提。

一、职业安全与健康管理的系统理论

系统科学是研究系统一般规律、系统结构和系统优化的科学，包括系统论、控制论和信息论。它对于职业安全与健康管理具有一般方法论的意义。从系统科学出发，用系统论来指导认识职业安全与健康管理的要素、关系和方向；用控制论来论证职业安全与健康管理的对象、本质、目标和方法；用信息论来指导职业安全与健康管理的过程、方式和策略。通过职业安全与健康管理系统理论和原理的认识和研究，提高现代安全与健康管理的层次和水平。

（一）系统构成中的人、机、环境和管理

系统是指由若干相互联系、相互作用的要素所构成的有特定功能与目的的有机整体，具有整体性、稳定性、有机联系性、目的性、动态性、结构决定功能性等特性。从职业安全与健康系统的动态性出发，人类的职业安全与健康系统是人、社会、环境、技术、经济等因素构成的协调系统。职业安全与健康系统的基本功能和任务是满足人类安全生产和生存，以及保障社会经济发展的需要。职业安全与健康管理应与社会发展基础、科学技术和经济条件相适应、相协调，利用经济和科技等资源的支持，控制人、机、环境、管理四要素，协调人、物、能量、信息四元素，优化职业安全与健康系统。

（二）职业安全与健康信息的重要性

信息存在于一切事物之中，每一事物的发展过程始终都会产生信息。事物发展变化

的事实是信息的本质，事物发展的表现形式（如物质行为形式，以及用来反映事物变化的文字、数量、符号、图像、信号等）是信息的外延现象。信息是由事物发展变化的事实和能被人认识的表现形式，即信息的内涵本质和外延现象构成的。职业安全与健康信息是职业安全与健康管理所依赖的资源，反映了人类职业安全与健康事物和活动之间的差异及其变化的一种形式。职业安全与健康信息是企业编制职业安全与健康管理方案的依据，具有间接预防事故和间接控制事故的功能。从信息的形态看，职业安全与健康信息可以划分为一次信息和二次信息。一次信息，即原始的职业安全与健康信息，如事故现场，生产现场的人、机、环境的客观安全健康性等；二次信息，即经过加工处理的职业安全与健康信息，如法规、规程、标准、文献、经验、报告、规划、总结等。

二、职业安全与健康管理的控制机制

（一）控制机制的要素构成

控制机制由四个要素构成：一是控制者，即管理者（主要执行程序性控制、例行控制、常规控制）和领导者（主要执行职权性控制、例外控制、非常规控制）；二是控制对象，包括管理中的人、财、物、时间、信息等资源及其结构系统；三是控制手段和工具，包括管理的组织机构和法规、计算机、信息等；四是控制成果。职业安全与健康控制是最终实现职业安全与健康生产的根本要求：配备优秀的职业安全与健康管理人员和领导者；明确预防事故的控制对象，有效地组织人员、投资、设备与设施、计划、信息和事故数据等要素；建立合理的管理机制，设立有效的职业安全与健康管理机构，制定实用的职业安全与健康规章制度，开发和运用职业安全与健康管理信息系统；建立切实的职业安全与健康评价、审核、检查的成果总结机制等。

（二）着眼于预防事故的控制机制

实施职业安全与健康管理，不仅要求研究事故系统的规律，更要探讨各种技术安全与健康系统的规律、特点和控制。认识事故系统，对依靠控制来保障人类的职业安全与健康具有重要的实际意义，但这种认识带有事后型的色彩，是被动、滞后的，而从职业安全与健康系统的角度出发，则需要从超前认识和预防事故的角度，更为理性、科学地设置控制机制。

三、职业安全与健康管理的行为理论

人的安全与健康行为是复杂和动态的，具有多样性、计划性、目的性、可塑性，并受安全与健康意识水平的调节，受思维、情感、意志等心理活动的支配，同时也受道德观、人生观和世界观的影响。抑制不安全与健康行为，激励安全与健康行为，需要研究影响人的行为的因素。

（一）影响人的行为的心理因素

1. 情绪

情绪为每个人所固有，是受客观事物影响的一种外在表现，这种表现是体验又是反应，是冲动又是行为。从安全与健康行为的角度看，情绪处于兴奋状态时，人的思维与动作较快；处于抑制状态时，思维与动作显得迟缓；处于强化阶段时，往往有反常的举动。这种情绪可能发现思维与行动不协调、动作之间不连贯，这是安全行为的忌讳。当不良情绪出现时，可临时改换工作岗位或停止工作，避免因情绪导致的不安全行为在生产过程中的发生。

2. 气质

气质是人的个性的重要组成部分，是一个人所具有的典型的、稳定的心理特征。气质使个人的安全与健康行为表现出独特的个人色彩。例如，关于积极工作，有的人表现为遵章守纪，动作及行为可靠、安全、健康，有的人则表现为蛮干、急躁，安全与健康行为较差。一个人的气质是先天的，后天的环境及教育对其改变是微小和缓慢的。分析员工的气质类型[①]，合理安排和支配员工，对保证工作时的安全与健康行为有积极作用。

3. 性格

性格是每个人最主要的、最显著的心理特征，是对某一事物稳定和习惯的方式。如有的人胸怀坦荡，有的人诡计多端；有的人克己奉公，有的人自私自利等。性格既表现在人的活动目的上，也表现在达到目的的行为方式上。人的性格类型多种多样，如理智型、情绪型、意志型等。理智型的人多用理智来衡量一切，并支配行动；情绪型的人情绪体验深刻，安全与健康行为受情绪影响大；意志型的人目标明确、行动自主、安全责任心强。

（二）环境和行为模式

人的安全与健康行为除了内因的作用和影响外，还有外因（如环境、物）的影响。环境变化会刺激人的心理，影响人的情绪，甚至打乱人的正常行动，会出现以下的行为模式：

---

① 人的气质分为多血质、胆汁质、黏液质、抑郁质四种。

环境差→人的心理受到不良刺激→扰乱人的行为方式→产生不安全与不健康的行为

环境差（噪声大、尾气浓度高、气温高、湿度大、光亮不足等）造成人的不舒适、疲劳、注意力分散，人的正常能力受到影响，从而造成行为的失误。

物的运行失常及布置不当，会影响人的识别与操作，造成混乱和差错，打乱人的正常活动。由于物的缺陷，影响人机信息交流，操作协调性差，从而引起人的不愉快、烦躁等，产生急躁等不良情绪，引起错误动作，导致不安全与不健康的行为产生。反之，环境好，能调节人的心理，激发人的有利情绪，有助于人的控制和操作。因此，营造良好的环境，保证物的状况良好和合理，使人、物、环境更加协调，能有效增强人的安全与健康行为。

（三）事故逻辑模型

事故心理结构由众多的导致事故发生的心理要素组成。在实际工作中，只有当一个人形成一定的导致事故的心理结构，而且具有可能导致事故的性格，同时碰到一定的导致事故的机遇时，才会发生也必然发生导致事故的行为。

因此，最基本的事故逻辑模型为：

导致事故的心理结构+导致事故的性格+导致事故的机遇=导致事故的行为（发生事故）

根据事故逻辑模型，在研究事故发生的原因时，首先要考虑肇事者的心理动态，分析导致事故的心理结构及其对行为的影响和支配作用，从而弄清楚事故心理结构和事故行为的因果关系。

根据事故逻辑模型，在研究事故的预测问题时，首先应着重研究导致事故的心理结构，实际上就是通过对导致事故心理结构的调查研究，通过统计、分析进行预测。导致事故的心理结构复杂多样，在事故心理结构设计时，不可能把所有的事故心理因素列出，但常见的十大心理因素有 A 侥幸心理、B 麻痹心理、C 偷懒心理、D 逞能心理、E 莽撞心理、F 心急心理、G 烦躁心理、H 粗心心理、I 自满心理、J 好奇心理。

可能造成事故的心理因素可用事故心理指数 Z 测定，即

$$Z=(A+B+C+D+E+F+G+H+I+J)/(L+M)$$

式中，L 是事业感和工作责任心；M 是遵守安全规程，有安全技术和知识。

第三节 职业安全健康管理体系及其特点

一、职业安全健康管理方案设计

建立职业安全健康管理体系，是现代企业建立与国际惯例接轨的职业安全健康管理制度，实施科学管理、规范管理的基础工作之一，与企业的质量保证体系具有同等重要的作用，是企业在国内、国际市场竞争中获得市场准入和赢得优势的通行证。

（一）职业安全健康管理体系导入步骤

职业安全健康管理体系导入步骤如图11-2所示。

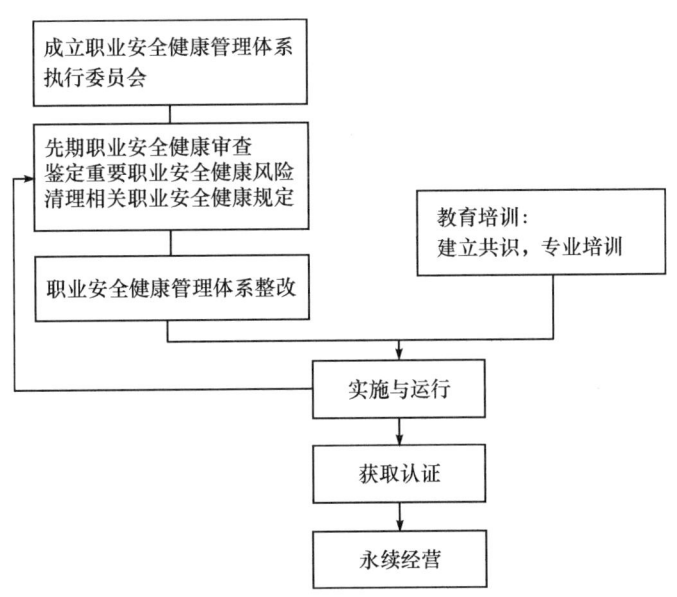

图11-2 职业安全健康管理体系导入步骤

（二）建立职业安全健康管理体系的主要事项

1. 宣传与培训

宣传与培训是建立职业安全健康管理体系的第一步，要运用各种形式开展宣传，要广泛、深入，做到人人皆知、人人参与，营造一个"贯标"声势。聘请外部咨询单位对组织的管理层和工作班子及员工进行标准培训，而且必须是全员培训。工作要分层次、分阶段进行，中层以上干部必须重点培训，全面掌握标准的基本内容、原理、原则，并且理解标准的内涵。借此建立一种关于职业安全健康管理的共识。

2. 制订工作计划

建立职业安全健康管理体系是一项十分复杂且涉及面很广的工作，需要制订建立职业安全健康管理体系工作计划和时间表，落实资源需求，为体系的建立做好前期准备工作。

3. 初始评审

初始评审主要包括调查组织现有的职业安全健康管理机构、管理规章，适用的法律法规，组织活动中存在的风险。评审的信息是职业安全健康管理体系设计的基础。组织应建立一个初始状态评审组。评审组可由组织的员工组成，也可外请咨询人员或是两者兼而有之。评审组应对组织过去和现在的职业安全健康信息、状态进行收集、调查与分析，识别和获取现有的适用于组织的职业安全健康法律、法规和其他要求，进行危险源辨识和风险评价。这些结果将作为建立和评审组织的职业安全健康方针、制定职业安全健康目标和职业安全健康管理方案、确定体系的优先项、编制体系文件和奠定体系的基础。

4. 职业安全健康管理体系设计

职业安全健康管理体系设计的流程是：组织根据初始状态评审的结果，确定职业安全健康方针，制定职业安全健康目标和管理方案，确定机构和职能分配，拟定体系文件层次结构，提出体系文件清单，进行体系文件的编写、审定与批准。

（三）职业安全健康管理体系的策划

1. 职业安全健康方针的策划

职业安全健康方针应能体现企业风险特点、规模和管理力度，并提供目标框架。方针应简明、主题突出、方向明确、便于记忆，充分体现管理者意图和风险控制思路。制定职业安全健康方针的依据有三点。(1) 初始状态评审的结果。包括本组织可能导致事故的危险源及风险，组织自身职业安全健康管理活动的特点，内部及外部的制约条件，企业的资源与能力等。(2) 组织的类型、规模、经营战略，职业安全健康法律法规对组织的要求，组织做过的承诺，以及组织现有的其他方针，如组织的质量方针、环境方针等。(3) 利益相关方（如股东、员工）以及其他相关方对职业安全健康问题的观点。

2. 职业安全健康组织机构的策划

依据企业现有组织管理机构，设立职业安全健康管理组织机构。其管理职能覆盖认证和初评管理职能部门和人员。其中，最高管理者应作为安全健康的第一责任人，由最高管理者任命一名管理者代表主持职业安全健康管理体系的建立、实施与保持工作；安全管理部门或推进部门协助管理者代表具体落实体系的建立和运行；各职能部门（科）负责本部门的体系实施和监督检查；各职能部门（科）主管领导均为安全健康的第一责任人，最高管理者负责提供财力、人力资源。

3. 职业安全健康目标、指标、管理方案的策划

根据初评危害识别、风险评价信息及法律法规标准符合性评价信息，设立相应的职业安全健康目标、指标、管理方案。（1）目标设定的主要依据是组织自身的职业安全健康风险，以及技术、财务的可行性，运行和经营的要求，相关方观点。（2）目标明确、具体，目标可针对组织的内部各层次进行分解。（3）目标尽可能地量化，可以支持职业安全健康的技术措施及可选技术方案。（4）实施职业安全健康目标的责任部门及责任人制度；管理职业安全健康目标所需经费预算，设置职业安全健康目标的完成期限。（5）目标应设参照基准和参数，可进行监测、评估，能体现持续改进思想，并符合方针要求。例如，可以设置行为改进型目标，如提高设备安全防护率达100%；也可以设管理绩效改进型目标，如外包商安全教育率达100%。（6）制定目标、指标、管理方案后，要对其残余风险和附加风险进行评审，并对完成情况和风险控制实施效果进行评审。

4. 运行控制程序的策划

依据危害识别及风险评价结果，确定与风险有关的需要采取控制措施的运行及活动，策划运行控制活动、编制"文件化"的控制程序。（1）程序应能体现全过程控制风险的思想，考虑设计、开发、生产、动力、能源、物资、后勤服务全过程，并包括作业场所内所有机械、设备、设施、人员、场所风险的控制要求。（2）程序中应规定控制对象、参数和控制要求及监督检查内容，并体现相关法律、法规要求。对企业所购买和使用的物资、设备和服务中已标识的职业安全与健康风险，还应制定管理程序，并通报相关方。（3）重要风险岗位应根据相关程序内容，制定实施相应三级作业文件。

5. 应急程序的策划

主要是编制应急预案与响应程序。（1）确定应急情况，明确应急指挥、交流、抢救组织架构和职责。（2）编制预案，包括如何配备应急物资，以及应急处理、善后处理、应急宣传、程序评审更新等。（3）一旦发生事故后，应先启动应急程序，对事故进行紧急处置，处置结束后转入下一个程序。

(四)职业安全健康管理体系的文件编写

1. 职业安全健康管理体系具有"文件化"管理特征

职业安全健康管理体系文件是企业实施安全生产管理工作的一套文件,编制职业安全健康管理体系文件是组织实施职业安全健康管理体系标准、建立职业安全健康管理体系并保证其有效运行的重要基础工作,也是组织达到预定的职业安全健康目标、评价与改进体系,实现持续改进和风险控制必不可少的依据和见证,可以有力、有效地促进企业的安全生产管理工作从人治变为法治,从职责不清到有章可循。

2. 文件编写的具体要求

一是职业安全健康管理体系的文件编写需要结合组织初始评审的结果和现有的管理制度,按照职业安全健康管理体系标准的要求进行编写。文件还需要在体系运行过程中定期、不定期地评审和修改,以保证它的完善和持续有效。

二是职业安全健康管理体系的文件结构分成三个层次:(1)职业安全健康管理手册;(2)职业安全健康管理体系程序文件;(3)职业安全健康管理体系其他文件(作业指导书、操作规程、工艺卡及其他规程)。

(五)职业安全健康管理体系试运行

职业安全健康管理体系的试运行就是将职业安全健康管理体系文件予以实施,检验其适用性、充分性和符合性。在试运行期间,组织应进行协调、监督、考核和信息反馈,并有计划地进行内部审核和管理评审,通过对试运行中发现的问题及时纠正和采取预防措施,实现职业安全健康管理体系的初步完善。

二、职业安全健康管理体系认证

(一)职业安全健康管理体系认证的背景

职业安全健康管理国际标准的贯彻和认证,是企业自主、自由的选择。中国作为ISO 正式成员[1],开展了 ISO 9000 质量管理体系和 ISO 14000 环境管理体系的认证,1999年 4 月,我国正式发布并介绍 OHSAS 18000[2] 系列标准。2000 年 7 月 31 日,我国成立全国职业安全健康管理体系认证指导委员会,下设认可委员会和注册委员会。这标志着我

---

[1] ISO 英文指 International Organization for Standardization,中文即"国际标准化组织"。
[2] OHSAS 18000 英文指 Occupational Health and Safety Assessment Series 18000,中文即"职业安全与卫生管理体系",它是国际上继 ISO 9000 质量管理体系标准和 ISO 14000 环境管理体系后的又一管理标准。

国职业安全健康管理体系认证是依据审核准则,由获得认可资格的认证机构对受审核方的职业安全健康管理体系实施认证及认证评定,确认受审核方的职业安全健康管理体系的有效性,并颁发认证证书与标志的过程。

(二) 职业安全健康管理体系认证操作要求

基本操作要求有以下五个方面。

(1) 认证的对象是组织的职业安全健康管理体系。

(2) 认证的依据是职业安全健康管理体系规范。认证机构按照规范的要求、适用的法律法规对组织的职业安全健康管理体系进行审核和核定。

(3) 认证的方法是由认证机构派遣审核人员评定组织的职业安全健康管理体系是否符合审核准则,提交审核报告,作出审核结论。

(4) 获得认证的结果表现为组织通过认证机构的审核,最终取得认证机构的职业安全健康管理体系认证证书和认证标志。证书和标志将向外部相关方证明该组织的职业安全健康管理体系符合职业安全健康管理体系规范的要求。

(5) 认证的性质是属于第三方认证。第三方是指独立于第一方(供方)和第二方(需方)之外的一方,与第一方和第二方既无行政上的隶属关系,又无经济上的利害关系,强调职业安全健康管理体系认证要由第三方实施是为了确保认证活动的公正性。

(三) 组织申请职业安全健康管理体系认证程序

组织申请职业安全健康管理体系认证程序如图 11-3 所示。

1. 向认证机构提供完整的材料

符合职业安全健康管理体系认证基本条件的组织如果需要通过认证,则应以书面形式向认证机构提出申请,并向认证机构提供以下材料:(1) 申请认证的范围;(2) 申请人同意遵守认证要求,提供评价所需要的信息;(3) 组织一般情况,如组织的性质、名称、地址、法律地位以及有关的人力资源和技术资源;(4) 组织安全情况简介,包括近两年的事故发生情况;(5) 组织职业安全健康管理体系的运行情况等。组织在申请时应选择经中国国家认证认可监督管理委员会认可的认证机构,并了解认证机构的职业安全健康管理体系认证程序和其他有关要求。

2. 认证申请的受理

认证机构收到申请材料后,对申请材料进行审查,判断组织是否符合申请认证的条件。对未通过审查的组织,认证机构应通知其进行补充、纠正或重新申请;对于通过审

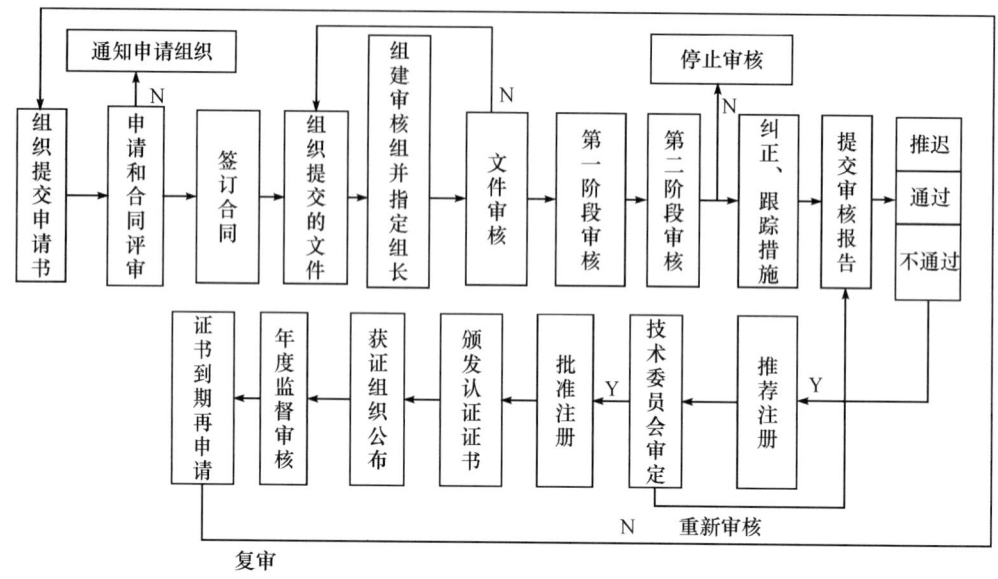

图 11-3 认证程序流程

查的组织，认证机构形成材料审查报告后，双方签订职业安全健康管理体系认证合同书，并各自承担合同中规定的责任。

三、职业安全事故的预防与事故处理

（一）职业安全事故的预防

1. 三级预防

一级预防的目标是通过减少能量传递或暴露机制来预防导致工伤发生的事件，即在工伤发生之前采取措施，使工伤事故不发生或少发生。如安全生产法属于一级预防。一级预防通过全人群策略、高危人群策略、健康促进策略来实现。

二级预防的目的是当工伤事故发生时，减少工伤事故的发生及其严重程度，采取自救互救、院前医护、院内抢救和治疗，最大限度地降低工伤事故的死亡率和致残率。

三级预防指工伤事故发生后，控制工伤事故的结果。其主要任务是使工伤人员得到良好的医治和照顾，使其恢复正常功能、早日康复。

2. 用人单位负责制

我国工伤事故的预防控制方针是安全第一、预防为主、综合治理；工作体制为用人单位负责，政府监察，行业管理，群众监督。用人单位负责是工伤事故预防策略中最为重要的一环，只有真正落实用人单位负责制，才能真正落实工伤事故的预防控制措施。

一般认为，用人单位负责制包括行政责任、技术责任和组织责任。(1) 行政责任。用人单位的法人代表为工伤事故预防的第一责任人，生产管理各级领导和职能部门负相应行政责任，倡导安全生产，人人有责。(2) 技术责任。具体体现为安全设施的"三同时"，即安全设施与生产设施同时设计、同时施工、同时投产和使用。(3) 组织责任。在安全人员配备、组织机构设置、经费预算落实等方面需在组织上落实，实行"五同时"原则，即用人单位在计划、布置、检查、总结、评比生产的同时，考虑安全问题，做到生产与安全的统一。

3. 健康促进

积极采用工作场所健康促进项目。如通过岗位培训和职业教育提升员工预防工伤事故的能力；通过投资改善不合理的生产环境；明确用人单位和员工在工伤事故预防中的责任和由用人单位和员工共同讨论营造一个安全的工作环境等，使工作场所的工伤事故得到有效控制。

4. 安全技术对策

安全技术对策包括消除危险因素、降低危险因素，将危险因素引至作业环境以外，隔离危险因素，坚固防护、距离防护、时间防护，等等。

（二）职业安全事故的处理

1. 处理原则

事故处理必须执行"四不放过"的原则：事故原因未查清不放过，事故责任者和员工群众未受到教育不放过，事故隐患未整改不放过，事故责任人未处理不放过。

2. 处理方式

事故处理方式一般按事故的轻重分为经济处罚、行政处分和追究刑事责任三种。(1) 经济处罚。组织内部按奖惩办法处理，行政执法机关按有关行政法规处理。(2) 行政处分。按照干部、员工的管理权限对相应事故责任者进行行政处分。(3) 对于重大责任事故，根据相关法律法规查处，追究刑事责任。

3. 处理流程

一是职业安全事故处理的五步流程，如图11-4所示。(1) 报告安全事故情况。(2) 处理安全事故、抢救伤员，排除险情、防止事故蔓延扩大，做好标识、保护好现场等。(3) 安全事故调查，调查组成员应与所发生事故没有直接利害关系，具有调查所需的业务特长，并了解可能涉及的管理职责。(4) 对事故责任者进行处理。(5) 编写调查报告并上报。

图 11-4 职业安全事故处理流程

二是事故严重程度与安全事故调查组人员构成。(1) 轻伤、重伤事故由企业负责人或指定的人员组织由生产、技术、安全等有关人员以及工会成员构成的事故调查组进行调查。(2) 重大事故的调查由事故发生地的市、县级以上建设行政主管部门或国务院有关主管部门组织成立调查组负责。(3) 一级、二级重大事故的调查由省级建设行政主管部门提出调查组组成意见,报请人民政府批准。(4) 三级、四级重大事故由事故发生地的市、县级建设行政主管部门提出调查组组成意见,报请人民政府批准。

三是职业安全事故处理具体流程。(1) 安全事故调查组进行现场勘察和伤亡事故分析,在确定事故原因的基础上,确定事故责任者,制定事故整改措施和对责任者的处理意见,写出书面报告。(2) 一般伤亡事故应在 90 天内结案,特殊情况不得超过 180 天。(3) 企业收到有关部门的结案批复后,宣布对事故责任者的处理,落实事故的整改措施。

案例分析

安全事故责任分析

某公司操作车间三级车工张某,在 C620 车床上加工零部件。当时磁铁座千分表放在车床外导轨上,他用 185 转/分的车速校好零件后,没有停车右手就从转动零部件上方跨过去拿千分表。由于人体靠近零部件,衣服下面两个衣扣未扣,衣襟敞开,被零部件的突出支臂钩住。一瞬间,张某的衣服和身体右部同时被绞入零部件与轨道之间,头部受伤严重,抢救无效死亡。

资料来源:网上资料收集整理。

讨论题:公司应当对张某负什么责任?

深度阅读

1. 罗云,等. 安全经济学 [M]. 3 版. 北京:化学工业出版社,2017.

该书系统介绍了安全经济学原理、安全经济利益博弈、安全定量科学与统计、安全价值工程方法、安全投资与成本分析事故损失的计算、事故非价值因素的损失分析技术、安全经济贡献率分析与评价、安全经济效益分析技术、安全经济管理、安全经济决策、安全经济风险分析与控制和工伤保险的经济学等内容,具有理论性、系统性和实用性的特点。

2. 张兴容,等. 安全科学原理[M]. 北京:中国劳动社会保障出版社,2004.

该书论述了安全科学的基础理论,其中包括用以指导预防、预测和处理事故的系统论、控制论、信息论等,同时较详细地介绍了传统与现代相结合的安全管理方法和具体实践操作,内容做到了理论性和操作性的统一。全书共分十章,内容包括安全科学及其基础理论、安全生产管理方针、安全管理体制、安全法规和安全标准、企业安全管理、事故预防和处理、劳动时间、特殊群体保护与特殊作业劳动保护、工伤社会保险和职业病管理、安全经济分析和特殊行业安全管理等,涵盖了企业安全技术与管理的各个方面。

3. 左东红,等. 安全系统工程[M]. 北京:化学工业出版社,2004.

该书通过安全系统工程,从人、机、原材料、环境等方面,全面阐述安全系统工程所应包含的内容,本着通俗易懂的原则,尽可能结合实际,就系统、系统工程、安全系统工程、人机体系、管理体系、安全评价、事故预防等方面进行了探讨。同时对引起人为失误和差错的原因进行简要介绍。

本章小结

职业伤害又称职业事故,包括劳动者职业伤害事故和职业病,是在工作或劳动过程中意外发生的,或者与从事本职工作有直接关系的伤害。

个人、领导者、组织三个主体的有机配合,形成"个人保护安全健康、领导者管理安全健康、组织促进安全健康"的机制,使生产安全与健康事故发生频率趋于零。

在生产经营过程中,保证环境和自然不受损害和污染是安全与健康管理的又一对象。环境和自然与安全健康生产和经营存在间接关系,是安全与健康管理的外部条件。

建立职业安全健康管理体系的主要事项是宣传与培训、制订工作计划、初始评审、职业安全健康管理体系设计。

事故处理必须执行"四不放过"的原则,即事故原因未查清不放过,事故责任者和员工群众未受到教育不放过,事故隐患未整改不放过,事故责任人未处理不放过。

事故处理方式一般按事故的轻重分为经济处罚、行政处分和追究刑事责任三种。

重要概念

职业伤害　职业安全与健康管理的系统理论　职业安全与健康管理的行为理论　职业安全健康管理体系

复习思考题

1. 结合我国安全健康事故的统计资料，分析职业伤害表现形式及其危害程度。
2. 简述职业安全与健康管理的基本趋势。
3. 论述系统科学在职业安全与健康管理中的运用。
4. 简述职业安全健康管理体系的主要内容。
5. 按照职业安全健康管理体系的要求，组织机构策划的主要内容是什么？
6. 职业安全事故的预防与事故处理的流程是什么？

第十二章
组织文化建设与组织变革

第一节 组织文化与组织有效性

一、组织文化的内涵与结构层次

(一) 文化与组织的关系

"文化"一词在西方来源于拉丁文,原指农耕及对植物的培育。15世纪以后,"文化"一词逐渐引申为对人的品德和能力的培养。在中国的古籍中,"文"指文章、文字、文采、礼乐制度、法律条文等;"化"指教化、教行。世界各国对文化的定义数不胜数,早在1952年,克鲁勃和克拉克就已收集到164个"文化"的定义,相对共性的含义是,文化是一系列习俗、规范和准则的总和。美国著名文化专家埃德加·沙因认为,文化是组织成员所共同拥有的更深层的基本假设和信念。研究表明,任何组织都有自己的文化。美国哈佛大学教授德伦·西迪尔和艾伦·肯尼迪指出,每个组织都有一种文化,不管组织的力量是强还是弱,文化在整个组织中都有着深刻的影响,它实际上影响着企业中的每一件事,从某个人的提升到采用什么样的决策,以及员工的穿着和他们所喜爱的活动。文化是一个组织存在的依据,文化是组织凝聚力的根源,文化是组织竞争优势的基础,是文化的力量推动了组织的持续成长。

(二) 组织文化的定义[①]

威廉·大内教授认为,一个企业的文化包含其传统和风气,此外还包含一个企业的

[①] 由于组织文化这个名词相当抽象且内涵丰富,多数学者将组织文化称作企业文化(或公司文化、企业精神),少数学者认为组织文化与企业文化、公司文化密切相关,但又有所区别。本章在此不做讨论,采用多数学者观点。有关组织文化的定义,迄今为止超过200种,学术界对组织文化内涵也有不同的理解。

价值观,即确定活动、意见和行为模式的价值观,经理们从员工们的事例中提炼出这种模式,并把它传递给后代的员工。① 组织文化对员工来说,是一种意义深远的价值观。松下幸之助对组织文化有一番通俗的解释,到一个企业,只要几秒钟的接触,就可以捕捉到一种精神、一种气氛、一种感染人心的力量,这就是组织文化。甚至不用看数字,也不用看图表,我们马上就能感觉到这些工作人员、工人是如何劳动、工作的。因为组织文化体现在生产、经营、管理的全过程。《企业文化与经营业绩》一书的作者,哈佛商学院管理行为和领导科学权威,两度麦肯锡"哈佛商学院最佳文章"奖获得者约翰·P. 科特教授及其合作者詹姆斯·赫斯克特教授认为,组织文化是指一个企业中各个部门,至少是企业高层管理者们所共同拥有的那些企业价值观念和经营理念,是指企业中一个分部的各个职能部门或地处不同地理环境的部门所拥有的那种共同的文化现象,包括共同的价值观念与部门行为规范两部分。1985 年,美国麻省理工学院教授埃德加·沙因在其专著《企业文化与领导》中系统地论述了组织文化的概念,认为组织文化是在企业成员相互作用的过程中形成的,为大多数成员所认同的,并用来教育新成员的一套价值体系。

国内研究中比较认同著名经济学家魏杰先生在《企业文化塑造:企业生命常青藤》一书中所下的定义:所谓企业文化,就是企业信奉并付诸实践的价值观念。国内学者宝贡敏也对组织文化做了定义,他强调文化的内在因素。他认为组织文化是决定人的行为的社会性、心理性的五要素之一,即个性,小群体文化,组织文化,区域、语言、宗教群体文化和人类共性——人性。②

在众多学者有关组织文化的定义中,较经典的是西方学者希恩于 1984 年作出的定义,组织文化是特定组织在适当处理外部环境和内部整合过程中出现种种问题时,所发明、发现或发展起来的基本假说的规范。这些规范运行良好、相当有效,因此,被用作教导新成员观察、思考和感受有关问题的正确方式。本书采用此定义。

(三)组织文化的层次

1. 三层次说

埃德加·沙因认为,组织文化是全体成员遵循的共同意识、价值观念、职业道德、行为规范和准则的总和,是企业在自身发展过程中形成的以价值为核心的文化管理模

---

① [美]威廉·大内. Z 理论:美国企业界怎样迎接日本的挑战 [M]. 北京:中国社会科学出版社,1984.
② 宝贡敏. 论适合我国管理文化特点的企业管理模式 [M]. 浙江大学学报(人文社科版),1999,30(6):5-14.

式，是一种凝聚人心以实现自我价值，提升企业竞争力的无形力量和资本。[①] 埃德加·沙因指出，一个组织的文化表现为三个层次，每个层次都越来越复杂，也越来越不明显。第一层是看得见的外观，包括办公室装潢，员工穿着、举止等看得见的行为模式，这个层次的组织文化取得容易却难以诠释；第二层是指控制行为的"价值"，难以直接观察，通常是透过组织成员的暗示才能感受到；第三层是潜藏的假设，这是真正决定团体成员如何看、如何想、如何感觉的原因。此外，埃德加·沙因也认为，组织文化根据组织成立的时间分为三个阶段。在组织成立的初期是第一阶段，组织文化是力量与认同的来源；组织的中年期代表组织文化的第二个阶段，在这一阶段，如果组织庞大且分散，就包含了各种不同的功能，各个团体拥有各自的文化，彼此间可能互相冲突，也可能一致共存，因此要决定组织是否加强多样化，以保持弹性；成熟（或衰退）的组织则代表组织文化的第三阶段，衰退通常是由市场或产品的成熟所引起的，或是因为内部过度稳定和舒适而无法创新，这个阶段应该改变部分的组织文化，以重新面对挑战，从而提升企业的竞争力。

2. 五因素说

德伦·西迪尔和艾伦·肯尼迪认为，组织文化是组织环境、价值观、英雄人物、习俗仪式、文化网络，其中价值观是核心要素。邓肯认为，组织文化是价值观、信仰、意识、思想的集合，它是组织成员所认同的并教导给新的成员，代表组织内不成文的、感受的部分。每个人都参与文化，但通常却不注意它，一旦组织要施行新策略或计划，而这些策略、计划与组织基本的文化价值背道而驰时，组织将体会到文化力量的强大。

3. 七因素说

罗伯特·沃特曼认为，组织文化有七种要素，分别为经营战略、组织结构、管理风格、工作程序、工作人员、技术技能、共同价值观。这七种要素被称为"麦金瑟 7S 结构"，其中共同价值观仍是核心要素。奥瑞利等人认为，组织文化结构有七个维度，即创新、结果导向、人的取向、团队导向、稳定性、进取心以及关注细节。

4. 十因素说

罗宾斯认为，组织文化由以下十个要素组成：（1）成员的认同，组织成员与组织保持一致而成为一个整体，不会因各个成员的工作种类和专门知识的领域有所区分；（2）群体，工作的职责是根据群体的情况而不是根据个人的情况进行组织的；（3）以人

[①] SCHEIN E H. Organizational culture and leadership [M]. san Francisco, California: Jossey-Boss, 1985.

为中心,管理的决策应考虑结果对组织中人的影响;(4)部门的融合,鼓励组织中的各部门以一种合作或相互依赖的方式进行工作;(5)控制,通过规章制度和直接的监控实现对员工行为的管理和控制;(6)容忍冒险,鼓励员工具有创新性、进取心和冒险精神;(7)奖赏标准,升职和加薪等的奖赏是根据员工的绩效而不是根据好恶、资历或其他非绩效因素进行的;(8)容忍冲突,鼓励员工公开表达分歧和意见;(9)结果导向,管理以结果为中心,而不是以实现结果的技术和过程为中心;(10)以开放系统为中心,组织能够察觉和应付外界环境的改变。

5. 四层次说

本书采用国内学者观点,将组织文化划分为物质层、行为层、制度层和精神层四个层次,即四层次说(见图12-1)。

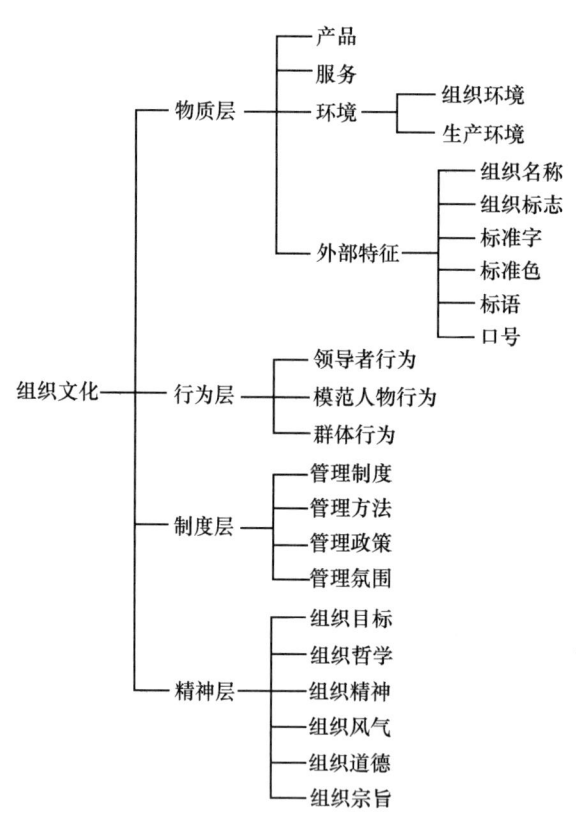

图 12-1 组织文化结构层次

一是物质层。物质层是组织文化的表层部分,它是组织创造的物质文化,是形成组织制度层和精神层的基础。它主要包括以下四个方面:(1)组织生产的产品,这是组织经营的成果,是组织物质文化的首要内容;(2)组织提供的服务;(3)环境,包括组织环境和生产环境；（4）外部特征，包括组织名称、组织标志、标准字、标准色、组织外貌、组织的文化体育生活设施、组织造型和纪念性建筑、组织纪念品和组织的文化传播网络等。

二是行为层。行为层主要包括组织中领导者行为、模范人物行为和群体行为。领导者并不一定有官衔，也不一定是权威，但领导者一定要有影响力。领导者通过其行为对他人和事物施加影响，并通过这种影响改变他人或事物，进而达到目的。任何人只要能够通过自己的行为去影响他人并产生一定效果，都可以说是一种领导过程。模范人物行为能够影响组织中其他成员行为，是组织特意标榜的有利于组织发展的行为。群体行为最能够体现一个组织的企业文化，是领导者行为和模范人物行为共同影响的结果。

三是制度层。制度层主要是指对组织和成员的行为产生规范性、约束性影响的部分，它集中体现了组织文化的物质层和精神层对成员和组织行为的要求。制度层规定了组织成员在共同的活动中应当遵守的行为准则，它主要包括管理制度、管理方法、管理政策和管理氛围四个方面。其中，管理制度包括三个方面。（1）一般制度。主要是指组织中存在的一些带有普遍意义的工作制度和管理制度，以及各种责任制度。（2）特殊制度。主要是指组织的非程序化制度。与一般制度相比，特殊制度更能反映一个组织的管理特点和文化特点。（3）组织风俗。主要是指组织长期相沿、约定俗成的典礼、仪式、行为、习惯、节日、活动等。

四是精神层。精神层主要是指组织的领导和成员共同信守的基本信念、价值标准、职业道德和精神风貌。精神层是组织文化的核心和灵魂。它包括六个方面。（1）组织目标。它是组织全体成员的共同追求，是组织全体成员凝聚力的焦点，是组织共同价值观的集中表现，反映了组织领导者和成员的追求层次和理想抱负，是组织文化建设的出发点和归属。（2）组织哲学。组织哲学是组织领导者为实现组织目标而在整个管理活动中的基本信念，是组织领导者对组织长远发展目标、发展战略和策略的哲学思考。（3）组织精神。组织精神是组织有意识地提倡、培养其成员群体的优良风貌，是对组织现有的观念意识、传统习惯、行为方式中的积极因素进行总结、提炼及倡导的结果，是全体成员有意识地实践所体现出来的。（4）组织风气。组织风气是指组织及其成员在组织活动中逐步形成的一种带有普遍性的、重复出现且相对稳定的行为心理状态，是影响整个组织生活的重要因素。（5）组织道德。组织道德是指组织内部调整人与人、单位与单位、个人与集体、个人与社会、组织与社会之间关系的行为准则。就其内容结构来看，主要包含调节成员与成员、成员与组织、组织与社会三方面关系的行为准则和规范。（6）组织宗旨。组织宗旨是指组织存在的价值及其对社会的承诺。

组织文化的四个层次是紧密联系的。物质层是组织文化的外在表现和载体，是行为层、制度层和精神层的物质基础；制度层则约束和规范着物质层、行为层及精神层的建设，没有严格的规章制度，组织文化建设无从谈起；精神层是形成物质层和制度层的思想基础，也是组织文化的核心和灵魂。

二、组织文化与企业绩效的关系

（一）强势文化理论

强势文化理论几乎与组织文化理论同时产生。组织文化是凝聚组织的"强力胶"，也是引导成员行为的一种规范，价值观与行事方法则是组织文化的基础。文化力量取决于组织成员对组织价值观的认同程度。如果价值观是大家普遍都认同的，那文化的力量就会因凝聚而强大。因此，当人们对某些价值观的重要性存在普遍一致的意见，该文化就是有凝聚力的强势文化，反之则是弱势文化。强势文化一般与仪式、故事、象征、英雄和口号相关，以强化员工对组织价值观的认同。当组织文化是强势的，则会有强而有力的影响，但这种影响并非永远都是正面的，强势且有适应力的文化会帮助组织去适应外在环境，而强势却没有适应力的文化将使组织朝着错误方向前进。

正如英国威尔士大学的奥邦纳和哈里斯指出，只有与外部环境相匹配时，强势文化才会发挥作用。许多实证研究表明，强势文化有助于保持组织目标的一致性，提高组织成员的工作积极性，并提供必要的组织和管理机制，减少组织对官僚机制的依赖，提高组织的活力和变革能力。彼得斯和沃特曼指出，组织文化的支配性和一致性是优秀企业的本质特征。[①] 戈登和迪托马索对11家保险公司的实证研究显示，不论组织文化的内涵如何，强势文化在短期内（2~3年）都与较好的绩效相关联。芝加哥大学的布尔特、哥伦比亚大学的加贝以及欧洲工商管理学院的霍尔特和莫兰等学者研究发现，强势文化在一些行业成为宝贵的资产。麻省理工学院的索伦森对组织文化的强度与绩效的稳定性进行了实证研究，发现强势文化在较稳定的环境下，会带来更突出、更稳定的绩效。彼得斯和沃特曼认为，强势文化是绩效优异企业的重要特征。[②] 原因是：(1) 强势文化通常能促进战略与文化的良好匹配，这种匹配非常有利于组织战略的执行；(2) 强势文化能

[①] ［美］托马斯·彼得斯，罗伯特·沃特曼. 追求卓越 [M]. 戴春平，译. 北京：中央编译出版社，2003.

[②] SØRENSEN J B. The strength of corporate culture and the reliability of firm performance [J]. Administrative science quarterly, 2002, 47 (1)：70-91.

够引导员工对组织目标的认同，促成组织成员追求同样的目标；（3）强势文化能够激励员工的发展与成功。具体而言，通过良好文化的构建，可以起到类似激励的双因素理论中激励因素的作用，从而改善员工的工作状态和作风，增强其工作的积极性、责任感和创造性，进而产生增强员工的组织承诺、改善员工之间的沟通、提高决策控制、激发组织内的合作、促进共识的达成等效果。

（二）文化特质理论

文化特质理论认为，某些文化特质对组织绩效具有积极的促进作用。彼得斯和沃特曼在《追求卓越》一书中提出了优秀组织的八项特质，分别为崇尚行动、贴近顾客、自主创新、以人促产、价值驱动、不离本行、精兵简政和宽严并济。

美国密歇根大学丹尼森教授在《文化与有效性模型》一文中指出，组织有效性是组织员工所持的价值观和信念的函数，是组织政策和实践的函数[1]。丹尼森从相关的研究文献中归纳出有效组织文化的四种特质，即投入、一致性、适应性和使命。其中，投入是指组织成员的投入和参与程度，投入程度高的组织文化是有效的文化。一致性是广泛共享的信念、价值观，有助于组织成员之间达成共识，并采取协调一致的行动。适应性则强调组织为响应外部环境和内部顾客而进行结构调整的能力，以及将适应性行为和流程予以制度化的能力。使命是关于组织及其成员的功能和目的的共识。这四种文化特质分别与组织的某些效能指标（如全面绩效、市场份额、销售增长量、收益率、员工满意度、产品和服务质量以及新产品的研发）明显相关，不同的文化特质能够影响到不同的效能指标。丹尼森提出，同时具备这四种文化特质的组织文化是最有效的组织文化。

（三）适应型文化理论

适应型文化理论关注组织文化与外部环境的关系，认为只有及时对外部环境做出反应的组织文化，才是有效的文化。组织文化对环境的适应性体现在两个方面：一是组织文化必须与外部环境相匹配，二是组织文化必须根据外部环境的变化适时进行变革。

科特和赫斯科特对组织文化与企业长期经营业绩的相关性进行了深入的研究，验证了关于文化有效性的三种理论假说：强势文化理论、策略合理型文化理论和适应型文化理论，并提出适应型文化是三者中最有效的组织文化。他们在《适应型企业文化理论》一文中指出，只有有助于企业预见并适应环境的企业文化，才是有效的文化；为了使企业文化具有适应性，企业必须重视股东、客户和员工等相关利益群体，并重视管理者的

---

[1] DENISON D R. Corporate culture and organizational effectiveness [M]. New York: John Wiley & Sons, 1990.

领导才能,以实现企业文化在战略和战术层次上的变革。①

(四) 过程模型

过程模型是从组织文化作用过程的角度来考察其有效性的。加拿大西三一大学的萨福德提出的文化—绩效框架就是一个基于组织文化过程的模型,如图12-2所示。

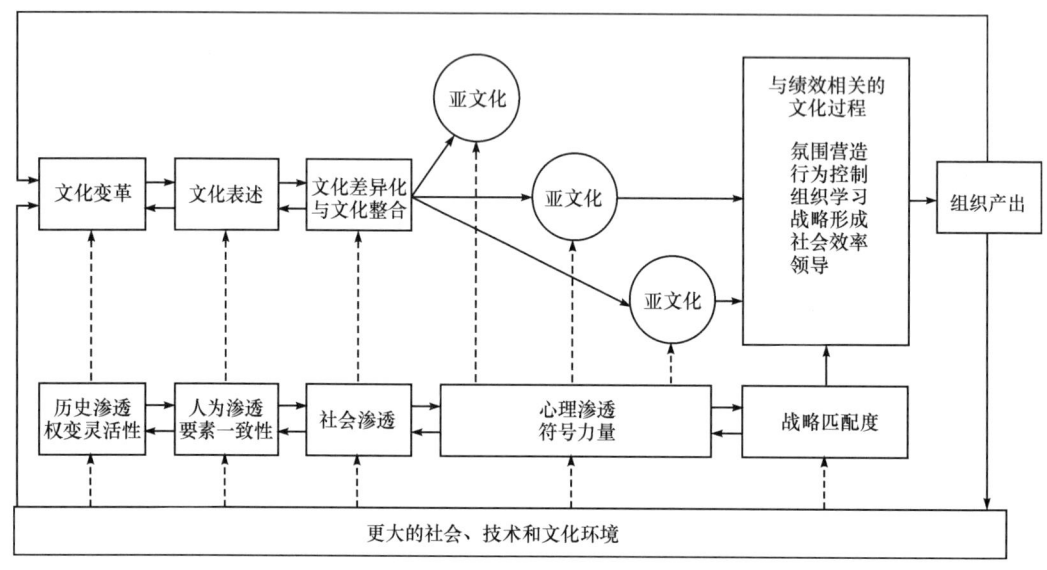

图 12-2　文化—绩效框架中的若干因素及其关系

萨福德的模型对组织文化的考察与评估从文化传播和文化力量两个方面进行。文化传播包括社会渗透、心理渗透、历史渗透和人为渗透;文化力量包括要素一致性、符号力量、战略匹配度和权变灵活性。社会渗透是指组织文化在组织不同群体间的共享程度;心理渗透是指组织成员认同组织文化中的价值观和基本假设;历史渗透是指文化价值观在一段较长的时期内保持稳定;而人为渗透则是指不可见的文化要素从可见的文化载体中表现出来,如物质环境、行为、组织结构、政策和社会化仪式等。要素一致性是指组织文化要素之间的一致性,如价值观之间是否有冲突,文化的人为载体与深层的价值观、基本假设是否一致等;符号力量对组织成员的情感和忠诚度都会产生影响,一个组织的文化如果拥有强有力的、栩栩如生的符号,那么更容易获得组织成员的情感认同和忠诚;战略匹配度衡量文化与内部人员的能力以及外部需求的匹配程度;权变灵活性将文化与变革联系在一起,使组织文化在适应环境并进行变革的同时,保持最本质的要

---

① KOTTER J P, HESKETT J L. Corporate culture and performance [M]. New York: Free Press, 1992.

素不变。

萨福德的模型着眼于从组织文化到组织产出的作用过程，考虑了更多的影响因素，并且提出要关注文化内涵、文化情境与文化过程之间的多重互动关系。萨福德模型的这些特征，使得它更接近于文化与绩效之间复杂关系的本质。

三、信息时代组织文化建设的改变

信息时代，互联网的巨大优势给企业的发展提供了便利。为了能在未来的竞争中占据有利地位，企业必须要进行改革和创新，创新组织文化建设途径。

（一）信息时代的组织文化建设特征

信息时代中的企业，应重视创新，实施文化管理，形成依靠人力资源对文化进行整合的创新管理模式，使企业员工形成对企业的认同感与归属感，增加运营稳定性，进而提升企业的工作效率。[①]

信息时代下组织文化建设主要经历了三个转型。

1. 从复杂化走向简单化

传统组织文化的理念体系建设内容庞杂，通常包括使命、愿景、核心价值观、基本理念（意识）、企业精神（信条）、文化品格（图腾和象征物）等一系列基础内容，还有组织行为体系、管理者行为规范、员工行为规范等内容，以及进一步按岗位划分的行为规范、准则与指引等，使得内容繁杂晦涩。信息时代下，原本大而全的组织文化体系向简单化方向演进。具体体现在三个方面。一是产品简单。信息时代中的组织应秉承"让人们最平等、便捷地获取信息，找到所求"和"以用户为导向"理念，通过技术创新，为用户提供"简单，可依赖"的产品及服务。二是决策简单。信息时代下的组织决策模式不再是独断专行，而是积极听取多数人意见，采取民主决策方式。三是流程简单。信息时代下的组织注重系统性思维，从系统化流程中进行组织文化建设，用流程解决共性问题，使得复杂问题简单化。

2. 从企业化走向人文化

组织文化很多时候被理解为是企业的文化，或者企业家的文化。在此文化中，以企业对员工的要求居多，强调员工要对企业感恩、员工要负责任，而员工难以感受到企业的承诺。信息时代，强调人的价值，组织文化也更突出人性化管理。积极秉承"以人为

---

① 李晓雪. 互联网时代企业文化建设的特征和思路研究 [J]. 企业文化, 2018 (23).

本"的理念，以创建和谐劳动关系为出发点，将员工福利方案、人才培养与职业发展、员工培训开发、员工心理健康管理、员工民主参与管理、党团工会活动等涉及组织文化建设、人力资源管理、后勤保障管理的各项模块进行整合，建设一整套服务和关爱员工的系统。

3. 从领导决策为中心到用户体验为中心

"一切以用户为中心"，提倡让用户参与产品创新。组织文化理念并不是领导者赋予或臆造的，而是企业所有员工共同认定的，并依靠长期的经营管理实践累积起来的行为规则。不是咨询公司从纷杂的价值领域中遴选、拼凑起来的，而是伴随着企业在内部组织与外部竞争过程中采取某种价值立场，进而在有益的价值冲突中逐渐达成的共识。

（二）信息时代的组织文化建设内容

组织文化建设是企业发展的根本。信息时代下，企业的关注重心也从自然资源逐渐转移到智力文化的开发，企业把无形财富作为发展的核心，不再像传统的企业那样只注重组织形式和生产技术。[①]

1. 组织文化的物质建设

组织文化的物质建设是组织文化构建的基础环节，尤其在信息时代，组织文化物质层面的构建应当综合布局、合理规划，重视内网和外网相结合，实现组织文化建设的合理预期。

2. 组织文化的行为建设

首先，激励和约束组织文化的塑造者，尤其是组织的高层和中层领导者，发挥关键人群对企业文化的形成和推广效应；其次，以组织理念为核心，对先进的事迹和人物进行理念提炼，对符合组织文化的行为进行宣传报道，提高企业文化推广的生动性；最后，关注组织员工，及时倾听群体意见和建议，并适时地传播企业文化。

3. 组织文化的精神建设

组织文化的精神建设主要包括经营理念和员工素质的培养两方面。第一，要树立正确的经营理念，客户导向型企业着重要求全体员工，上至领导下至基层员工，无论开展任何环节都要围绕客户满意程度进行。第二，员工素质的培养在组织文化建设中也至关重要，只有员工对待工作的忠诚度高才能使客户的忠诚度提升。

---

① 费晋. 网络时代下的企业文化建设 [J]. 现代企业文化·理论版, 2018 (7).

四、领导者自我变革与组织文化建设

哈佛商学院的约翰·P.科特教授在《变革之心》一书中指出，70%的变革无果而终，只有10%的变革超出预期。为什么变革的失败率如此之高？主要原因之一就是组织在变革中过于关注变革项目本身，而忽略了变革管理过程中的变革领导力。① 领导者的自我变革主要表现在领导变革特质、领导变革过程中人的因素以及领导变革的"八步法"流程三个层面。②

（一）领导变革特质

持续的紧迫感是变革领导者能够成功实现变革必不可少的因素。约翰·P.科特在其著作《变革的力量：领导与管理的差异》中阐述了领导力的基本内容，介绍了领导变革意愿的基本因素，包括设计并传播愿景等。③

1. 持续的紧迫感

"在被迫变革之前就进行变革。"1989年美国《财富》杂志中杰克·韦尔奇的这句话流传甚广。在不断变化的世界里，只有保持持续且高度的紧迫感，才能带领着企业实现改革的成功。曾经那种长期平静自满加上短期紧张的模式，在现在的社会将不再适用。

国内某大型企业不断推出管理创新，"资源存折""型号经理""SBU"等一系列创新模式的提出，就是持续的紧迫感不断推动的结果。但高度的紧迫感并不是指慌乱、担心或者害怕，而是一种没有自满情绪的状态。在这种状态下，人们不断寻找问题和机会，改进自身。

2. 设计并传播愿景

在渐进的变革中，企业的愿景、战略、规划和预算都应该非常清晰。其中，战略是为公司实现愿景指明的具体方向，愿景则表明所有的战略和规划所要达到的终极状态，规划设计出战略的实施细节，预算设计出规划过程中的财务问题。对于大规模变革的企业来说，战略的愿景和制定会很困难，因为随之而来的风险也会更大。如果方向选择错误，会给企业带来毁灭性的打击。

英特尔的前任总裁安迪·格鲁夫在其著作《只有偏执狂才能生存：特种经理人培训手册》一书中，将战略和愿景的制定称之为"尾灯"方法。在雾中驾驶时，跟着前面车

---

① [美] 约翰·P.科特，[美] 丹·S.科恩. 变革之心 [M]. 刘祥亚，译. 北京：机械工业出版社，2013.
② 温德生. 变革领导力的三个层面 [J]. 商业评论，2017（1）.
③ [美] 约翰·P.科特. 变革的力量：领导与管理的差异 [M]. 北京：华夏出版社，1998.

的尾灯灯光行路会容易得多。"尾灯"战略的危险在于，一旦赶上并超过了前面的车，就没有尾灯可以导航，失去了找到新方向的信心与能力。[①] 因此，企业变革愿景的制定者通常要具备"雾里看花"的能力，能够在市场前景不够明朗的时刻果断决策，为企业的前进道路点燃一盏明灯。

（二）领导变革过程中人的因素

领导者要引导、管理好变革中持不同观点的人以及他们的情绪。根据观点和态度的不同，变革中的人可以分为四种类型：倡导者、跟随者、观望者和抵制者。如何管理好这四种人并没有标准答案，需要根据不同情形采取相应的办法。但区别对待这四种人的策略应该是一致的，即利用倡导者、争取跟随者、稳定观望者、疏导抵制者。

变革型领导的行为理论，从变革方式来看，分为修正型、构建型以及创造型。修正型变革的领导者具有较强的沟通能力、控制能力以及管理能力，这类领导者擅于锁定目标，能够在发现问题时以最快的速度解决问题，从而说服员工努力地实现目标。构建型变革的领导者更注重团队合作的精神，会考虑变革是否具有必要性，并且进行意见交换，商讨相对应的方案。创造型的领导者致力于推动企业发生变革，通过激发训练员工的创造能力引发变革。

从变革型领导者的人数来说，可以分为独立型、团队型和合作型变革领导者。独立型的变革领导者管理整个变革的过程，但是，因为在整个过程中仅仅只是一个人在进行团队的沟通和支持，所以在组织变革中带来的消极面大于积极面。团队型的变革领导者可能是最有效的变革管理者。合作型的变革领导者致力于建立管理者和员工之间的伙伴关系，合力对企业存在的问题进行处理和分析。

对于变革型领导者来说，其个人素质是决定变革成功的一大要素，一个优秀的变革型领导者应该有以下几个特点：具有变革需求；了解组织文化，能够认清现实和理想的距离，并且利用相应的手段进行管理；激发员工潜能，共同努力完成所预定的目标；对于出现的情况能够在最短的时间内做出正确选择，能够恰当地处理突发事件。

（三）领导变革的"八步法"流程

科特的领导变革流程"八步法"被认为是行之有效的变革流程。但并非所有变革都要走这八个步骤，对于一些小的团体或一些小的变革，可以灵活调整。[②] 变革流程的核

---

① ［美］安迪·格鲁夫. 只有偏执狂才能生存：特种经理人培训手册［M］. 安然，张万伟，译. 北京：中信出版社，2014.
② ［美］约翰·P. 科特. 领导变革［M］. 徐中，译. 北京：机械工业出版社，2014.

心问题是如何改变人的行为方式,而行为方式改变的基础是人们有改变的意愿。如图 12-3 所示。

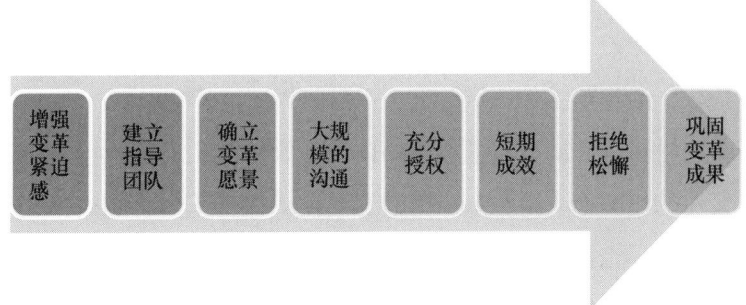

图 12-3　领导变革流程

第一步,增强每个人的变革紧迫感。紧迫感是进行变革活动的必要前提,让组织中有足够的人数在工作中保持一定的紧迫感,是组织开始变革的基础。紧迫感可以消除组织中存在的不良情绪、减少不良情绪对于变革活动的破坏。紧迫感常常通过一些富有创意的方法获得。紧迫感使人们意识到进行变革的必要性和重要性,并且开始为变革采取行动。

第二步,建立一支有力量的指导团队,推动即将到来的大规模变革。当变革势在必行之际,有成功变革经验或是有远见的领导者就会着手组建变革的领导团队,而不是将领导变革的任务和重心放在某一个人身上。这个团队需要由一些有责任感的、权威的、可信任的人员组成,负责变革过程中的领导工作。否则,如果由某一个人单枪匹马领导变革,当这个人在工作中缺乏必要的能力和权威的时候,变革就会受到阻碍。

第三步,确立正确而鼓舞人心的变革愿景。变革愿景常与战略、规划和预算相联系,却不能与它们等同。详细的计划和预算仅仅是变革的必要条件,组织更需要符合实际情况的变革愿景,让组织成员明确努力的方向。

第四步,进行大规模的沟通,使人们认同变革。将确立的变革愿景有效地传递到组织中的相关人员那里,使得所有的相关人员都能明确这一愿景,并为此达成共识。在这个阶段中,实际的行动比言语更为有效,表率比指令更起作用,领导者需要用实际的行动来影响其他相关人员。

第五步,充分的授权,促使更多成员采取行动。这里所说的授权并不强调权力的给予或者转移,而是为了清除变革过程中的障碍。具体执行变革措施的组织成员,如果缺乏必要的权力,就会在工作中难以施展能力,并且不得不为自己进行必要的辩护。这样很容易造成挫折情绪的蔓延，从而阻碍变革。

第六步，取得短期成效以稳固变革信心。短期成效对于组织变革十分重要，因为变革通常是一个缓慢的过程，在具体某一阶段，变革的成效通常并不明显。这种情况持续太久，会给组织成员造成一定的心理压力，怀疑变革的结果。因此，变革领导者需要适时地创造短期成效，为变革工作提供佐证，以鼓舞人心。

第七步，拒绝松懈，推动变革进一步向前。在取得短期成果之后，组织成员的信心被调动起来，变革行动获得支持，这个时候需要注意保持士气，继续推进变革。否则一旦放松，变革士气就很难再次回升。

第八步，将变革行为规范融入组织文化，巩固变革成果。变革取得成功后，组织需要通过建立一定的组织文化来巩固变革成果，以组织文化来培养组织共同的价值观，推进变革活动的深入。

第二节　组织文化诊断与评估

一、OCP量表

美国加州大学的查特曼认为，组织文化就是组织成员共享的价值观体系。他从契合度的视角研究了成员—组织契合和个体结果变量（如组织承诺和离职）之间的关系，构建了组织价值观的OCP量表。完整的OCP量表由54个测量项目组成7个维度，这7个维度分别是革新性、稳定性、尊重员工、结果导向、注重细节、进取性和团队导向。[①]

OCP量表的测量项目是通过广泛回顾学术和实务性文献获得的，经过细致筛选最终确定了54句关于价值观的陈述句。OCP量表采用Q分类的计分方式[②]，被测评者被要求将测量项目按照最期望到最不期望或最符合到最不符合的顺序分成9类，每类所包括的条目数按2-4-6-9-12-9-6-4-2分布，实际上是一种自比式分类方法。

查特曼等人的系列研究证明了OCP量表在不同样本中（会计公司、服务业、MBA学生和政府机构等）都表现出了稳定的7个维度因子结构。奥莱理等报告了OCP量表具有良好的内部一致性系数和重测信度。该研究还以131名MBA学生为样本，考察了形容

---

① O'REILLY C A, CHATMAN J, CALDWELL D F. People and organizational culture: A profile comparison approach to assessing person-organization fit [J]. Academy of Management Journal, 1991, 34（3）: 487-516.

② Q分类法，或称之为Q技术（Q-sort）的实质是按照对称分布（如正态分布）的要求，对标有不同的陈述卡片进行分类，然后对两次分类结果进行统计分析。

词检核表和OCP量表之间的相关关系,结果表明OCP具有较好的区分效度。另外,该研究通过不同的样本,对用OCP度量的个体偏好价值观和组织价值观进行了因子分析,结果表明两者基本上具有同样的维度结构,可以进行对比,从而为契合度研究奠定了基础。

OCP量表有待进一步探讨的方面如下。(1)OCP量表中的测量项目来源于文献回顾,缺乏相应的组织文化理论构架。这可能是造成OCP中与组织文化外部适应性相关的维度不多(如没有和客户导向、社会责任等相关的维度)的原因之一。(2)为了使OCP具有普适性,查特曼等在选取测量项目时采用的一个判据就是所选项目应与任何类型的组织都相关,而不因行业、规模和人员构成而有所不同。因此,一些以行业为背景的研究,往往还需要对OCP进行修订,替换或加入新的价值观维度。(3)构建OCP的目的实际上是研究组织文化对个体"有效性"的影响,然而在如何应用OCP量表方面,学者们的意见并不统一。

二、OCQ量表

丹尼森等人构建了一个描述组织文化特质的OCQ量表,揭示了四个文化特质与组织有效性的关系。该量表认为有四种文化特质,即适应性、使命、一致性和投入,与组织有效性显著相关,其中每种文化特质对应着三个子维度(见图12-4)。OCQ量表包含较多的子维度,因此在揭示组织文化内容方面,与OCP量表相比显得更为细致。

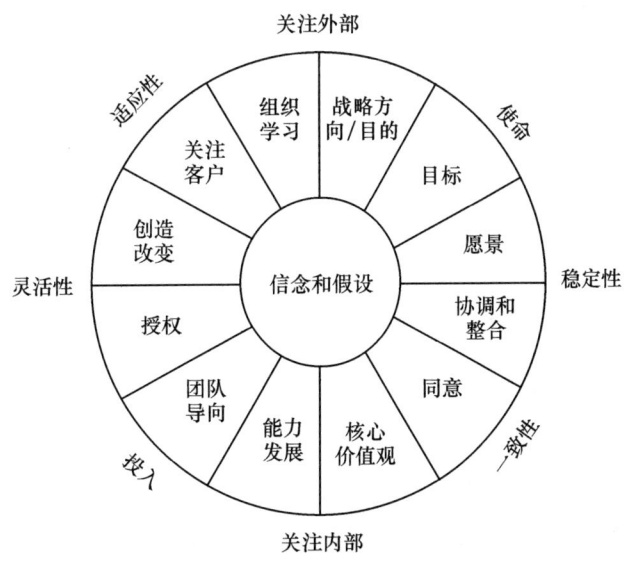

图12-4 丹尼森组织文化特质模型

资料来源:CHO H J. The validity and reliability of organizational culture questionnaire. 出版者不详.

第三节 团队建设

一、扁平化组织结构和团队建设

组织结构是指对于工作任务如何进行分工、分组和协调合作。组织结构包括三个要素：任务分工的层次和细致程度，规范性和标准化程度，决策权的集中程度。

（一）扁平化组织结构的特征

扁平化组织结构使企业能够更加灵活地应对客户的需求。其主要特征有三个。

1. 非严格的等级排列

扁平化组织结构是由若干部门组成的一种联盟。各部门之间相互依赖，在关键技术和问题解决上互相帮助，其地位与核心机构平等。核心机构负责调整企业的战略方向，创造促成向心力的组织文化，保证各部门的相互合作，而各项工作则由各部门共同来完成。

2. 结构中的角色不固定

企业各部门在扁平化组织结构下的角色不是固定的，而是动态变化的。企业项目的进展情况不同，各部门在过程中根据情况进行角色调整，以适应项目的进展。

3. 权力地位不取决于职位

企业部门在扁平化组织结构中的权力地位不是取决于某职位（因为职位大多是平行的，而非纵向排列的），而是在于他们拥有的不同知识和信息。扁平化组织结构的一个显著特征是企业资源和权力侧重于基层。包括决策权的下放、按流程组织自我管理团队、员工主动参与决策管理等，使授权赋能更加深入。

（二）扁平化组织中的团队建设

1. 调整中高层管理者的角色和管理方式

扁平化组织结构要求企业有科学的管理基础，日常事务必须按规章制度执行，以使中高层管理者有时间从事非程序化决策，并提高其应变能力和平衡能力。在扁平化组织结构下，团队建设的重点是赋予员工更多权力，激发员工的自主创造力。

2. 全面提高团队成员的素质

扁平化组织结构带来管理机构的精简和管理幅度的扩大，这要求团队成员拥有专业的知识和丰富的经验。因此在扁平化的过程中要加大对人才的引进和培养力度,提高整体素质。

3. 营造与扁平化组织结构相适应的组织文化

扁平化的组织结构主要特点是各部门人员平等、权力下放,对于企业来说,要营造出一种民主、平等、团结、信任等的气氛,提高员工的工作积极性。

二、网络化组织结构与团队建设

(一) 网络化组织结构特征

网络化组织的个人、部门和企业不再局限于某一固定的职能范围,它们构成网络组织中富有活力的节点,每个节点之间都以平等身份参与运作,并保持着互动式联系,以适应外界环境的变化。此外,网络化企业组织还具有其他一些特点:以知识创新为基础,以信息共享为目标,开放、灵活、动态调试和注重沟通等。

在传统的经济环境下,实物资本、货币资本以及技术是企业竞争优势的主要源泉,传统的企业内部和企业间组织形式正是着眼于实现资本与技术等要素的有效配置而设计的。而在信息化时代,人力资本以及由此产生的知识积累则成为经济增长和企业竞争优势的主要源泉,从而需要新的企业组织形式来保证新的核心要素的有效配置。

(二) 网络化组织结构中的团队建设

1. 团队是组织内外广泛合作关系的最佳实践

在高度不确定的经营环境中,组织整体能力提升的基础在于广泛的合作,包括在不同地区、不同领域的合作。因为团队能够将人才的优势能力组合在一起,类似于另一种"木桶原理",当每个人的长板集中在一起,就可以组合成一个容水量大的木桶,而且各个木板之间可以根据任务的内容与时限进行快速且灵活的分拆或重组。

2. 团队建设方式

团队建设关键点主要在于两个方面:打造独立的小型灵活团队,解决团队之间的沟通协作问题。这是因为,一个个的小团队只能提供战术上的优势,战略能力还得看整体。组织人才效能的提升,不仅需要灵活应对挑战、充满活力的小团队,更需要在组织系统内,建立团队之间的良好合作机制,尤其是纵横交错的沟通渠道,由此放大团队的优势。

一是独立的小型团队建设。团队建设重点不是个人能力的凸显与提升,而是打造团队成员之间互相适应、协调及合作能力，使之能够有机地融合成一个整体。这一点不是靠运气，而是精心训练的结果。打造团队成员之间相互信任的关系，通过共同的任务活动帮助他们做到互相了解并理解，使团队成员在实践中感受到相互扶持的作用与意义。团队领导要注意任务分工与业绩评价的公平性，体现出对合作的重视与对价值的认可，使团队成员找到自己在集体中的位置。理解并构建团队的共同努力目标，强调在充满不确定性的环境中灵活、合作所带来的能力提升，包括重塑目标和行为调整。

二是规模化团队建设。建立团队之间进行沟通的"桥梁"，确保优秀的小团队在整个组织的层面上依然能够发挥其优势。

案例分析

企业"畸形文化"该何去何从？

某 A 公司"女员工被侵犯"事件一度成为社会舆论关注焦点。A 公司董事会主席表态，旗帜鲜明地反对丑陋的"酒桌文化"，不分性别，A 公司无条件地支持员工拒绝陪酒。中国青年报社社会调查中心于 2018 年对 2 005 名受访者进行的一项调查显示，92.3%的受访者有过被劝酒的经历，74.0%的受访者被劝酒时推脱不过就接受。

有些企业还一度"盛行"其他的不良文化。例如，加班文化。很多公司将无偿加班视为理所当然，甚至刻意打造"加班文化"，"领导没下班你不能下班"，这种加班实际上都是形式大于内容，甚至有些企业每个月统计各个部门加班时长，并在管理层会议上进行排名对比；更有的公司直接将加班时间作为裁员依据，加班少的部门多裁员，加班多的部门少裁员。

有个投资人打过一个比喻：一个公司的文化就如同一个人的性格，有些人做事就是靠谱，有些人就比较晃悠，在平时好的时候，这两种人好像也没什么区别，但是，这个靠谱的人就是长期做事很扎实，不会出什么事，而那个不靠谱的人，时不时就出个问题，让你提心吊胆，总是不放心。在日新月异的当今时代，这些"畸形"文化要随之改变与淘汰。只有这样企业才能持续地得到发展。

资料来源：网上资料收集整理。

讨论题：对于这些"畸形"文化，企业应当如何变革？

第十二章 组织文化建设与组织变革

深度阅读

1. ［美］金·卡梅隆，［美］罗伯特·奎因. 组织文化诊断与变革［M］. 3版. 王素婷，译. 北京：中国人民大学出版社，2020.

该书系统介绍了组织文化变革的内容、特征、方式与流程等。具体内容：第一章为管理组织文化的必要性，包括文化变革的需要、文化变革的力量、文化变革的意义以及分析的层次；第二章设计开发了组织文化评估量表；第三章构建了对立价值观模型，包括模型的价值、对立价值观模型的形成以及对立价值观模型的适用性等；第四章为构建组织文化的轮廓，包括绘制轮廓图与理解文化轮廓图；第五章为使用模型进行组织建设；第六章为个人变化是文化变革的关键；第七章为组织文化变革的简略方案，包括诊断、理解、实施与总结。

2. ［美］埃德加·沙因，［美］彼得·沙因. 组织文化与领导力［M］. 陈劲，贾筱，译. 北京：中国人民大学出版社，2020.

该书在界定组织文化概念的基础上，提出了文化三层次模型这一主体性架构，从文化假设层面讨论了组织文化的基本维度，明晰了领导力在文化建设、植入和发展中的作用，论述了领导者如何管理文化变革及其新角色。除了延续旧版的精彩内容外，比如文化的定义和三层次基础模型框架等，开始将文化思想应用于思考多元文化世界的宏观图景，如国家或全球职业等宏观文化背景下的合作、跨越国家层面文化鸿沟等问题，还重点关注如何将社交经验嵌入各种层面的文化环境中，并为领导决策引入了社会"关系层级"这个重要参考元素来帮助识别和管理内部文化。另外，对"文化与领导""文化与社会行为模式观察""领导角色与组织发展""团队文化习得模式"等内容也有新的论述。

本章小结

组织文化是特定组织在适当处理外部环境和内部整合过程中出现的种种问题时，所发明、发现或发展起来的基本假说的规范。这些规范运行良好、相当有效，因此，被用作教导新成员观察、思考和感受有关问题的正确方式。

组织文化的结构层次有三层次说、五因素说、七因素说、十因素说、四层次说。

组织文化与企业绩效的研究，从强势文化理论、文化特质理论、适应型文化理论到过程模型的发展历程。强势文化理论主要关注文化强度，或者说是组织成员价值观的一致性。文化特质理论关注的是组织文化的内涵。适应型文化理论主要关注的是组织文化与外部环境的关系，认为只有及时对外部环境做出反应的组织文化，才是有效的文化，它包括对外部环境的响应能力和组织自身的变革能力。

组织文化诊断与评估，有 OCP 量表和 OCQ 量表为例。

团队建设包括扁平化组织结构和团队建设、网络化组织结构和团队建设两个部分。

重要概念

组织文化　文化四层次说　组织精神　强势文化理论　文化特质理论　适应型文化理论

复习思考题

1. 简述组织文化的含义。
2. 简述信息化时代的组织文化建设的改变。
3. 谈谈组织文化对企业人力资源管理的影响。